Современный
русский синтаксис

现代俄语句法学

杜桂枝 著

图书在版编目 (CIP) 数据

现代俄语句法学 / 杜桂枝著 . —北京：北京大学出版社，2019.1
（语言学论丛）
ISBN 978-7-301-30011-4

Ⅰ.①现… Ⅱ.①杜… Ⅲ.①俄语－句法－研究 Ⅳ.① H354.3

中国版本图书馆 CIP 数据核字（2018）第 244273 号

书　　　名	现代俄语句法学 XIANDAI EYU JUFAXUE
著作责任者	杜桂枝　著
责任编辑	李　哲
标准书号	ISBN 978-7-301-30011-4
出版发行	北京大学出版社
地　　　址	北京市海淀区成府路 205 号　100871
网　　　址	http://www.pup.cn　新浪微博：@北京大学出版社
电子信箱	pup_russian@163.com
电　　　话	邮购部 010-62752015　发行部 010-62750672　编辑部 010-62759634
印　刷　者	三河市博文印刷有限公司
经　销　者	新华书店
	720 毫米 ×1020 毫米　16 开本　29.5 印张　420 千字 2019 年 1 月第 1 版　2019 年 1 月第 1 次印刷
定　　　价	78.00 元

未经许可，不得以任何方式复制或抄袭本书之部分或全部内容。
版权所有，侵权必究
举报电话：010-62752024　电子信箱：fd@pup.pku.edu.cn
图书如有印装质量问题，请与出版部联系，电话：010-62756370

谨以此书纪念著名俄罗斯句法学家 ——
维拉·阿尔谢尼耶芙娜·别洛莎普科娃

> 我们尚不能习惯应该用过去时谈论维拉·阿尔谢尼耶芙娜·别洛莎普科娃。我们感觉她仿佛还在我们的生活中，我们仿佛仍在和她继续着意义深邃的对话——谈句法学，而又不仅仅谈句法学……
>
> —— Т. В. 别洛莎普科娃，Т.В. 什梅廖娃

> К тому, что о Вере Арсеньевне Белошапковой надо говорить в прошедшем времени, мы еще не привыкли. Ощущаем ее присутствие в нашей жизни, продолжаем мысленные диалоги с ней — о синтаксисе и не только о нем. ...
>
> — Т. В.Белошапкова, Т.В. Шмелева

序

刘利民

俄罗斯语言学界有一种公认的流行说法，认为在语言学领域中，其研究成果的最高体现形式有两个：一个是编写词典，一个是撰写语法专著。由此可见，编写出一本有新意有价值的语法专著不是一件轻松易事，绝非朝夕之功可以成就。

我国国内的俄语语法书有很多，大多为实践类语法，至于理论语法，近年来也偶有新书问世，其中也不乏有学术见地之作。

然而，当我读到杜桂枝教授这部《现代俄语句法学》书稿时，还是有眼前顿时一亮的感觉：作者揭去了我们熟悉了的俄语句法学的那层面纱，换了一个视角，用一种新的书写方式，对俄语句法学做出多维度研析解读和全息式描写。我以为，作为句法学理论研究之作，杜桂枝教授在该书中写出了以下特点：

一是新：我这里讲的新，有两层意思。其一，作为一个外语学习者和研究者，用一个外国人的思维去理解、考量和研究对象国语言，用外国人的学术视角和研究方法去编写对象国语言的句法学，可以说，是为俄语句法学学习和研究提供了一个中国方案，可谓具有创新之意识；其二，书中运用了崭新的语言学理论（结构语义学、功能语义学、逻辑语义学、认知语义学等理论）对俄语语法，特别是句法学理论进行了全面的、多层次的研究和系统描写，可谓具有创新之胆识。

二是深：这里所说的深仍有两个方向上的解读。一个是语言学理论的深度，作者运用了现代语言学理论，对句法单位的深层结构和语义，特别是对句子的述谓性理论进行了深入细致的解读与研究，这样的研究涉及语言本质的纵深，极具语言学理论意义和价值；一个是研究的深入，作者不仅对句子的表层结构进行分析，而且还运用逻辑语义学研究的最新方法，深入句子意义的微观结构中，从不同的角度和层面解析句子意义的构成，彰显出学术研究之魄力。

三是精：精准地抓住了俄语句法学的本质问题，精细地厘清形式与意义的关系，透过句法关系探析句法结构，考究逻辑语义，解释交际功能，精准地描绘出了语言的体系性和结构性经纬脉络。我所说的精还在于，一部书，历经十多年的精雕细刻，真可谓十年磨一剑，打磨出的必定是独具匠心的精品，传承和弘扬的是工匠之精神。

四是简：全文去繁就简，深入浅出。没有复杂的公式，没有扰人的代码，没有生涩难懂的理论，没有冗余繁杂的术语，用平实易懂的语言阐释艰深的理论问题。这样的描写，看似简单，其实对作者的要求却是极高：不仅要研读大量的理论著作，而且要读懂，达到理解的程度；并且要读得进去，悟出得来，把这些理论变成自己的知识，做到融会贯通，再用另一种方式书写表达出来。显然，理论储备和语言功底非一日之功，可见作者对语言学研究方法论探索追求之自觉。

五是实：这里所说的实与简是紧密相关的。该书显示出宽阔的理论视野、务实的研究方法，通过平实简单的例证，让读者有了接地气的立体阅读感觉。正如作者所言，希望本书能将句法学研究方法运用到俄语教学中，有助于学生了解和掌握语言的本质特点，增强学生语言意识的自觉，助力语言学理论修养的提升，提高语言学习的效果。这个观点恰恰是学术研究的"务实"，充分体现出作者的写作初衷，体现出一个外语教师之担当。

我和杜桂枝教授曾经是同事同行，她担任中国俄语教学研究会秘书长和《中国俄语教学》杂志执行主编十多年，是我们俄语界蓬勃发展时段的见证人、参与者和奉献者。同时我们也是学术上的多年同道,就语言学研究的相关问题,以及研究生培养的相关事项常有交流和探讨。以我的了解,"认真"是她的标记性符号。无论做人做事,还是做学问,她都是始终如一的认真:认真地上好每一堂课,认真地指导修改学生的每一篇论文,认真地审编《中国俄语教学》杂志中的每一篇文章,斟酌校对每一句话,甚至标点符号……她始终如一地认真坚守着学术原则和师德底线。

古训曰,开卷有益。读一本好书,犹如细品慢酌一款名茶,收获和愉悦兼得。细读这部《现代俄语句法学》,得到的不仅是语言学知识和理论熏陶。透过语言学理论朦胧的雾霭,读者还可以感知到俄罗斯民族认识和解读世界的独特视角,触摸到俄罗斯人传递信息表达思想的语言逻辑脉络,领略到别样的语言世界图景。

是为序。

2018 年 6 月 于北京

前　言

俄语语法分为实践语法和理论语法。20世纪80年代之前，我国高校俄语界广泛使用的语法教程基本上属于实践语法，其中最著名的是黑龙江大学的《俄语语法》和王超尘教授主编的《现代俄语通论》。进入20世纪80年代以后，苏联科学院出版了两卷本的《俄语语法》（1980），国内简称为"80年语法"。1990年，由信德麟、张会森和华劭主编的《俄语语法》（第1版）问世。该语法是"80年语法"的精选简编本，其术语、概念和分类体系都是来源于"80年语法"。

改革开放以来，我国大学俄语教学中出现了许多的语法教程，除各类的实践语法外，也有相对专业的、针对某一范畴领域的语法教程。但从理论语法的角度看，信德麟、张会森和华劭主编的《俄语语法》仍然是我国俄语语法学研究领域的巅峰之作。它尽管是苏联科学院《俄语语法》的简编本，但完整保留了原版的观点、体系和术语，在学术理论上具有无可争议的权威性。然而"80年语法"就其本身而言，是对传统俄语语法的重大变革和突破，在理论、术语、概念和分类上都带来了实质性变化。对于外国的俄语学习者，特别是对学生而言，接受"80年语法"理论还是有一定难度的。

如何引进语言对象国中相关语法学现代理论研究的成果，同时又不让艰深晦涩的理论概念和术语造成学习和理解上的过多困惑，针对这个问题编写一部适合我国俄语学习者的理论语法书，显得十分有必要。

接下来是如何编写的问题。从着手构思初稿开始，我就希望对俄语句法学做一个系统的梳理和宏观描写，希望把"80

年语法"之后的俄语句法理论研究成果融入进来，编写一部既具有前沿理论又贴近教学实践的俄语理论句法学。要达成这样一个目标，首先面临的问题就是如何将不同学者从不同视角出发、采用不同分类标准、在不同层级上的句法研究整合成一个体系，不仅在共时层面上使不同理论融合在一起，还在历时的方向上与传统句法理论、术语和概念有一定的对接和照应。这样的思路和设想如何实现，需要重新审视传统的描写模式，围绕内容阐释的需要谋篇布局，从行文到结构来个"改头换面"，姑且认为这也算是学术创新吧。

为此，我摒弃了寻找单一蓝本的想法，在阅读了大量专著、教科书之后，厘清它们的异同劣胜，抽取出各自之精髓观点，按照自己的思路重新梳理和架构布局，希望尽最大可能对句法学理论进行系统的解读和描写，对句法单位——句子做全方位的解析：在形式、意义、功能、交际、结构模式、逻辑结构、句子聚合体等层面上进行解构和分析。譬如，对于 Он читает книгу 这样一个句法结构单位，首先根据其中各词位表现出的句法关系和述谓性特征，来判定这是一个简单句，然后按照句子的标准对其做下列剖析：

在形式层面上，这是一个双成分句：主语 + 谓语；

在意义层面上，这是一个及物意义句式：行为主体 + 述体 + 客体；

在功能层面上，这是一个陈述句：现实的、确定的主动态句式；

在交际层面上，这是一个意义完整的交际单位：具有已知信息和未知信息；

在结构模式层面上，这是一个最小称名模式：$N_1V_f+N_4$；

在逻辑语义结构层面上，这是一个说明句：叙述说明句；

在句子聚合体层面上，这个句子可以实现各种变体的改造和转换，如：

非现实句：Читал бы он книгу.

不确定句：Он, может быть, читает книгу.

否定句：Он не читает книгу.

祈使句：Пусть он читает книгу.

至此，我们给 Он читает книгу 这个句子勾画出了多层次全方位的立体结构肖像。这种肖像式描写方法具有普遍性意义，适用于任何一个句子的分析和描写。

梳理和阐释句法关系的判断依据、分析和描写句子不同分类的标准、论证句子结构的解析理据等理论问题是本书的灵魂所在。根据所设定的任务，作者将此书分为三大部分：解构篇、建构篇、重构篇。

在第一篇中，我们首先从分析句法关系入手，厘清俄语句法关系的存在方式、表达手段及其句法功能。

第二篇我们着重探讨如何依据俄语句法关系进行句法单位——句子的解析与构建，描述句子各个层级结构间的相互关系。

第三篇我们尝试重构句子聚合体，描述句子结构模式的常规实现和非常规实现、句子语义变体的改造与扩展性转换等问题。

在研究和描写中，除必须的结构模式使用相应符号外，我们尽量不用和少用繁杂的公式和符号，力求平实的描述性语言，尽最大可能来解释和说明句法关系的复杂形式和语言内部机理。而在每章节的小结中，我们做出简要而适度的总结归纳，使之具有一目了然的效果，希望对学生学习句法理论能有所帮助。

本书编写的方法论原则是希望从语言事实出发，从形式到意义、从结构模式到逻辑模式，由表及里、循序渐进，使读者有身临其境的立体阅读感，增强读者对俄语句法理论构建过程的参与体验。

本书的宗旨不仅在于全面阐释和描写俄语句法学理论，还在于将句法理论研究方法融入对句子的解构和建构中，希望读者可以通过实例分析和研究，提升句法学理论乃至整个语言学理论的水平和研究能力。

为了保证文中俄语语言的准确性和规范性，保证分析论证的可靠性和严谨性，书中所用例句基本上选自俄罗斯经典文学作品、俄语教科书和相关理论研究专著。除对援引自文学作品的俄语例句标注作者姓氏外，其他俄语例句主要引自以下参考书目，文中未作逐一标注。

主要参考书目：

Арутюнова Н.Д. Предложение и его смысл[M]. М., Наука, 1976.
Виноградов В.В. Из истории изучения русского синтаксиса[M]. М., Наука,1975.
Русская грамматика[M]. Глав. ред. Шведова Н.Ю., М., Наука, 1980.
Русская грамматика[M]. под ред. Шведовой Н.Ю., М., Русский язык, 1990.
Русский язык[M]. под ред. Касаткина Л.Л., М., ACADEMA, 2004.
Санников В.З. Русский синтаксис в семантико-прагматическом пространстве [M]. М., Языки славянской культуры. 2008.
Современный русский литературный язык[M]. Е.И.Диброва, Л.Л.Касаткин, И.И.Щеболева, П.А.Леканта, М., Наука, 1995.
Современный русский язык[M]. Под ред. Белошапковой В.А. М., Высшая школа,1989.
Современный русский язык[M]. Под ред. Дибровой Е.И., М., ACADEMA, 2001.
Современный русский язык[M]. Под ред. Леканта П.А., М., Дрофа, 2000.
Современный русский язык[M]. Под ред. Новикова Л.А., СПБ, Лань, 2001.
Теория функциональной грамматики[M]. Ред. А.В.Бондарко, Л.,1987; Л., Наука, 1990; СПБ, Наука, 1996.
Тестелец Я. Г. Введение в общий синтаксис[M]. М., Открытое общество, 2001.
Шведова Н. Ю. Русский язык. Избранные работы[M]. М., Языки славянской культуры. 2005.
Шмелев Д.Н. Синтаксическая членимость высказывания в современном русском языке [M].М., Наука, 1976.

目 录

导 论 ··· 1

第一篇 现代俄语句法学 —— 解构篇

引论 语言体系与结构关系 ······································ 13

第一章 俄语句法关系理论 ······································ 17
第 1 节 句法关系概述 ·· 17
第 2 节 句法关系的表达手段 ···································· 19
第 3 节 句法关系的类型及其形式特征 ······················ 24
本章小结 ·· 30

第二章 俄语句法中的主从关系 ······························ 31
第 1 节 主从关系的形式结构类型 ···························· 31
第 2 节 主从关系的功能语义类型 ···························· 33
第 3 节 主从关系的逻辑语义类型 ···························· 45
第 4 节 主从关系的结构语义类型 ···························· 48
本章小结 ·· 57

第三章 俄语句法中的并列关系 ······························ 59
第 1 节 并列关系的类型与表现形式 ························· 59
第 2 节 并列关系的逻辑语义与结构功能 ·················· 67
本章小结 ·· 73

第四章 俄语句法结构与句法单位 ··························· 74
第 1 节 俄语句法结构 ·· 74
第 2 节 句法结构的组合形式 ···································· 76
第 3 节 俄语句法单位 ·· 79

本章小结 ··· 94

第二篇　现代俄语句法学 —— 建构篇

第一章　俄语句子的基本理论概念 ································· 99
第 1 节　俄语句子的定义 ··· 100
第 2 节　俄语句子的述谓性 ·· 102
第 3 节　俄语句子的组织结构特性 ································· 110
本章小结 ··· 114

第二章　俄语句子的类型 ··· 116
第 1 节　句子的形式结构类型 ······································· 117
第 2 节　句子的称名语义结构类型 ································· 136
第 3 节　句子的交际功能类型 ······································· 139
第 4 节　句子的逻辑语义结构类型 ································· 145
本章小结 ··· 148

第三章　俄语句子的形式结构 ······································· 149
第 1 节　句子的结构模式理论 ······································· 150
第 2 节　句子的最小结构模式 ······································· 152
第 3 节　句子最小结构模式的类型 ································· 155
本章小结 ··· 163

第四章　俄语句子的称名结构 ······································· 164
第 1 节　句子的最小称名模式 ······································· 164
第 2 节　句子最小称名模式中的扩展成分 ······················· 170
第 3 节　句子最小称名模式的意义 ································· 176
本章小结 ··· 181

第五章　俄语句子的结构成分 ······································· 182
第 1 节　句子的述谓性核心结构及其成分 ······················· 183
第 2 节　句子必须的基本结构成分 ································· 204
第 3 节　句子非必须的结构成分 ···································· 209
本章小结 ··· 214

第六章　俄语句子的意义结构 ·················· 215
　　第1节　句子意义结构中的客观意义 ··········217
　　第2节　句子意义结构中的主观意义 ··········231
　　本章小结 ······································241

第七章　俄语句子的逻辑语义结构 ············· 243
　　第1节　相关理论与概念 ·····················245
　　第2节　说明句 ······························254
　　第3节　存在句 ······························281
　　第4节　命名句和等同句 ·····················309
　　本章小结 ······································315

第八章　俄语句子的交际结构 ·················· 317
　　第1节　句子的命题内容与交际结构 ··········317
　　第2节　句子实义切分及其相关概念 ··········325
　　第3节　句子实义切分的结构语义关系 ········339
　　　　　及其表达方式
　　第4节　句子的逻辑语义结构类型与实义切分···352
　　本章小结 ······································362

第三篇　现代俄语句法学——重构篇

第一章　俄语句子的聚合体系 ·················· 367
　　第1节　句子聚合体 ··························368
　　第2节　句子结构模式的常规性实现 ··········372
　　第3节　句子的结构-语义转换与改造 ·········377
　　本章小结 ······································387

第二章　俄语语义结构复杂化句子的建构 ······· 389
　　第1节　带有插入语结构的复杂句式 ··········390
　　第2节　带有独立成分的复杂句式 ············405
　　第3节　带有呼语的复杂句式 ·················428
　　本章小结 ······································435

结束语 …………………………………………………… 436

人名索引 …………………………………………………… 438

参考文献 …………………………………………………… 440

后　记 …………………………………………………… 456

导 论

1. 语法学 —— 研究语言结构关系与使用规则的科学

自古以来，语言就是人类认识世界、认识人自身的思维工具，是人们相互间交流的工具。语言的这种交际功能之本质在于语言具有社会性，确切地说，语言具有社会群体共识性特点。这一共识性特点表现在人对其群体共用语言词汇的共识和对其语法规则的共识。虽然语法因素并不是由讲话人的心理直接决定的，但是它具有一定的心理学意义：语法规则是在活的话语中生成的，代表人类使用语言的心理秩序和思维逻辑方法及原则。在人类语言实践的长河中，对这一语言心理现象，没有也不可能有一个一劳永逸的、机械性重复的、直接的语言表达。因此，可以说，语法学的创建，就是为了给人类语言－思维方式提供一种纯语言学的解释。

早在久远的古代，语言学家们就开始致力于创建完整的通用语法，希望在无穷的语言素材中找到最具共性的使用规则，其目的是要弄清楚不断变化的话语表达得以发生和存在的复杂条件，确定典型性情景和语境中语言表达的规范和规则，以及感知和揭示语言使用规则存在的判据。这些规则和判据就是语言中的语法规则，而语法学就是研究这些语法规则的学科。

人类语言和其他任何复杂的体系性机制一样，都是由相对独立的组成部分构成的。语言作为独立科学存在以来，特别是现代语言学和现代符号学诞生以来，语言研究者"就语言和为语言而研究语言",进行了大量的语言本体研究,论证了语言的体系性和语言的层级结构:语言至少可以划分出三个相对独立的组成部分:语音、词汇、语法。在这一时期,世界上许多语言都对其语音、词汇、语法问题进行了系统的研究,建立了相对完善的语言分支体系。然而,由于语言本身的差异与历史形成条件的不同,不同语言中对语法学研究的进程各不相同。

在俄语中,最早的语法学形成于16世纪末、17世纪初,早期有两部《斯拉夫—俄语语法》,还有两部分别用拉丁语和用德语写成的《俄语语法》。但这些都不能算作真正意义上的俄语语法,直到18世纪中期,俄国科学家、语言学家М.В.罗蒙诺索夫(М.В.Ломоносов)撰写的《俄罗斯语法》(1755)开创了俄语语法学研究的新纪元。

在俄语中,"грамматика"一词是一个多义词,既可以表示语法,也可以表示语法学。语法与语法学是语言学中两个不同的概念和范畴,在语言学理论研究和语言实践中,对应的是不同的语言研究领域和层面。

语法是语言的表层形式和结构模式,是以某种形式固定下来的语法形态和语法意义,以及其使用的具体规则,作为理解和生成动态的、不断变化的言语活动的依据。语法规则指的是,语言表达中重复率最高的那部分具有纯语言学意义的表达形式,这部分意义及其表达形式构成了句子的逻辑形式和结构语义框架。这一框架包括除去纯粹的语音和词汇意义之外的所有组织形式:语法形式、语法意义,以及语法形式与语法意义有机结合构成的语法范畴。俄语中的语法范畴和意义范畴是语法的灵魂所在。

语法学是语言学的一个分支,是研究语言形式与结构的科学,即根据语言的语法结构的基本特征,研究语言结构的组织及其使用规则,研究话语的生成和理解的理论依据和基础。换言之,语法学是研究语符间句法关系和语言结构建构规则的科学。俄语语法学包括词法学（морфология）和句法学（синтаксис），分别对应于俄语语法范畴中的形态范畴（морфологические категории）和结构范畴（синтаксические категории）。简言之，语法学就是研究语言中语法规则及其使用的科学。

2. 句法学——研究语符与语义组合建构规则的科学

俄语中 синтаксис（句法）一词源于古希腊语（syntaxis），表示"组建、构建、组合、规矩"等意思，早期用于哲学和逻辑学。20 世纪 30 年代，该术语被作为符号学三个组成部分（结构学、语义学、语用学）之一，表示符号与符号之间结构关系，称为结构学。在语言学中，结构学被用作表示语法学的一部分，研究语言符号之间形式关系、结构及其使用规则，称作句法学。句法学是语言学体系中一个自成体系的分支学科，与词法学（形态学）相对应，构成语法学的完整体系。

俄语中的句法学研究始于 18 世纪初。在那个时期的俄语语言学中，"句法"这一概念得以使用，句法学的理论研究也随之开始，最初主要用于研究语言中逻辑单位和表示逻辑关系的方法。后来，从罗蒙诺索夫开始，俄罗斯语言学家开始把句法作为一门关于词汇组合的形式和类型的学说来构建。罗蒙诺索夫的《俄罗斯语法》（1755）和 A.X. 沃斯托科夫（А.Х.Востоков）的《俄语语法》（1831）是俄国早期的语法学著作，在这些论著中，句法作为语法的重要部分，均被认作是"关于词汇组合成连贯性整体的规律和规则"的学说。这一时期的语法是"词汇中心论"（словоцентричное）的学说，当时的俄罗斯语言学家们称之为"词的组合"，因此，当时的大部分注意力都集中在"词的组合"的描写上。词组作为独特的句法单位，在句法研究中占据着特殊的地位。而作为语言交际单位的句子，在那个时期则被看成是句法研究以外的问题。

随着逻辑学理论在俄语语言学中的发展，特别是心理学理论在语言学中的应用和发展，俄国语言学家对语法学研究对象及任务的理解和认识都发生了根本性变化。对词汇和句子的功能和作用的认知逐步达成新的共识：词汇只能作为句子的建筑材料，在特定的形式结构的基础上可以构成具有不同具体内容的句子。离开句子，词汇本身既不能传达完整的交际信息，也不能表达讲话人对外部世界的评价，更无法判定其本身的真伪对错。随之，句子作为逻辑思维和心理过程的表达单位，作为人类言语交流的基本单位被推到首要地位，成了语法学研究的主要对象。这样一来，"词的组合"的描写不再是语法学研究的主角，有关句子的学说成了19世纪下半期语法学关注的重点。从那一时期开始，在重要的语法研究论著中，如 Ф.И. 布斯拉耶夫（Ф.И.Буслаев）的《俄语历史语法》（Историческая грамматика русского языка, 1863）、А.А. 波捷布尼亚（А.А.Потебня）的《俄语语法笔记》（Из записок по русской грамматике, 1874）等著作中，都没有再出现关于"词的组合"论说的章节。

从19世纪末、20世纪初开始，句法学研究对象发生了重大改变，句子在俄罗斯语言学中占据日益重要的地位。在从"词汇中心论"到"句子中心论"的过渡中，Ф.Ф. 福尔图纳托夫（Ф.Ф.Фортунатов）的理论占有很重的分量。他开始注意到词汇组合中意义的功能，把词组称为"意义上的整体，这一整体是由一个完整的词与另一个完整的词组合而成，或者表示一个完整的思想，或者表示其中的一部分"（Фортунатов 1957: 451）。在他看来，句子是词汇组合的一种形式——更完整的词汇组合。

在福尔图纳托夫之后，А.А. 沙赫马托夫（А.А. Шахматов）把词汇组合定义为"是构成语法统一体的那类词的组合。在这个统一体中，一部分词对另一部分词有依赖关系"

（Шахматов 1941：27）。然而，他仍然认为，由两个或几个词构成的句子依然是词的组合，是相应于某一完整的思维概念的词汇组合。与前者相比，沙赫马托夫观点的进步和发展之处在于：句子不仅仅是词组的一种变体，而且是一种特殊的、最小结构可以由一个词形表示的句法单位。

在整个语言体系的层级结构中，句法层面占据特殊的地位，它是语言中最高层级的语言组合现象。要实现思想的表达和信息的交流，仅靠挑选出合适的词汇材料是不够的，还必须用正确规则和准确无误的形式把这些词汇联系起来，形成意义完整、组织结构正确的句子。在所有的语言单位中，只有句子具有对某一现象进行评述和判断的能力，交际者可以根据现实情况判定句子的形式与内容正确与否；只有句子有能力充当交际活动的工具，完成复杂的交际任务。

进入20世纪后，随着现代语言学的诞生和结构主义语言学研究的深入发展，句法学研究的对象和重点再度发生变化。20世纪中期，以В.В.维诺格拉多夫（В.В. Виноградов）为代表的形式主义语法学家们开始关注什么是构成句子的核心因素，开始探究句子的表层形式结构与深层语义结构的构成，提出了句子述谓性的理论。随着语义学在语言学研究中的深入和扩展，述谓性理论的重要性日益突显，述谓结构因承载着句子的核心结构语义和语法范畴语义，成为当代句法学理论研究的重心。

基于维诺格拉多夫形式主义语言学的这一句法学核心理论和思想，Н.Ю.什维多娃（Н.Ю.Шведова）在《俄语语法》（1980，以下简称"80年语法"）中创造性地发展了俄语句法学理论，提出了句法学是语言语法体系的核心部分的论断。依据这一句法学思想，"80年语法"理论明确指出，这一核心部分涵盖能完成信息交流的各种不同类型的语言结构，通过厘清这些结构中所有语言单位的基本特征和行为规则，可以准确划分出句法学中能构成体系性结构的基本元素，首先是句法结构单位和与之相适应的句法结构体系的组成部分：1）词汇结构；2）词组结构；3）简单句结构；4）复合句结构；5）词的形式（Шведова 2005：20）。对句法结构体系构成要素的划分，以及这种形式清晰的分类体系，奠定了现代句法学整体结构布局的基础。

俄语中，句法单位形式结构的构成，首先取决于严格划分的词类体系（词汇类型学）和发达的词汇形态变化体系（词汇形态学）。词类体系的划分及词汇变化形式的研究出现于语法学形成的早期，同构于句法学的发展过程。词法学作为语法学的一个部分，最终形成于20世纪初。词法学中的基本概念，譬如语法范畴、语法形式、语法意义等概念是句法学理论的支撑和基础。如果说词法学研究的是词汇的聚合关系，即一个词的所有可能的形式和这些形式所承载的语法特性及意义，那么句法学研究的是词汇的这些语法形式及其语法意义在句法层面的组合能力，即一个词在不同句法组合中存在的某一形式的功能、使用条件及搭配规则等。在现代俄语语言学理论中，句法学是语法学的重要组成部分，它的研究范围包括有关词汇的组合规则、由这些组合手段构成的语言单位内部结构关系、简单句和复合句的结构及构建规则、句子的扩展规则和使用规则等所有相关领域和知识的科学。

进入21世纪以来，特别是在现代功能主义语言学范式和人本中心论语言学范式共同作用的背景下，句法学研究的对象、任务和目的都相应地发生了重大变化。当代句法学理论认为，句法学作为语法学的一个分支，它的主要研究对象是包括词组和句子在内的句法单位，且其中句子是具有规约性组织体系、具有完整意义和特定交际功能的语言单位，是句法学研究的主要对象。当把句子作为语言单位来描述时，使用 предложение 一词；当把句子作为言语单位来描述时，使用 высказывание 一词。作为语言单位的句子，可以划分出不同的层面和结构：句子的形式层面称作句子的形式结构，句子的内容层面称作句子的意义结构，句子的功能层面称作句子的交际结构。从现代句法理论的视角看，句子成了集不同结构于一身的多层面多功能语言单位，因此，解析句子成分在句子不同结构层面上的语法行为、表现形式及其功能，研究各结构层面之间的句法关系，是当代句法学研究的主要任务。

3. 解构与建构 —— 句法学研究的任务、对象、方法及目的

纵观俄语句法学研究的发展历程，从研究方法论的角度看，20世纪以来，俄罗斯和我国的俄语学者对句法学的研究，基本上都是沿相同的传统研究路线进行：词组 —— 简单句 —— 复合句，并从句子成分入手分析句子的构成及其表达形式。

在现代俄语语言学中特别强调，句法学是研究语言句法结构的语言学科，一方面，它是句子分析的方法论体系，另一方面，它又是句子构建的方法论体系。换句话说，句法学有双重任务：它既分析词与词形之间的句法关系及使用规则，同时也研究由这种句法关系和规则构成的句法单位的整体组织结构及交际功能。

本书的句法学研究试图从后结构主义语言学和功能语言学的立场出发，依据句法结构的本质就是符号与符号之间的关系这一基本原理，用句法关系和句法结构理论来重新审视和研究句子，用解构主义方法把句法关系从各种句法单位中抽象出来，在宏观上对句法关系、句法联系手段、句法关系的表达方式、句子的语法结构特征和语义结构特征，以及其分类原则和标准等进行再一次的详细梳理、分析和描述。

句子的意义内容可以是千变万化的，但其形式结构总是遵循着一定的规律和规则。研究句子需要研究句子的形式结构、语义结构、交际结构及其功能方面的规律性和使用规则。

本书特别关注的是，句法学所研究的不仅仅是作为完整句法单位的整体意义和功能，而且更要关注在构成词组和句子时，词或词形所起的语法作用、充当的成分以及与其他成分之间的联系规则及表现形式。譬如：在 Рабочие строят дом. Дом строится рабочими. 这两个句子中，句法学研究的是 дом 一词在这两个句子中的语法形式、分别承载的语法意义，以及它与其他成分之间的关系及完成的交际功能，而不是研究 дом 一词本身还有多少种其他形式、各种形式的变化形态及其语法意义。如果说词法学是从词的所有潜性的可能形式的总和去研究词汇的语法形式、语法特性和抽象意义，则句法学是研究词的某一形式在特定语境的句法组合中的功能和使用规则。词组和句子是由词与词形以某种形式彼此联系而构成的，因此，关于句法单位各组成部分之间的关系及其表达方式的问题就成了句法学的基本核心问题。词在句子中所表征的语法范畴与词形变化所承载的语法意义，就成了句法学研究的直接对象。

现代句法学是描写和解释句法单位构建普遍性规律的一门学科，它的任务和目的不是在研究过程中分析一个一个具体句子的意义，而是通过对具体句子的分析找出存在于所有句子中的共性通用规则，并对这些规则进行系统科学的分析、分类、描写和解释。在俄语中，无论多么复杂的句子，无论多么复杂的句法结构，都可以按照一定的句法规则来解构，化繁为简，最后根据词汇间的句法关系来判定词汇在句子中充当的句子成分、结构形态和语义角色，进而解读整个复杂结构的句法关系和结构意义，乃至整个句子完整的意义。反之，还可以利用为数有限的句法规则、结构和模式生成无穷的可用于交际的句子，并通过这些规则和结构模式传递各种句子类型的语义和语用信息。从结构体系和功能的角度，研究这些句法关系、句法规则、结构模式在句子构建中的语法功能、语义功能、交际功能，以及句法联系手段在不同语境下的变体及功能转换,是当代句法学理论研究的另一重要任务。

本书在对俄语句法关系和结构的解构和建构研究中,始终以句子结构的关键点——结构成分之间的句法关系为着眼点,从结构关系、联系手段、表现形式、语义结构、语用功能等方面来描写和阐释俄语句子生成和理解的机理。解构和建构的过程都是运用句法规则的过程,具体解构的方法就是找出句法关系及其典型表达方式,解构的终极结果就是准确地理解整个句子结构意义、词汇意义和表达讲话人意向的语用意义之综合意义;具体的建构方法的终极目标则是利用有限的语法规则和结构模式生成语法正确、意义完整、交际目的准确的句子。

理论研究的最终目的是要解释和解决语言学相关领域的现实问题,促进该领域理论研究的发展。全面系统研究俄语句法理论,就是要挖掘句子的语言本质特性和交际功能属性,揭示句子内部的层级结构及组织规则,运用现代语言学研究的最新理论来达到"庖丁解牛"之功效。

现代语言学研究沿着不同的路径进行,在不同的路径上采用不同的方法,分别对应于人类感知世界和语言交际的不同阶段和层面。在本句法学研究中,我们采用分析法和综合法这两种基本研究方法,去解析语言结构关系中的句法关系和结构信息,探寻句子建构的深层结构模式和规律,分析这些规律和规则在句子中不同的特征和交际功能,依据这些特征研究句子在交际中的转换和变异,进而从宏观和微观上阐释句法理论的本质。

基于这样的目的,本书分三个部分:解构篇、建构篇、重构篇,划分为十四章进行研究和描述。

将句法学研究方法运用到俄语教学中,将有助于学生了解和掌握语言的本质特点,增强学生语言意识的自觉,助力语言学理论的修养,提高语言学习的效果。这亦是本书写作的初衷之一。

第一篇

现代俄语句法学——解构篇

引论　语言体系与结构关系

体系通常是指由相互联系和互为条件的各个部分组成的一个完整的结构体。在这种结构体中，这些组成部分叫作该体系的构成要素。体系最重要的一个特性就在于，它的每一个构成要素的性能在很大程度上取决于它与该体系中其他要素之间的关系。譬如，桌子是由各种不同部件组成的一个整体结构。它的主要构件有桌面、四条腿和横梁等，但要组合成桌子的前提条件是，这些部件的形状和尺寸必须具有统一的标准和规格。否则，桌子的部件相互不能配套，无法组合成一个完整的结构体。也就是说，一个桌子的结构与功能取决于其一个部件的形状、规格和特性能否和与之配套组合的其他部件相匹配。**任何一个体系，本质上都是一种结构，结构就是一个体系的内部组织，这种组织体系表现为该结构中各个构成要素之间关系之集合。**

20世纪初，"体系"这一概念随着现代语言学的诞生开始进入语言科学。随着索绪尔《普通语言学教程》的问世，在近半个世纪的现代结构主义语言学范式研究中，许多语言学家都曾认同并努力证实，语言是一个符号体系，语言是一种结构，语言是一种关系。在随后的语言学发展中，研究语言关系学说和结构理论依然是揭示语言本质的最佳路径。语言作为人与人之间交际的工具，本身是一个通用的自然语音符号体系，语言中所有部分彼此之间都非常紧密地联系在一起，构成了一个不可分割的完整体系。

事实上，客观世界中的万物总是处在各种关系之中，存在于彼此的相互依赖和相互制约中。语言是对现实的折射与反映，现实中的一切关系都会以某种形式反映在语言中，因而，语言本身亦总是处在关系中。物以类聚，人以群分。可以说，这是中国人对外部世界和社会关系中的聚合关系最早最朴素的认知，是人类对世间万物进行概念化和范畴化的基础，亦是进行科学分类研究的基础。现实中另一种关系是组合关系，这种关系是世间万物转换和生成的规则和运作机制，人类对这种关系的认知是随着科学的发展而发展的，客观世界的所有自然现象和物体均是按照各自的组合规律生成和建构的，譬如物质的分子是由原子组合而成。人们常说"发展关系"，这样的隐喻表述正是人们对组合关系线性特征的认知。语言中的关系即是现实世界各种关系在语言中的反映和体现。

在语言纷繁复杂的关系中，亦可以抽象出两大关系：聚合关系和组合关系。这两大关系自索绪尔提出以来得到了广泛的研究和应用。现代语言学认为，这两大关系是语言的基本关系，聚合关系是语言单位在不同层级存在的基本形式，组合关系是构成各层级上语言单位千变万化形态的基本手段。语言的结构与体系就是由这两大关系在不同层级和层面上构成和支撑的。

在语言的结构中，自下而上分布着语音层面、词汇层面和句子层面，构成语言的层级结构，也就是语言体系中的各个分体系。在每一个层级上都可以划分出最小单位，譬如，语音是最小的发音单位；词素是最小的表义单位；词汇是最小的称名单位；句子是最小的交际单位。这些不同的语言元素构成了语言的不同层级。在语言体系中，这些层级是相对独立的子体系，同时又与其他子体系处于不可分割的相互作用的统一体中，构成了一个等级式结构的语言符号体系。在这一体系中，按等级由下而上排列着语音、词素、词汇、句子等不同的语言层级单位。

体系的结构性不仅仅体现为构成要素存在的形式上，而且还反映在这些要素之间的关系和联系手段上。语言体系之所以能够成为统一的完整体系，就是因为各个分体系中的语言元素是由一定的结构关系相互联系在一起，进而构成各层级的语言单位的递进关系：较小的语言单位按一定关系组合构成较大的语言单位，因而下一层级的单位成为上一个层级单位的组成元素，譬如，在俄语中，音素是义素的组建材料，义素的组合又构成词，词按一定规则组合构成句子。也就是说，较高一级层次的元素是由低层级的元素构成的，同时，它本身又作为更高一层单位的构建材料。正是由于俄语各层级语言单位的这种结构关系，几十个语音单位构成了大量义素，这些义素构成了自然语言的词汇，词汇作为建筑材料可以构成大量的、无限的、用于交际的句子。

各层级要素之间的等级递进关系是非常严格的，不能跨越，譬如不能直接用义素构成句子。而某一层级的语言单位之间的组合规则是由高一层级单位的需求决定的，因此，从形式上讲，任何一个语言单位都可以或者"自下而上"或者"自上而下"地来进行分析。例如，一个义素可以定义为是某些音素组合的结果，也可以定义为是对某个大于义素的语言单位进行切分的结果。对于分析语言单位的结构和内部组织特点来说，采用自上而下的分析方法比较合适，而对于确定语言单位的交际特性来说，采用自下而上的方法更加有效和可行。关于这一点，在分析各种不同的话语结构时要特别予以注意。

总之，语言的体系性结构是各层级语言单位构成要素之间的关系和联系手段之和。语言体系是一个结构严密有序的符号体系，它的每一个子体系都是由一定的联系手段构建而成的。

语言本身永远处在关系中。在词汇层面上，这种关系表现为词汇与外部世界的对应关系，构成语言的称名单位。这些语言单位以各种不同的聚合关系形式存在于自己的层级中，表现为词汇间的语义联系，并通过组合关系构成上一级的语言单位。在句子的层面上，相互联系在一起的语言结构形式表现出一定的结构关系，这种关系是句子成分之间通过联系手段所体现出来的语法意义，这种语法形式体现出来的意义就被称为句法关系。

句法关系是语言关系中最重要的关系，是人类思维和语言交际中必须的逻辑结构关系，反映在语言中是符号与符号之间的结构关系和组合规则。因此，要系统描写语言的句法体系，仅仅确定句法单位的组合是远远不够的，关键是要研究各个组成部分之间的构成关系。在语法学中，词法学主要研究的是词汇单位的聚合关系——各种聚合体及其内部关系；句法学主要研究的是语言单位的组合关系。

俄语句法中，组合关系非常复杂严谨，是多层面语言信息的综合和各种语法范畴意义的叠加，承载着词汇意义、词法意义、结构意义、语用意义等。因此，分析和研究符号间的句法关系是准确解读俄语句子的关键，是透析讲话人交际意图和打开话语情景之门的钥匙。研究语言中的句法关系已然成了掌握语言和使用语言的重要环节，成了人们在言语活动中正确生成和理解话语的前提和保障。

第一章　俄语句法关系理论

第1节　句法关系概述

在俄语中，句子通常是由词语按一定的语法规则组合而成的，也就是说，句子中的词语处在彼此相互联系的形式中，而形式可以表示出某种句法关系。譬如，在 Осень наступила 这个句子中，动词的词尾 -a 是阴性单数的标记，表示与行为主体（主语名词）之间的一致关系；按照句法关系中的匹配关系原则，通过谓语的这种标记我们可以得知行为（状态）主体的性和数形式，它还可以反映出动词（谓语）表示的时间范畴。解读这个句子的词语形式所承载的语法意义，我们可以得出这样的句子的抽象逻辑语义："在讲话时刻之前，主语表示的某种态势出现了"（秋天到了）。显然，对于句子而言，重要的不是形式本身，而是这些联系手段表现出来的语法意义，即句法关系。

句法关系是语法学中一个重要的术语和概念。然而，要给句法关系下一个准确的定义并不容易，不同的学者在不同的时期给出了不同的解释和定义。А.М. 穆欣（А.М. Мухин）的观点是："句子理论应该考虑这样一个事实，在所研究的语言学对象——句子的结构中，句子成分和它们之间存在的关系构成了一个不可分割的整体。句子结构中的这种关系用流行的术语表示就叫句法关系"（Мухин 1968: 66-67）。

法国著名语言学家 Л. 泰尼耶尔（Л.Теньер）认为，"句子中的每一个词都与相邻的词处在某种联系中，这些联系的总和就构成了句子的骨架或结构"（Теньер 1988：22-23）。

在 О.С. 阿赫马诺娃（О.С.Ахманова）主编的《语言学术语词典》中，对句法关系这一概念的定义是："由词的词汇意义和组合规则决定的言语成分间的各种不同类型的相互关系"（Ахманова 1969：398）。这种描述是俄语语法学中关于句法关系的比较通用的定义。句法关系概念是整个结构句法学的基础。

句法关系指句法单位各成分彼此之间处在一定的语法意义联系——结构关系之中，表示这些关系的手段和规则就是句法规则。遵循这些规则可以把词或词形联合成句法单位——词组或句子，而句法单位各成分之间的形式表现出来的语法范畴意义就是句法关系，各成分间的结构关系所表征的结构意义之集合统称作句法语义。

事实上，句法关系包含两个层面的内容：一方面，这种关系反映了现实世界中客观现象的关系，因此，包含着物体自己特有的信息：一个物体与其特征、行为、状态、作用对象等之间的关系，这种关系是语义关系；另一方面，是以句法单位中各成分之间相互依存和作用为支撑的纯句法关系，譬如，被支配词对支配词的依赖关系、匹配词与主导词之间的匹配关系等，这些关系由句法联系手段来实现，是纯语言关系。句法关系内核中的这种两面性是整个句法结构语义和句法单位语义的实质所在。

任何一个句法单位都一定具有某种句法关系。换句话说，任何一个句法单位的组成部分都是由句法联系手段按照一定的语法规则和词汇语义要求联合起来的，正是借助于这些句法联系手段，才能够表现出句子和词组中各种成分之间的从属或相互依存的事实，描述出各种不同类型的句法关系。因此，分析研究句法关系应是句法学研究的一个重要部分，研究其联系手段和规则是句法学研究的关键环节和中心内容。

句法关系是语言单位的组合性能、语言行为和使用功能的综合体现。句法学就是研究语言单位在句法结构中的这些关系及其表现形式，探究词汇单位依据句法关系构成句法单位的规则和标准。

第 2 节　句法关系的表达手段

俄语句法学研究表明，句法关系是从俄语所有类型的话语表述中抽象出来的，每一种句法关系都有特定的表达手段。句法单位不同，表现出的句法关系不同，其组成部分和联系手段也不同，譬如：

在词组中，句法手段连接的是词与词或词与词形：книга отца —— 支配关系，非一致定语；

在简单句中，句法手段连接的是词与词形或词与词组：Мальчик уже ходит —— 匹配关系之主谓关系；

在复合句中，句法手段连接的是词与句子或句子与句子：Дедушка читает, когда внук вошел в комнату —— 主从关系，时间状语复合句。

然而，从上述例子中可以看出，同样是词与词形的组合，构成的句法单位可以是词组，也可以是句子，这其中起作用的不仅有词类的差别，而且还有结构关系类型、词汇语义的限制、词序等诸多因素。

在俄语中，句法联系手段多种多样，其中最主要的手段是词的形式和各种虚词，在俄语的词组和句子中，任何一个句法单位都是由两个或两个以上的词汇单位按照一定的语法规则组合而成的，词汇间的句法联系多是借助于词形变化和虚词实现的。换句话说，在俄语中，句法关系是从所有类型的话语表述中抽象出来的，每一种句法关系都表征其特定的语法范畴意义，而这些语法意义是通过各种句法表现形式——联系手段体现出来的。

俄语句法联系手段主要有以下五种表现形式：

一、词形

词形是指词汇发生形态变化的词尾部分，这些词尾的变化形式及其承载的语法范畴意义本身是词法学研究的对象。然而，一旦进入句子层面，词汇的变化形式便获得了句法联系的功能，使其与句子其他成分按照特定的句法规则组合在一起，并表现为某种句法关系。词汇形式的语法范畴因其词类的不同而不同，主要包括：

名词的性、数、格形式；

形容词的性、数、格形式；

动词的体、人称变位形式、时、态、性、数等形式。

所有这些形式承载的语法意义构成了语言的语法范畴。在这些形式中又可分为不变形式和可变形式，譬如，名词和形容词的性、动词的体都是词汇本身固有的形式，是不变形式；而名词和形容词的格，动词的人称变位形式、时、态、性、数等形式是可变形式。所有这些形式，无论是可变形式还是不变形式统称为语法形式，每一种形式都承载着一定的语法意义，语法形式与所承载的语法意义构成语言的语法范畴，譬如动词的体范畴、名词的性范畴、数范畴、格范畴等。

词和词形的组合可以构成词组，如 прекрасная команда, часть времени；也可以构成简单句 Маленький звук был слышен. В доме стало тепло. Я сегодня весел. 等。在这些句法单位中，词的**形态变化部分**所传递的并不是词汇的称名意义，而是该词的某种变化形式所承载的语法意义，即词的形态意义及与相邻词汇构成的句法关系。因此说，词形是句法关系的载体和表现形式之一。

在现代俄语语法学中，研究句法学不能脱离词法学。词的形式及其承载的语法意义是句法关系的主要联系手段之一，研究词形及其承载的语法意义是解读句法结构的钥匙。一个词的真正活力是其形态变化表现出来的意义和功能，而意义和功能的具体实现是在词组或句子的句法结构中体现出来的。进入任何一个句法单位的词都不可能带着它完整的形式体系和意义体系，而是根据句法结构要完成的语言交际任务的需要，选择其形式体系（聚合体系）中的某一种形式（词形）带着其规约的语法意义和特定的某一词汇意义（词位）进入该结构，完成组合，构成句法单位。

譬如，在句子 Он читает книгу 中，三个词分别以各自体系中的某一种形式进入句子：Он ——人称代词聚合体中的单数第三人称；читает ——动词变位聚合体中的单数第三人称形式；книгу ——阴性名词变格聚合体中的第四格形式。但它们之间的组合必须遵守句法关系要求的规则：

Он читает（单数第三人称，数范畴上匹配的主谓关系）；

читает книгу（主从关系，及物动词对直接客体的支配关系）。

之所以在三组不同的聚合体中选择这三种形式，就是因为这些形式的组合，符合该语境要求的句法规则，能满足逻辑语义关系条件，可以生成意义完整的句子。

二、前置词

在传统的俄语语法中，前置词被划定为虚词，而虚词是不充当句子主要成分或不进入句子结构的词类。因此，对前置词的研究一直没有纳入句法学研究的重点视域，仅是作为名词搭配使用时的连接工具而已。随着语言语义学和结构语义学研究的深入，现代语法学研究发现，前置词虽然不是实词，但却是重要的结构词，是表现句法关系的主要联系形式之一。在现代俄语语法学中，将这类词称作结构词，与连接词和语气词一并统称为辅助性词类。在词组和简单句中，主导词与从属词之间的各种句法关系常常借助于前置词 + 名词间接格形式来表示：стол у окна, верить в победу, войти в дом, перейти через улицу 等。

在有些情况下，前置词短语不仅可以充当句子的扩展成分，而且还可以充当句子的必须成分，试比较：

Студенты занимались в библиотеке.（扩展成分）
Памятник находится в центре города.（必须成分）

三、连接词

连接词是虚词（辅助词）中的一种词类，是用于句法结构构建的重要词类，主要用于连接句法结构中的成分，并表示成分之间不同的句法关系。在连接词这一词类中，可以区别出连接词和关联词，在不同的句法单位中，由连接词或关联词连接的句法单位表示的句法关系类型是不同的。在连接词中，根据最共性的范畴意义和句法用途，可以将其分为并列连接词和主从连接词这两大类，这两类连接词功能各有不同，表现出来的句法关系和语法意义也各不相同。这些连接词可用于不同的句法层面，譬如，词语与词语之间，词组与词组之间，句子成分之间，复合句的各分句之间。试比较：

词组：красные и синие цветы,
（бежит）красиво и быстро；
（бежит）красиво, но не быстро；
（бежит）и красиво, и быстро；

句子：Работают студенты, а не рабочие.
  Когда наступил вечер, поехали танки.

在分析有连接词的句法单位内部结构时，需要考虑的不仅是连接词的语法类别，而且还要考虑其词汇语义类别。

并列连接词是并列关系的典型标记，详见并列关系部分。

四、词序

在句法联系手段中，词序也可以作为句法关系的表现形式，试比较：

（1）красивая девушка；

（2）Девушка красивая.

这两个例证的词序不同，所表示的句法关系和功能各不相同，例（1）表示被修饰成分与修饰成分之间的匹配关系，是一个一致性定语词组；例（2）除了表示一致的匹配关系，即两个词在性、数、格范畴上的相互支配与匹配关系外，还表现了主谓关系，这种关系是构成句子的基本关系。在这种关系中除了客观内容外，还隐含着句子的述谓性，即句法人称、句法时态和情态范畴——讲话人的态度和判断，因此，例（2）是一个句子。这些句法关系正是通过词序变化所体现的句法形式和语法意义表现出来的。

在俄语中，词序通常不是单一的句法关系表现手段，它通常与义段的切分配合使用，使句法上有联系的词组合成一个义段。此外，词序还能区别句法联系的指向性，指示出名词间接格的形式、前置词与名词格的形式、副词与动词发生联系的位置等。例如，

<u>Возле двери</u> стояла на столике ваза с цветами.（状语成分，修饰动词）

На столике <u>возле двери</u> стояла ваза с цветами.（非一致定语成分，修饰名词）

一般认为，词序在相同词形的句子（等同句）中用来表示句法联系的指向性，即区分被说明成分和说明成分（主语和谓语）。

Мой отец — учитель.

在下列句子中，行为的主体与客体在形式上是一样的，即第一格形式的主语与第四格形式的补语相同，在这种情况下，词序的指向性对确定句子成分就起着至关重要的作用。通常认为主语在前，补语在后。

Бытие определяет сознание.

Весло задело платье.

Мать любит дочь.

五、语调

语调也是各层级句法单位的联系手段之一。语调通常与词序手段一起使用,把有声话语划分成声音高低长短不同的义段,表达讲话人的态度。有时候语调的划分是句法关系唯一的表达方式。例如:

句子 Она пела хорошо танцевала. 在书面形式中,语调上的停顿可以借助于标点符号划分出义段,一般不会产生疑义,如:Она пела, хорошо танцевала. / Она пела хорошо, танцевала. 而在口语中,可以在 хорошо 一词的前面停顿,也可以在它后面停顿,但表示的评价意义却不同。这时候,起句法联系作用的就是语调。

如上所述,我们从俄语句法单位的表层形式结构上对各种不同类型的联系手段进行了归纳。在语言的实际使用中,这些联系手段会同时配合使用,构成千变万化的句法结构形态,表达各种各样的句法关系。

第3节 句法关系的类型及其形式特征

组合关系是一种横向的线性关系。两个或两个以上的成分按照一定的规则组合在一起,便构成了组合体,组合体内部的关系就称作组合关系。在语言各层级上的任何一个语言单位中都存在着组合关系。句法学研究表明,句法关系是在句子层面上体现出来的组合关系形式。换句话说,符号(词汇)间符合规则的任何组合都会构成句法关系。在句法关系的任何一种表达手段中,其深层结构中都存在着抽象的句法关系特征。对俄语句法进行的深入研究,可以揭示出句法关系的语法语义特征,并在此基础上区分出句法关系的各种不同类型及其联系手段的表现特征。

任何一种分类都是某种程度上的归纳和概括。俄语句法关系的分类,就是对俄语句子形式、结构、语义进行抽象概括,找出共性特征和区别特征，在此基础上对句法联系手段及其表现形式进行分析研究，划分句法关系类型和句法结构类型，进而对句法关系和句法学实质进行比较全面系统的揭示和研究。

一、句法关系的类型

正如前文所述，句法关系是一种组合关系，组合关系中都存在一个共性的特征：组合体内存在的相互依存、相互制约的线性结构关系，即两个或两个以上的成分按照一定的语法规则组合在一起，构成语义相对完整的称名单位或交际单位。然而，由于联系手段和表现方式的不同，在语言的任何一组对立句法关系中，除了上述共性特征外，一定存在着某种区别性语义特征。遵循这一原则，在数量众多、纷繁复杂的各种关系中找出最抽象的特征，对其进行对比分析可以发现，在句法关系中，最主要的、可以将所有句法关系一分为二的区别语义特征就是"有无决定性因素"，也就是看在句法结构中能否区分出主要成分和次要成分，或者说两个成分是否构成"主人"和"仆人"的关系。依据这一主要区别特征，可以把句法关系划分成两大类型：在语法形式和意义上有主要和次要之分的，构成了句法上的主从关系（подчинительные отношения），反之，没有主次之分的关系则构成句法上的并列关系（сочинительные отношения）。

1. 主从关系

主从关系是在语法上互为条件的一种关系，是句法关系中最重要的一种。在这种关系中，一个词对另一个词在语法上具有支配能力，而后者在语法形式上的变化取决于前者词汇语义和句法规则的要求。这种依赖关系通过一定的形式手段表现出来，前者称作主导词，后者称作从属词。它们的组合构成句法结构，在这种结构中两个成分总是处于彼此相互依存的关系中，这种关系就叫作主从关系。主从关系的本质在于，某一语法形式始终处于对另一语法形式的某种句法关系的依赖之中，或者说，词汇的一种语法形式存在取决于另一词汇形式的要求。

主从关系不会对同一句法形式产生数量上的同质繁化，而是能使语法形式发生质的变化，使主导词和从属词始终处于不平等的地位。

2. 并列关系

在并列关系中没有"决定性因素"这一典型语义特征。在呈现为并列关系的结构中，每一个成分都是平等的，具有同等功效。在传统的语法学中，并列关系是一种灵活和相对松散的联系形式，对这种联系的限制也比较少。

相对于主从关系而言，并列关系是一种有标记的关系，并列关系一定要借助于连接词来构成，纯粹的词与词形的组合不能构成并列关系。

并列关系在句法结构的构建中只能对某些句法形式产生数量上的繁化，而不会使句法形式发生质的变化，因此，对句法结构的基本组织架构不产生影响。

二、两种句法关系的区别特征

除了上述典型的区别性语法语义特征外，主从关系与并列关系在联系手段、表现形式和构成的句法单位类型上也有很大的差别：

1. 联系手段不同

主从关系主要是通过词形变化表现出来的，不使用连接词，如：врач отца, занятие спортом 等。

并列关系的主要联系手段是连接词，而不能直接用词的形式来表示，如：

громко, но невнятно;

Соперы ходят очень медленно, но обгнать их не надо.

2. 连接成分的数量不同

主从关系的联系手段一次只能连接两个成分，如：

красивая река;

книга подруги;

ставить палатку;

служить Родине 等。

并列关系的联系手段一次可以连接两个或多个成分，且标记性连接手段位于第二个成分前（开放性并列连词除外），如：

умный и добрый мальчик;

работа или отдых;

то ветер, то снег, то мороз 等。

3. 构成的句法单位不同

主从关系的联系手段可以构成词组、简单句和复合句等三个不同层级的句法单位，如：

читать книгу（词组）

Он читает.（简单句）

Он читает книгу, когда она вошла в комнату.（复合句）

并列关系的联系手段只能构成词组或复合句，不能构成简单句。这就是说，由并列关系的联系手段构成的句法单位只有两个层级——词组和复合句，如：

книга и журнал（词组）

Он читает книгу, а она читает журнал.（复合句）

4. 表现形式不同

并列联系手段在各个句法层面上，也就是在各种句法单位（词组和复合句）中的表达方式是相同的，即借助于连接词：

студенты и студентки;

и студенты, и студентки;

Студенты занимаются спортом, а студентки читают стихи.
而主从关系的表达手段在不同句法层级上的表现形式不同，表示的关系不同，构成的句法单位亦不同。由主从关系构成的词组因其次级关系的不同而不同：

интересная книга 是词组，主从关系——匹配关系；

читать книгу 是词组，主从关系——支配关系；

Он читает. 是句子，主从关系——匹配关系——述谓关系；

而 Он читает книгу, когда она вошла в комнату 是主从复合句，表示两个句子之间是主从关系——时间从属关系。

5. 在繁化结构中表现不同

将复杂句法结构进行对比研究就会发现，当把并列关系的句法单位和主从关系的句法单位引入更为复杂的结构中时，其并列成分的同等功效和主从成分的不同功效明显表现出来了。

在这种情况下，由主从关系构成的组合体中各成分在复杂结构中的地位不同，功能亦不同：如果主要成分在新联合的结构中充当说明成分，则从属成分就是这一说明成分的说明成分。这一点可以由结构扩展能力来检验：在构成的复杂结构中，在保留从属成分的情况下，主要成分不能省略。试比较：

читать интересную книгу

可以说 читать книгу，可以说 интересная книга，而不能说 *читать интересную。这是因为在这一复合词组中，三个词不在一个层面上，而且每两个词之间的关系是规约性的，不可变动和转换的：当 интересная книга 构成一个意义完整的称名词组时，интересная 是从属于主导词 книга 的"仆人"，永远要与其在性、数、格等范畴上保持一致的关系，所以，当这个词组与动词搭配时，形容词 интересная 必须跟随 книга 一同受动词支配而发生变化，变成 читать интересную книгу 的形式。在这个繁化结构中，动词 читать 支配的永远是名词

книгу，而不能与形容词 интересную 单独搭配。这个繁化词组的关系是二级关系：

再如，книги отца

　　Он получил книги отца.

　　Он пришел с книгами отца.

　　Он вырос в книгах отца.

可以看出，在 книги отца 这一词组进入更复杂的结构时，无论主导词 книги 变成什么形式，从属词 отца 的形式和功能始终不变——非一致定语的修饰限定，它不可跨越主导词与其他词发生联系。

同理，这种情况同样也存在于主从复合句中：

Он вспомнил, кому отдал книгу. — Я требовал, чтобы он вспомнил, кому отдал книгу. 可以说 Я требовал, чтобы он вспомнил. 而不能说 *Я требовал, кому он отдал книгу. 因为三个分句的从属关系不同。

而由并列关系的联系手段联合的是同等成分，在繁化结构中这类词组具有同等功能，如：

газеты и журналы；

（и）газеты，（и）журналы；

выписывать и газеты, и журналы.

在新构成的复杂结构中，并列词组作为从属成分时，其两个成分同时受动词支配，在繁化结构中完成相同的语法功能，占据同一句法位置。这一点可以用从结构中去掉其中任何一个成分的方法来验证：去掉其中的任何一个成分，都不会影响结构单位的语义完整性。

выписывать и газеты, и журналы — выписывать газеты

— выписывать журналы.

在复合句中亦是如此：

Книг нужных нет, и времени свободного мало.

Он сейчас не занимается, потому что книг нужных нет и времени свободного мало.

Он сейчас не занимается, потому что книг нужных нет. — Он сейчас не занимается, потому что времени свободного мало.

从例句中可以看出，去掉由连接词联合的两个成分中的任何一个，都不影响句子的结构和意义的完整性。有学者认为，凡是在句子中出现并列成分，原则上可以看作是两个相同句子的简化组合，例如：

В этом магазине торгуют конфетами и чаем. = В этом магазине торгуют конфетами. + В этом магазине торгуют чаем.

本章小结

语言中存在两大关系：聚合关系和组合关系，语言本身永远是处在这两大关系中。句法关系是语言中较高层级的组合关系，是语言关系中最重要的关系，是人类思维和语言交际中必须的逻辑结构关系，反映在句子中是词与词之间的结构关系和组合规则。

本章中区分了句法关系中两种不同的组合关系——并列关系和主从关系，宏观描述了这两种关系构成的组合体在区别语义特征、功能和表达方式上的不同。主从关系是构建句子时必不可少的，而并列关系对句子的构建则不是必须的，且并列联系手段和主从联系手段在构建句子结构中的作用亦是不同的。

按照语言符号体系的二分法原则，下文将根据上述典型区别语义特征，对俄语两大句法关系类型进行系统研究和描述，并根据每一类型内部组成部分所含语义和功能的不同进行再次分类。

第二章 俄语句法中的主从关系

在俄语中，主从关系是最主要、最复杂的句法关系，其最主要的范畴语义特征是：依照这种关系构成的结构单位，其成分之间的关系总是不平等的，成分中总是有一个为主，一个为辅，即一个是主导词，一个是从属词。因此，主从关系的联系手段无论是在其特征的表现形式上，还是在语义特征的区分上，都比并列关系的联系手段复杂得多。主从关系的联系手段在不同的结构层面上会构成不同的句法单位，表现出不同的形式区别特征。

第 1 节 主从关系的形式结构类型

从主从关系的表现形式和结构看，尚没有一个统一的抽象句法语义特征能够把这种关系的所有表达手段区分成二元对立或多元对立的类型。在现有的语法理论研究中，尚未有被普遍认同的关于主从关系联系手段的概念。"80 年语法"认为，主从关系的每一个类型或子类型都有自己独特的意义：形式结构是表达手段和所表现内容的统一（Русская грамматика 1980, Т.2: 73-75）。

俄语中，词汇形态是揭示句法关系的关键和基础。按照传统的句法学研究方法，对主从关系的研究首先从句法联系手段的词形变化特征的分类研究开始。根据形式结构可以确定主从关系，以及句法单位中主导词和从属词的形式。在对主从联系手段进行分类研究时，首先关注的应该是组合体中的主导成分。依据句法单位中的主导词和从属词之间呈现出的各种不同形态特征、主导词与从属词的词类范畴以及其联系手段的结构特点，可以将主从关系划分出下列形式结构类型：

一、动词类主从关系

这类主从关系是指由动词做主导词构成的主从关系。动词做主导词可以与不同词类组合，构成不同的主从关系。在这一类词组中，主导词均是动词，但从属词词类和位置却是不同的，可根据从属词的词类区分出下列结构模式：

1. 动词—名词词组：

собирать урожай, работать над книгой, работать в саду（支配关系）

2. 动词—副词词组：

напряженно работать, очень старательно трудиться（依附关系）

3. 动词—动词不定式词组：

начать работать, пойти работать, следовать работать（依附关系）

由于动词本身词汇语义的不同和支配模式的不同，动词加不同词类可以构成许多类型的主从关系词组，且这些关系可能在不同的层级上。

二、名词类主从关系

这类主从关系是指由名词做主导词构成的主从关系。在这一类词组中，可根据从属词的词类构成下列结构模式：

1. 名词—形容词词组：

урожайный год, красивая девочка（匹配关系）

2. 名词—名词词组：

год урожая, девушка с красивыми глазами, уборка урожая（支配关系）

3. 名词—动词不定式词组：

стремление познать, возможность предвидеть（依附关系）

4. 名词—副词词组：

кофе по-турецки, езда верхом（依附关系）

三、形容词类主从关系

这类主从关系是指由形容词做主导词构成的主从关系。形容词做主导词的情形不多，主要是与动词组合，构成下列结构模式：

形容词 + 动词不定式：

склонный помечтать, рад встретиться（依附关系）

四、副词类主从关系

有少量的副词也可以做主导词，构成的关系均为依附关系，主要有以下几种情形：

与前置词短语搭配：

низко над землей

与副词搭配：

удивительно ярко

与动词搭配：

приятно познакомиться

第 2 节 主从关系的功能语义类型

在主从关系组合体中，主要成分的词汇语义域和支配模式特点决定从属词的词类、形式和意义的选择，从而构成不同的句法单位，实现不同的语言功能。因此，根据主从关系联系手段的结构功能语义特征，可以将句法结构中的主从关系划分为：匹配关系、支配关系和依附关系。

一、匹配关系（согласование）

匹配关系又称作一致关系，表示句法单位中主要成分和次要成分在某一语法范畴上处于一致的关系中。在这种关系中，主导成分常常是名词，从属成分必须是那些在句法形式和句法意义上能与之相匹配的词类和形式。在俄语中，匹配关系既可以构成词组，也可以构成句子。需要指出的是，匹配关系是唯一可以构成句子的句法关系，即构成句子主要成分之间在性、数、人称等语法范畴上相互一致的关系，进而构成主谓关系，譬如，Молоко скисло.

在不同的句法单位中，匹配关系的联系手段不同，表现形式不同，表达的语法意义不同，所完成的功能亦不同。

1. 匹配词组

在传统语法中，匹配词组又称作一致性定语词组。在这一句法单位中，最典型的、最简单的匹配性联系形式是：名词＋形容词及具有同等语义功能的词（形容词性代词、序数词、形动词等）构成的组合，其中名词是主导成分，形容词等是次要成分。次要成分在性、数、格等语法范畴上应与主导成分保持一致，如：морозный день, что-то необычное, этот дуб, третий этаж, наблюдаемое явление 等。

在这一类词组中，主导词可以根据交际目的随意选择自己的语法形式，而且，无论它选择了什么形式，都要求从属成分以相应形式与其相匹配:(в) проигравшую команду, (о) проигравшей команде；从属词不能随意选择自己的形式，而是必须符合主导成分的形式要求。例如：прекрасные картины, прекрасных картин, (о) прекрасных картинах 等，因此，形容词的中性形式прекрасное在任何情况下都不可能

与 картина 一起使用。

在匹配词组中，常有**完全匹配**和**不完全匹配**两种情况。

完全匹配是指从属词与主导词在相应语法范畴的所有形式上（性、数、格）都一致，这是俄语中匹配关系符合语法规范的常态形式；

不完全匹配是指从属词与主导词在某些语法范畴的形式上不一致，这种不一致是俄语中的特殊形式，需要予以重视。常见的不一致形式有以下几种情形：

1）主导词与从属词在"性"这一语法范畴上不一致的情形是典型范例，例如，当表示职业或职务的名称做主导词时，形容词不是与主导词的性一致，而是与该词所指人物的实际性别一致：наша врач, молодая доцент 等。当主导词表示共性的称名（既可指称男性，也可指称女性）时，形容词的性范畴形式按名词所指的实际性别选择。例如：

соня（嗜睡的人）— большой соня（男性的），большая соня（女性的）；

забияка（爱闹事的人）— большой забияка（男性的），большая забияка（女性的）。

2）主导词与从属词在"数"这一语法范畴上的不一致情况，常常用来作为表示不同区别特征的一种手段。譬如，下例 3 个词组：

（1）красные и зеленые шары,

（2）красный и зеленый шары,

（3）красные и зеленый шары,

虽然 3 个主导词都是复数形式，但形容词的变化使词组获得了不同的数量意义，第 1 个词组表示红色和绿色两种颜色的球都很多，每种颜色至少都在两个以上；第 2 个词组表示红色的球和绿色的各有一个，一共两个；第 3 个词组表示红色的球很多，而绿色的只有一个，但总数不少于三个。

3）还有一种主导词与从属词不一致的情况，例如：词组

замечательный писатель и врач，通常认为，这种情形中的形容词只是与最近的一个名词构成一致关系，对其起修饰和限定作用，即表示"一个优秀的作家和一个（普通的）医生"；而在 замечательные писатель и врач 这一词组中，形容词则同时与两个主导词发生一致关系，同时修饰两个名词，表示"一个优秀的作家和一个优秀的医生"。

2. 句子

在简单句这一句法单位中，匹配关系主要表现在主语与谓语的一致关系上：名词第一格形式和动词人称变位形式（或其他词类的同等功能形式）在性、数、人称等语法范畴上应保持匹配的相应形式：

Река шумела, трепетала вся, торопилась.

Лес обнажился, поля опустили.

主谓关系在构成句子时会呈现不同的形式。

名词的"性"范畴具有不变的形态属性，而且有些名词只有单数形式，因而，动词则首先依据人称、数的范畴变化所有变位形式，然后依次是时、式、态等范畴的变化形式，形容词短尾形式也是根据名词的性和数的范畴变化的。从形式上有理由认为，在这样的句子中，主导词是名词第一格形式，各成分在性和数上的一致性可以看作是动词或形容词的变化形式与名词保持一致的结果。句法关系中这种从主语向谓语的指向性以及它的这种预设性特点在下列句子中表现得十分明显：

Молоко скисло.

Сметана скисла.

Сливки скисли.

在这样的句法结构中，谓语完全丧失了不考虑主语形式而独立存在的可能性。因为在这种情况下，谓语只是在满足主语在语法上的"任性"，跟随其性、数形式不同而变化。这种匹配关系是构成句子的基本态式。

然而，在由匹配关系构成的简单句中，也有一些主谓关系不一致的复杂情况：

1）由数词、数词词组或具有不定量数词意义的形式做主语时，主语与谓语的匹配性相对复杂。在这些情形下，谓语在数的范畴上变成了非惟一性，即可以使用不同变体：单数中性形式或复数形式。例如：

Пришло（Пришли）пятеро.

Большинство студентов ушло（ушли）на практику.

在使用复数时，通常考量的是逻辑意义上的匹配关系，即现实中的实际数量。对相关结构形式特征的匹配关系产生影响的是句子主要成分——主语的内容，即是否含有可数的成分。在谓语具有使用变体可能性的条件下，对谓语数范畴形式的选择取决于语言习惯和规约性原则。

2）动词不定式做主语时，句中的主语和谓语之间不存在性和数的一致关系，因为充当主语的成分没有性、数、格这些语法范畴。在这种情况下，动词通常用单数第三人称或中性过去时来表示主语与谓语的相应关系：

Создавать счастье — это высокий труд.

Отступать было покрыть себя позором.

3）其他没有性、数范畴的词语做主语时，主语与谓语之间在性和数上没有相对应性，因为主语没有这些语法范畴。但在此种情况下，仍可以根据句法联系的预设特点，确定由主语向谓语的指向性：主语要求谓语具有一定的形式——单数、中性等句法范畴。例如：Грянуло «ура».

4）表示职业或职务的名称、表示共性的名称做主语时，谓语的形式可以不与主语的性、数范畴匹配，而直接依据话语中人物的实际性别属性而变化：

Мой врач пришла.

Наш донцент добрая.

无论是在词组还是在句子中，匹配关系是纯语法关系，也就是说，从属词的形式完全依赖于主导词本身的语法形式。而现代句法学理论倾向于认为，主从关系中的匹配关系是双向指向关系。这一点恰恰是区分匹配关系与支配关系的主要特征，支配关系只能是单向指向关系。

二、支配关系（управление）

支配关系通常被定义为主从联系中的主要关系类型，构成支配性词组。在这种关系中，句法单位中的主导词对其从属词具有绝对的支配权力，通常要求是带有前置词或不带前置词的各格形式。但是，这一定义并不能包括传统句法结构划分出的表示支配关系的所有现象，而只能包括那些可以由支配模式预示为必须的情况。在支配关系中从属词的形式不仅依赖于主导词的语法形式，而且依赖于其词汇意义的要求限制。总体上来讲，支配关系是一种由一个词（主导词）决定另一个词的形式（从属词）的单向指向性关系。

1. 主导词

在具有支配关系的句法结构中，主导词（主要成分）可以由词或词的形式充当，可以使用不同的词类，构成不同类型的支配词组：

动词类主导词：уважать противника, соответствовать требованию, отказать в просьбе, идти по тропинке；

名词类主导词：стакан молока, вид спорта, внимание к окружающим；

形容词类主导词：готовый к работе, далекий от жизни, похожий на гвоздь；

副词类主导词：вдвоем с братом, украдкой от матери, сродни искусству.

支配关系取决于主导词本身的语义结构、配价能力和支配模式，因此，在主导词与从属词之间的这种关系是相对稳定的，主导词本身在形式上的变化并不会影响从属词的词形变化：

делать добро — делает добро — делавший добро;

надеяться на успех — надеемся на успех — надеющийся на успех;

планета людей — планеты людей — (о) планете людей;

纯句法关系是具有很高概括性的结构语义关系，通常可分为客体关系、状态说明关系和补足关系。

在支配词组的构建中，通常还要考虑主导词包含的下列信息：

1）支配关系词组的深层语义关系：在支配关系词组中，深层语义关系有不同类型。譬如，支配关系可以表示客体关系（читать книгу），也可以表示状态说明关系（читать по вечерам）。因此，在构成支配关系时，从属词形式的确定首先取决于主导词与从属词之间必须的语义联系。

2）主导词词汇语义类别：主导词的词汇语义类别也是重要的判据之一，它决定了联系手段的结构—语义关系。因为即便是同一句法语义关系，譬如，支配关系表示的客体关系，不同的主导词会有不同的支配模式，要求从属词使用不同形式。试比较：читать книгу,

работать над книгой,

восхищаться книгой 等。

词汇—句法关系是一种通过词汇意义把纯句法关系细化了的逻辑语义关系，例如，在状态说明关系中可以区分出方位关系、时间关系等，而这些意义关系还可以根据词汇语义的差别进一步细化。在表示状态说明关系时，由于词汇意义的不同，同一个从属词形式可以表示不同的状态意义：

ехать лесом（表示方位）

ехать поездом（表示工具）

这就是说，在词汇—句法关系中不仅可以预先选择词位，而且可以选择从属词的形式。而在纯结构意义关系中，只要选择了相应的形式，无论具有什么意义的从属词都体现同一个指定的结构意义，试比较：любоваться <u>лесом</u>, <u>поездом</u>, <u>картиной</u> 等。

3）主导词的语义，特别是主导词中前缀所承载的意义，可以预示出某种语义—结构关系的选择。譬如，在动词 оттолкнуть 的语义中，除了"推……"(что) 的语义特征外，前缀 от- 使该词具有了"从什么地方推开"这样的方位意义。因此，这一动词与从属词组合时，除了表示客体意义关系外，还表示方位意义关系，要求支配一个由前置词 от 与名词二格（чего）的形式构成的词组，如：

<u>оттолкнуть</u>（лодку）<u>от берега</u>.

关于在支配关系的结构中存在预设性/非预设性等深层语义关系的问题，将在本章的第 4 节中论述。

2. 从属词

在支配性联系中，可以充当从属词的词类则是十分有限——名词或相当于名词的词类，而且从属成分永远是词的形式。

三、依附关系（примыкание）

依附关系是主从关系的一种。与其他两种主从关系的表现形式相比，依附关系有其自己的独特性。如果说匹配关系是纯语法性联系，支配关系是词汇—结构性联系，则依附关系是没有形式的纯意义性联系。匹配关系和支配关系都有自己特殊的专门用于此种关系的标记特征，而依附关系没有这类特征。这种关系不是通过从属成分的词形变化来表示的，而是由其位置的变化来表示其与主导词相互依存的语法—语义联系。依附关系主要表示以下几种关系：

1）状态说明关系：прийти <u>вовремя</u>, <u>долго</u> работать

2）限定关系：яйцо <u>всмятку</u>

3）补足说明关系：захотеть <u>отдохнуть</u>

依附关系的意义是由它表现出来的结构关系的独立性特点来体现的。因此，依附关系中的从属成分通常是由没有形式变化的词类、那些不具备句法联系形式的词或短语来充当：

副词：повернуть направо, ехать верхом, очень старый;

动词不定式：любить плавать, суметь читать, привычка курить;

副动词：идет прихрамывая, говорить шепелявя;

形容词及形动词的简单比较级：Дети постарше шли вперед.

依附关系应包括非一致性名词词组和专有名词词组：озеро Байкал（на озере Байкал）, деревня Броды（из деревни Броды）, станция «Университет»（к станции «Университет»）, магистраль Москва — Ленинград（по магистрали Москва — Ленинград）.

这种依附性联系还应包括物主代词的第三人称 её, его, их 形式。这些代词没有格的形式，而性和数的形式只有称名意义，不参加句法关系的表现和构建，与所限定的名词在性、数、格上不匹配：его семья（дом, дети）, её семья（дом, дети）, их семья（дом, дети）。

四、主从关系的某些特殊类型

在俄语中，主从关系还有一些特殊的联系手段和表现方式，需要给予特别的关注。

1. 形容词、副词比较级词组

在这类特殊的主从联系中，形容词或副词比较级充当主导词，要求其后的名词具有相应格的形式。如：

старше брата,

сильнее чемпиона,

белее снега 等。

2. 形容词最高级词组

具有这种主从关系的词组呈现出语法结构的熟语性和表达方式的特殊性：一方面，形容词最高级支配带前置词的名词二格形式；另一方面，形容词又以特殊的形式与名词在"性"范畴上保持着一致。如：

высочайшая из гор Азии,

лучший из городов,

虽然名词受形容词最高级的支配用复数形式，但它预设性地支配着形容词单数的词性。

3. 部分数词（数词一格 + 名词二格）

два брата,

две сестры,

полтора часа,

полторы недели 等。

4. 数词的间接格形式

двух братьев,

на семи ветрах,

这些特殊词组各有自己的特殊性，但它们具有一个共同的特点，即都不是词与词的形式的整体组合。

5. 前置词词组

在俄语中，前置词是一个很特殊的词类。在传统的词类划分中，前置词和感叹词、语气词一道被划入了虚词部分。传统的词法学和句法学研究认为，在句子结构中虚词不充当句子成分。因此，前置词作为虚词是不被纳入句子结构的。在长期的句法结构研究中，并没有对前置词的意义、功能，特别是在句子构建中的作用给予足够的重视和研究。

事实上，前置词在句子的构建中起着至关重要和不可取代的作用，没有它的连接，许多实义词作为语言材料便无法连接在一起。好比一部机器，没有螺丝钉，许多的零部件就无法连接起来一样，前置词就起着语言中的螺丝钉作用。试比较：

  Он гуляет около дома.

  Дети бегают во дворе.

  Они летают в Крым.

  上述句子中的前置词在构建句子的形式结构和表达句意两个方面都是必不可少的。如果把这些句子中的前置词去掉，句子变成如下形式：

  *Он гуляет дома.

  *Дети бегают дворе.

  *Они летают Крым.

  依据一般的语言知识和句法概念即可以判定，这些句子在形式上是不能成立的，因为没有前置词来表达动词与名词之间的联系，就无法理解和确定这些句子的意思。显然，前置词表示的结构关系在句子中的作用不是可有可无，而是至关重要的。

  但是，在传统的语法中，在区分结构关系时通常把所有的从属性名词，包括带或不带前置词的间接格都看作是支配性联系。还有一种观点认为，并非所有的从属性名词都是支配性联系，其中有一些可以看作是依附性联系，由此产生了名词性依附联系之说。这种说法主要指的就是前置词词组，譬如：

  前置词短语 работать около дома, дерево около дома, гулять около дома, собираться около дома 等。

  由此看来，把前置词词组视作一种特殊的主从联系较为合适。这样的观点是有理论依据的：从深层语义功能上来看，由前置词带出的间接格词组大多表示状态说明关系，这种关系一般是非预设性的语义结构关系，而且不是必须的；从形式结构来看，在前置词词组内部，前置词对名词具有支配能力，名词根据前置词的不同而发生形式变化，例如，на столе, по столу́, со стола́ 等。在前置词词组外部，前置词本身没有形态变化，与主导词之间没有形式上的结构联系，属依附关系；从结构语义上来看，前置词结构与主导词之间在意义上的联系十分密切。这种状态关系的特点是一种纯意义上的关系，要借助于前置词指向才能体现出来。例如：

работать над диссертацией,

говорить про вас,

скучать по родине,

вернуться с завода.

在这种情形下，与动词真正发生联系的是整个前置词词组，而不仅仅是名词，而发生词形变化的却又是名词，它的变化表面上取决于前置词，也就是说，前置词对名词有支配关系，实质上取决于动词的语义要求。因此，必须根据动词支配模式中给定的配价结构要求，确定动词与前置词词组之间状态关系的具体特点，才能对前置词词组中从属词形式做出选择。

但是，有时在使用同一个动词和同一个前置词的情况下，前置词短语中会选择不同的名词，会有不同的形式，试比较：

вернуться с радостью（心理状态：回来时的心情）

вернуться с братом（客体：和谁/带着谁一起回来）

вернуться с книгами（客体：带什么东西回来）

在这种情况下，根据动词的词义已无法预知前置词的语义指向和前置词短语中名词的形式，此时起决定作用的是交际意图和所要传递的信息内容。由此可以确定，前置词词组是一种特殊的主从词组，词组内部成分之间的关系是主从关系；在外部整个前置词词组与主导词建立联系。在话语的生成过程中，要根据交际意图首先选择前置词，而前置词则会根据主导动词的语义需求，对与其搭配的名词的形式做相应的严格规定。

第 3 节　主从关系的逻辑语义类型

现代逻辑语义学和认知语义学的研究表明，符号与符号之间的关系不仅仅表现为结构上的一种关系或一种联系，它是外部世界逻辑关系在句法结构上的折射，即目前语言学界广泛讨论的句法象似性问题。换句话说，句法单位中各个组成部分处于某一种意义或逻辑关系的联系之中，也就是处在一定的逻辑"角色"关系之中。这种逻辑语义角色和结构要求准确地区分它们的形式。因此，句法单位中各种成分的形式与其说是为了表现它们彼此之间的关系，不如说是为了标识它们的角色语义。这种角色语义不是由词汇意义决定的，而是由某一类词共有的语法范畴和语法形式决定的。

从逻辑语义的角度看，主导词具有更宽泛、更共性的概念，具有"种"的意义；而在语法上处于从属地位的词，通常会指出该"种"概念的某些特征，确切说明这一概念，或确定它的范围等功能，属于"类"的范畴。例如，在 письменый стол 这一词组中，主导词 стол 是所有这一类物体的总的称名，代表着所有这类物体的共性特征；而从属词 письменый 在这里起修饰限定作用，使"桌子"的语义具体化——特指所有桌子中的某一类，使"书桌"与其他各种用途的桌子区别开来。从属词的这一区别语义功能在其他类型的主从关系的组合中也可以观察到，譬如：

очень интересный（副词对形容词在逻辑上有一个限定，把评价的等级提高，将"非常有意思"从"有意思"中区别出来）；

идти медленно（用表示速度的副词"慢"这一语义，把"慢慢走"从"走"这一运动状态中区分出来）；

читать роман（用表示行为客体的词使动词所述的行为具体化，使这一具体行为与其他相似行为区别开来：即"读小说"，而非"读报"）等。

句法关系是通过纯句法联系手段表示出来的语法意义和词汇意义的有机结合,因此,在构成句法结构模式时必须考虑词汇意义的限制。由于词汇的数量和语义的复杂,句法结构模式的构成也非常复杂,有时属于同一种类型的意义结构可以有几种属于不同类型的联系手段表达,例如,восковые фигуры 和 фигуры из воска(蜡人)都表示限定修饰关系;而有时在同一个结构模式下,相同的联系手段表示出不同的逻辑结构意义。例如,词组是最基本的句法单位,不仅具有语法意义,而且具有词汇语义。同是名词性词组 N_1+N_2 的模式,具有相同的语法形式和意义,即表示一个物体与另一个物体的关系,但填充不同的词汇时,构成的词组却获得了不同的逻辑结构关系和意义:

1) отъезд гостей —— 行为及行为的发出者之间的关系;

2) строительство завода —— 行为及行为的客体之间的关系;

3) крыша дома —— 局部与整体之间的关系;

4) страна гор —— 物体与其特征之间的关系。

勿庸讳言,到目前为止尚没有一个公认可行的对句法结构的逻辑语义关系的分类。20 世纪末,被语言学家广泛接受的可行的分类方案,是在"80 年语法"基础上推出的。根据这一分类系统(Русская грамматика 1980, Т.2: 59-66),句法结构中可以抽象出以下四种逻辑语义关系:

1. 客体关系

客体关系是一种建立在表示行为或状态的词与表示该行为或状态涉及的物体、现象、事件的词之间的关系,如 читать газету, писать письмо, заниматься спортом, сознавать вину, ликвидация аварии, выполнение задания, включение радио 等。这类关系多由动词词组或动名词词组表示。

2. 限定说明关系

限定关系是一种建立在表示物体、现象、事件的词与表示特征意义的词之间的关系，如 талантливый мальчик, высшее образование, моя книга, платье из лена, кофе с молоком, мороженое со шоколадом, дом бабушки 等。这类关系多表现在形容词词组和其他名词词组中。

3. 状态说明关系

状态说明关系是一种建立在表示行为或状态的词，与表示该行为或状态所处的各种外部环境状况的词之间的关系。在"80年语法"中，这种关系被视为限定关系的变体。语料分析表明，这类关系是完全不同于限定关系的，它们通常补充说明与行为或状态的发生相关的外部环境状况，包括行为的方式方法，时间、地点、程度、性质等：приехать рано, вернуться ночью, опоздать из-за дождя, работать дружно 等。这类关系通常由副词或前置词词组表示。

4. 补足关系

补足关系是一种很宽泛的关系，主要指一个词要求从意义上对其补充或限定，指明一个物体与另一个物体的关系，例如：начало фильма, часть времени, много студентов 等。这种关系多体现在名词性词组中。

需要说明的是，这四种关系并不能涵盖语言现实中的全部情形。此外，这几种关系通常并不是单独存在，而是相互作用构成复合式的意义关系。譬如 лететь над лесом 表示一种客体状态关系，如果对这个词组的主要成分提问，既可以提出关于客体格的问题：над чем лететь？也可以提出关于状态说明格的问题：где лететь？

第 4 节　主从关系的结构语义类型

从主从关系的结构—语义层面上看，主从关系并非是单一的关系结构，而是由各种不同类型的语义交叉组合构成的复杂结构。在俄语句法的主从关系中抽象出的区分语义特征，可以把主从联系划分成不同的类型：预设性关系 / 非预设性关系；必须性关系 / 非必须性关系；纯句法关系 / 词汇—句法关系。这三种类型的主从关系是建立在非形式化的意义层面上的，不同的主导词、其不同的组合和搭配，决定了主从联系手段上的特殊性和复杂性，进而决定了承载的结构语义功能和句法功能亦不同。

一、预设性 / 非预设性

预设性 / 非预设性关系是指，在句法单位的深层语义关系中，主导词是否存在有对从属词形式和意义的预设要求和限制。有这种预设的称之为预设性特征，反之为非预设性特征。这对关系主要存在于支配关系中，由主导词的词类词汇—语义决定。

заниматься спортом，

писать сочинение，

находиться в центре города，

любоваться природой 等。

在词与词的形式的组合中，以及在句子与句子的组合中，这种特征表现得非常广泛且多种多样：

1. 预设性特征

预设性特征是指，在支配关系中，只要找出主导词的语义类别和纯结构意义关系，就可以预先判断出从属词的形式和词汇类别。如：

1）主导词词类决定的预设：читать книгу, журнал（及物动词要求不带前置词四格，表示行为客体，词汇语义则限制了可选客体的范围——可读物）；

любоваться лесом, поездом, картиной（带 -ся 动词要求不带前置词五格）等。

这类动—名词组表现出的关系叫作**预设性支配关系**；

2）主导词前缀语义决定的预设：由主导词前缀的语义决定结构关系和支配关系中从属词的形式，如词组：

оттолкнуть（лодку）от берега（把船推离岸边，前缀与前置词相对应），

съехать с дороги（驶离大路，前缀与前置词相对应）。

这类动—名词组表现出的关系也叫作**预设性支配关系**。

3）主导词语义性能决定的预设：这种预设是由该结构中主导词的语义决定的。在复合句中，主句中那些与从属句发生联系的成分预先决定了从属句的性质和形式：这些成分预先决定了主从句之间的联系手段，而这些手段又决定了从属句的句法结构形式。例如：

（1）Он знал, что поезд придет вечером.

（2）Он хотел, чтобы поезд пришел вечером.

在这两个复合句中，从句与主句中的述谓成分（动词）发生联系，动词 знать, хотеть 本身的词汇语义预示了各自从句的性质和连接手段。在这两个句子中，句（2）中的 чтобы 不可能用于替换句（1）中的 что，因为动词 знать 引导出的是一个说明从句，表示讲话人根据自己的认知经验对所得信息做出的一个确定性判断，因此，在动词 знать 后面的从句不能由表示非现实意义的连接词 чтобы 连接，这一点是说明从句与情态从句显著的区别特征之一。同样道理，句（1）中的连接词 что 也不能用于句（2），因为动词 хотеть 的词义中含有表示意愿、希望等情态语义成分，因此，它引导出来的从句表示讲话人希望但还没有实现的行为。与此同时，连接词本身的功能和语义又决定了从句中谓语动词的形式：在句（2）中，动词只能用过去时形式，不可能用其他形式，这是主

句中动词语义和连接词共同作用所决定的句式（祈使句）所要求的。而在句（1）中，根据交际语用功能的需要与整个句子的时间和情态范畴的对应关系，从句中的谓语动词可以用任何时间形式表示：

Он знал, что поезд приходил（пришел, придет）вечером.

这就是联系手段的预设性在主从复合句中的表现。

根据句法结构中**可预设性支配关系**的区别特征，还可将这种类型的主从联系分为选择性—预设性关系和非选择性—预设性关系。这就是说，在有些句法关系中，虽然在逻辑语义上预设出了支配关系，但在语法形式上从属词的形式并不是唯一的选择，试比较：

читать книгу（非选择性）

съесть кашу（каши）（选择性）

любоваться картиной（非选择性）

числиться начальником（в начальниках, в качестве начальника）（选择性）

заботиться о детях（非选择性）

тосковать о детях（по детям）（选择性）

2. 非预设性特征

非预设性特征是指，在选择从属词形式时，主导词的语义不含有可以预设语义结构关系的配价要素，如动词 гулять 在语义中并没有预示出从属成分的形式，由该动词构成主从词组时，可以根据实际情景和交际意图的不同选择不同的搭配形式：

гулять в лесу,

гулять по реке,

гулять около дома,

гулять на улице 等。

这些词组表现出的支配关系叫做**非预设性**特征。

在这种类型的关系中，从属词的形式不是由主导词的意义和功能预先决定的，而是由语言外情景要素决定的，是进入该结构的成分能否满足整体的意义所要求的，或由交际信息的需求所决定的。在词与词的形式组合成句法单位时，这种情况有多种表现形式：

человек у двери（за столом, под окном）;

работать по вечерам（каждый день, с восхода до заката）.

同样，在复合句中，从句部分，特别是连接词或关联词的使用，有时候并不是由主句中的某一成分决定的，而是取决于从哪个方面对主句给予说明或补足的整体需要；连接词或关联词的选择完全是由整个句子的交际目的所决定的，以便完成主句无法实现的句法关系和交际意向。试比较：

Машина зажгла фары, так как уже стемнело.

Машина зажгла фары, когда уже стемнело.

二、必须性 / 非必须性

必须性 / 非必须性特征同样是表现句法结构的深层语义关系。这种关系是由主导词的词汇语法—语义类别决定的。

1. 必须性特征

必须性特征是指，某些从属词对于句法单位构成而言是必须的，没有这些必须成分的参与，主导词的词汇语义就无法完整地表示出来。主从联系手段的这种特征的关键就在于，在词与词的形式的组合中或在复合句中，主导成分的词汇语义预示其本身具有展词的必须性或可能性。也就是说，在某些情况下，在句法结构中主导词对从属成分的要求是必须的、有规律的、不可缺少的：

1）及物动词要求的客体成分（читать что）；

2）运动动词要求的方向状语成分（поехать куда）；

3）存在动词要求的处所状语成分（находиться где）等。

这些必须的语义联系是主导词本身的语义性能决定的，是词汇语义配价的外化体现。

2. 非必须性特征

非必须性特征是指，在有些情况下，主从关系结构中的某些从属成分是随意的、可有可无的、无规律的。

читать по вечерам;

читать каждый день;

читать три часа.

在这种关系中，词组搭配的依据是实际交际意图的需求，取决于讲话人所要传递的信息。

这一对特征通常与预设性/非预设性特征配合出现，决定词组或句子的组合特点。常见的组合是：

预设性—必须性特征的组合，例如，читать книгу（是必须性的，同时又具有预设性特征）

非预设性—非必须性特征的组合，例如，читать вечером（是非必须性的，因此，具有非预设性特征）

然而，这种组合并不是唯一的和绝对的，它们可以交叉，构成反向的组合。在俄语中，这类交叉组合的典型情况是**必须性—非预设性**的组合，具有代表性的例子是由动词 находиться 构成的词组：находиться в столе（на столе, под столом 等）。动词 находиться 的词汇意义是"在某一空间的存在（状态）"，其语义要求必须有表示"空间方位"意义的语义配价成分充当扩展词，回答 где 的问题，但该动词的词汇语义却无法预示出扩展词的形式，从而表现出**必须性—非预设性**组合的典型特征。这类组合在复合句中也可以见到，试比较：

Он был так грязен, что только и мечтал о ванне.

Он был так грязен, словно только что вылез из печной трубы.

这两个句子的主句中都有指示词 так，因此要求必须有从属句对其进行说明，否则句子的语义结构不完整。然而由于 так 无法预示从句要表达的意义，根据交际意图，它可以引导出不同的从句，因此，这两个句子的句法关系和功能都不同：前者表示因果关系，后者则是比较关系。

另一种交叉组合的情形是匹配关系，这种联系手段具有**预设性**—**非必须性**的组合特征，如词组 красная ручка：词组中形容词 красная 与名词 ручка 构成匹配关系，这种关系不是必须的，但是可以预知的，因为一旦构成这种关系，形容词就必须在性、数、格等语法范畴上与名词保持一致，也就是说，名词的语法范畴特征预设了与其搭配的形容词的语法形态。

三、纯句法特征 / 词汇—句法特征

从本质上讲，主从联系手段所表示的句法语义关系有两种类型：纯句法关系和词汇—句法关系。纯句法关系不依赖于从属成分的词汇意义，由纯句法结构意义构成，具有更抽象的意义特征；而词汇—句法特征是在主导词和从属词的词汇意义的基础上形成的，它更具体，更丰富多样，一般表示各种非紧密型的、特殊的客体（工具、共同的参动项）关系和各种状语关系。试比较：

любоваться самолётом (поездом) 纯句法特征；
возвращаться самолётом (поездом) 词汇—句法特征。

在第一种情况下，самолётом 是名词五格形式，是动词 любоваться 所要求的，表示客体关系，与名词的词义没有关系，任何名词都可以充当这一成分，譬如：любоваться лесом (картиной, рекой, горами) 等，此时，主从关系的联系手段表现出来的是纯句法关系。

在第二种情况下，самолёт 的五格形式不是动词 возвращаться 所要求的必须形式，不表示客体关系，而表示

运动的方式（状态）。此类情况下，连接手段的选择与表达情景的意义相关，名词词汇语义的选择受主导词语义和整个情景语义的限制，通常表示各种不同类型的状语关系（时间、地点、工具、行为方式等），这里表示出来的是词汇—句法关系特征。

主从关系的这一语义特征与预设性/非预设性特征之间也有必然的联系，通常它们的关系表现为：

纯句法关系—预设性特征：любоваться самолётом（поездом）;

词汇—句法关系—非预设性特征：возвращаться самолётом（к вечеру）。

这一对语义特征只能是这样的组合，不可能有反向的组合。

而与必须性/非必须性特征之间没有必然联系，可以相互任意组合：必须性可以是纯句法关系，也可以是词汇—句法关系；非必须性可以是句法关系，也可以是词汇—句法关系，试比较：

нуждаться в поддержке（必须性，纯句法关系，动词的支配关系是唯一的选项，不考虑搭配的名词的词汇意义）；

поселиться в деревне（必须性，词汇—句法关系，动词的语义配价要求支配地点状语是必须的，但所用前置词的选择则取决于搭配名词的词汇意义特性，可以说 поселиться на новом месте, за городом 等）；

дружная работа, дружно работать（非必须性，纯句法关系）；

работать в деревне, дом в лесу（非必须性，词汇—句法关系）。

此外，有时候在词与词形的组合体中，必须性特征取决于词汇语义和语言外因素，譬如，有些表示人的身体部位的名词与形容词构成的一致性词组，表示一个完整语义整体，

如 голубые глаза，当该词组与名词再次组合时，受语言外因素的制约，名词只能与整个词组发生联系，而不能只与它们之中的某一个成分发生联系，例如，可以说：

девушка с голубыми глазами，不能说：*девушка с глазами.

мальчик с длиными ногами，不能说：*мальчик с ногами.

再如，可以说：

сидеть с закрытыми глазами，而不能用：*сидеть с глазами 这样的搭配。

在这种情形下，起决定性作用的是词汇意义和语言外因素，而不是纯句法关系。

四、主从关系的结构语义组合模式

1. 结构语义组合模式

综上所述，主从关系及其联系手段中的这些特性不仅在支配关系中存在，而且在匹配关系和依附关系中也存在。上述三组特性在匹配关系、支配关系和依附关系中的组合情况不尽相同，可以概括如下：

1）匹配关系：

匹配关系是一种纯语法联系手段，这种手段可以构成两种不同的句法单位，这两种句法单位的结构语义模式各不相同。譬如：

词组展现出的匹配关系中有预设性，但不是必须的：

красная ручка；

而句子展现出的匹配关系中有预设性，也是必须的：

Ручка красная.

2）支配关系：

支配关系可以构成各种不同的词组，通常表现为上述特性的下列组合：

（1）纯句法联系手段，有预设性，是必须的：

читать книгу, любоваться закатом;

（2）纯句法联系手段，有预设性，但不是必须的：

дом отца, дневник писателя;

（3）词汇—句法联系手段，非预设性，是必须的：

поселиться в деревне;

（4）词汇—句法联系手段，非预设性，不是必须的：

читать в поезде, читать вечером;

3）依附关系：

对依附关系而言，预设性/非预设性是没有意义的，因为依附词是没有词形变化的。其他两种特性的组合，构成了不同的依附关系：

（1）纯句法联系手段，是必须的：

хотеть спать, начать заниматься;

（2）纯句法联系手段，不是必须的：

говорить громко, говорить грамотно;

（3）词汇—句法联系手段，是必须的：

находиться рядом;

（4）词汇—句法联系手段，不是必须的：

яйцо всмятку;

2. 强支配和弱支配

在现代句法学的许多结构理论中，都有把支配关系区分为**强支配和弱支配**的提法。但是，到目前为止，尚没有关于强支配和弱支配概念的准确一致的定义。这一概念的不明确性就在于，在这些定义中还没有统一的原则和标准，足以区分类似预设性/非预设性、必须性/非必须性这样一些支配特性。而在主从关系中这些特性深植于结构语义之中，不区分这些特性便无法解释句法结构的本质。这些特性又是根本不同的特性，在结构关系中，由于主导词的不同，它们可以构成不同的组合体，因而形成不同的结构语义关系，譬如，在注释动词 находиться 的词汇意义时，必须指明"在什么地方有谁"或"有什么"。因此，表示方位意义的成分（где）是必须的，但这一成分的形式又完全可以是各种各样的，这就是说，这一成分是非预设性的：находиться рядом, находиться в университете, находиться на площадке, находиться у реки, находиться на стадионе 等。在语言实践中，支配关系可以是预设性的和必须性的：читать книгу, выехать из деревни；也可以是预设性的，但是非必须性的：дом брата. 在注释 дом 一词的词汇意义时，房子属于谁并不重要，但表示房子所有者这一成分的形式却是预设好了的——不带前置词的名词第二格形式。

在支配关系中能产生补足关系或客体关系，或对这些关系进行限定的（这种限定关系中包括状态说明关系）称作强支配关系；而需要依赖某种词汇语义限定才能确定成分支配关系的通常被看做是弱支配关系。

根据支配关系的这些特性，可以把强支配和弱支配的相对关系概括如下：

1）如果把所有的预设性支配都称作强支配的话，那么，所有的非预设性支配，包括必须的非预设性支配都可视作弱支配；

2）如果把所有的必须的支配都称作强支配的话，那么，所有的非必须性支配，包括预设性的非必须性支配都可视作弱支配。

套用这两条对应规则，在匹配关系中，只有主—谓关系符合强支配的条件（有预设，必须的）；而一致性限定关系就只能算作是弱支配关系了（有预设，非必须的）。

本章小结

各种类型的主从联系手段与并列联系手段有明显不同。主从关系在不同的句法单位中的表达方式亦是不同的。但是，所有类型的主从联系手段在表达方式上有一个唯一的共同点：所有联系手段的表现形式都必须借助于句法单位中从属部分的形态体现出来。从上述三组对立语义特征来描述和阐释主从联系手段，可以更好地认识和掌握这种联系手段所表达的结构关系、所承载的语法意义、所发挥的语义功能。

俄语主从关系及功能

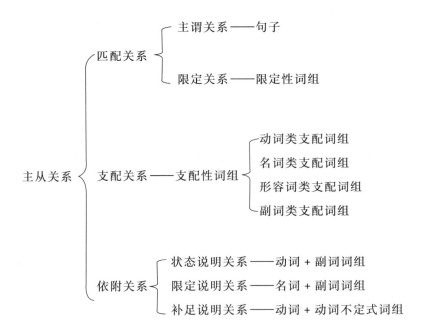

第三章 俄语句法中的并列关系

在俄语句法学中,将并列关系视作是词与词的一种并列组合,进入这种组合的各成分之间没有主次之分,具有同等地位和功能。在传统俄语句法学研究中,并列关系及其联系手段的语义结构类型和语义功能并没有得到足够的重视。在"80年语法"和随后各种版本的语法书中,甚至在一些最新的现代俄语教科书中,都没有过多地着墨于并列关系的阐述,大都只是把它作为一种句法现象放在句子成分中进行描写。

在俄语句法中,并列关系表现为一种灵活和相对松散的联系形式,对这种联系的限制也比较少。并列关系及其联系手段本身不能构成句子,而且又必须有连接词作为标记性特征,因此,并列关系的构成要比主从关系简单得多。并列联系在句法结构的构建中只能对某些句法成分产生数量上的繁化,而不会使句法结构形式发生质的变化,因此,对句子的基本结构框架不产生影响。

然而,并列关系是俄语中两大句法关系之一,是一种重要的句法联系手段。这种联系手段在其表达方式、结构语义和使用功能上有自己独特的条件和规则,对完成交际目的和任务起着不可忽视和替代的作用。

第1节 并列关系的类型与表现形式

并列关系是俄语句法中的两大关系之一,是语言的重要组合连接手段。并列关系的表达方式主要是借助于语调和连接词来实现的。因此,从形式结构来看,有无并列连接词是主从关系和并列关系的主要形式区分标记。

语调是一种通用的并列联系手段，其主要的功能是用语调的间隔把同等成分彼此之间分隔开。语调的这种特点既适用于无连接词的并列成分，也适用于有连接词的并列成分。因此，语调既是同等性的语音标记，也是成分之间彼此并列联系的语音标记。

然而，在俄语语言实际使用中，特别是在书面语体中，仅仅依靠语调很难准确表达并列成分之间的关系特点。并列成分之间各种不同关系的最准确的形式标记是使用连接词。

依据并列关系在语言中的功能和联系手段的体现形式，可以将其划分为无连接词并列关系和有连接词并列关系两大类。

一、无连接词并列关系

并列关系可以无需连接词，只借助于词序和标点符号来连接，构成一个多成分、同功能的语言单位。如：

Стояли чудесные дни, ослепительно яркие, знойные, безветренные — благостные дни.（Ф. Гладков）

不用连接词的并列联系手段是一种特殊的联系方式，而且这种联系手段是开放式的，因为根据交际意图和讲话人的意愿，这种并列联系手段可以联合若干同等成分：

Мелькают мимо будки, бабы, мальчишки, лавки, фонари, дворцы, сады, монастыри, бухарцы, сани, огороды, купцы, лачужки, мужики, бульвары, башни, казаки, аптеки, магазины, моды, валконы, львы на воротах и стам чалок на крестах.（Пушкин）

在俄语中，无连接词的并列关系只占很小的比例，绝大多数是借助连接词来体现并列关系的。

二、有连接词并列关系

在俄语中，连接词分为主从连接词和并列连接词。并列连接词是并列关系的主要表达方式，常用的并列连接词大约有近50个。从连接词的形式上看，并列连接词可分为简单连接词和复合连接词。从连接词本身的词汇语义来看，并列连接词按其所表示的意义关系可分为以下几类：

1）联合连接词：и, и…и…, да, ни, ни…ни, да и, как…так и, также, тоже 等。

2）区分连接词：или, или…или, либо, либо…либо, ли..ли, не то…не то, то ли…то ли, то…то 等。

3）对别连接词：а（ан <俗>）, но, же, зато, да, иначе, не…а（а не）, не…но（но не）, а то, не то, лишь, однако, хотя, хотя и, только, если не…то 等。

4）递进连接词：не только（не）…но и, не столько…сколько, не так… как, не то что ..но（а）, не то чтобы .. но（а）, хотя и…но, если не .. то и, да и, а то и, а не то и, а также, аж <俗> 等。

5）说明连接词：а именно, именно, то есть, сиречь< 旧 > 等。

这些并列连接词构成句法关系中的各种并列关系。在传统的句法学研究中，根据连接词本身的词汇语义，来区分并列关系。从结构语义学的角度来看，这样的划分忽略了连接词本身在结构语义和功能语义上的差异和特点。

现代俄语句法学理论认为，由于连接词在意义上的区别，所以实施的连接行为的方式不尽相同，连接词联合成分的数量不同，完成的功能不同，传递出的交际意图也不同。而且，这些差异处在不同的语义层级上。因此，需要综合考虑并列关系的抽象语法语义和词汇语义，进行更多层次和更精确的分类。

首先从形式功能考虑，根据连接词在一次联合行为中所能联合成分的数量多少，以及所构成句法单位的结构类型等区别特征，把有连接词的并列关系划分为两大类：**封闭型并列关系和开放型并列关系**：一个并列连接词一次只能联合两个成分而构成的组合关系称作**封闭型并列关系**；一个并列连接词一次可以联合多个成分而构成的组合关系称作**开放型并列关系**。

1. 封闭型并列关系（закрытые сочинительные отношения）

封闭型并列关系必须借助连接词来构建，其结构特征是所采用的连接词一次只能联合两个同等成分：маленький, но тяжелый; не брат, а сестра 等。这种手段的基本语义特征在于，这类连接词不仅仅简单地联合同等成分，而且还将连接词的意义融入组合体的整体意义中。在封闭型并列关系组合体中，这些被连接的成分是相互平等的，彼此没有等级和差别，但并不等于封闭型并列关系构成的词组是均等和一致的。由于并列连接词本身的词汇语义不同，由这些连接词联合成的句法单位也表现出不同的区别语义特征。根据连接词的语义特点，在封闭型并列关系中可以区分出下列语义关系：

1.1 对别关系

对别关系是指，由连接词引导出来的成分与此前的成分表示出来的意义相反或相对，构成组合体内的逻辑语义转折或反差，譬如，通常前面的成分表示顺应、认同，而借助于连接词引导出来的后面成分表示不同程度的不认同或反对。表示对别关系的常用连接词有：а, но, не...а, однако, хотя (и), хотя...но, если не...то 等。这些连接词含有共同的对别意义，但每一个词都有自己独特的语义特征，如：а, но, не...а 表示对比、对立、不兼容意义；而 хотя (и), хотя...но, если не...то 除了表示对别意义外，还含有让步语义成分。试比较：

громко, но невнятно;

маленький, но тяжелый;

не газета, а журнал;

не сын, а дочь;

неодолимая, хотя тихая сила;

Ты любишь горестно и трудно, а сердце жесткое шутя. (Пушкин)

Это — не правда, а — смерть. (М.Горький)

Лошадь, хотя с трудом, но покорно шла иноходью. (Л.Толстой)

1.2　比较-联合关系

比较-联合关系是指，通过比较性连接词将两个相似的成分联合在一起。表示这种关系的连接词有：как...так и, не столько... сколько 等。如：

как дети, так и взрослые;

как учитель, так и ученики;

Я был счастлив и удовлетворен не столько личным актерским успехом, сколько признанием моего нового метода. (К. Станиславский)

1.3　递进关系

递进关系是指，由连接词引导的成分在某一意义上比此前的成分更进一步，有在程度上的增进关系。表示递进意义的连接词有：не только... но и, да и, не то что...а и, нетолько... даже 等。如：

не только дети, но и взрослые; если не дети, то взрослые;

Хвоя хороша не только от мышей, но и от зайцев. (Солоухин)

1.4　解释说明关系

解释说明关系是指，由连接词引导的成分是对前一成分的进一步解释和补充说明，表示讲话人对所述内容确切补充的态度。表示这种意义的连接词有：а именно；то есть；или；как-то 等。如：

дети, то есть школьники;

взрослые, как-то родители, учителя, пионервожатые;

Еще одно событие, описанное в Библии, а именно «избение младенцев», получило научное подтверждение. (Комсомольская правда 2001.01.10)

无论封闭型并列连接词的词汇语义如何，它们具有共同的句法功能：一次联合行为只能联合两个成分，且简单连接词一定位于线形结构中的第二个成分上。在这一点上，封闭型并列关系与主从关系有相类似的特点。

2. 开放型并列关系（открытые сочинительные отношения）

开放型并列关系指同一个连接词在同一个语境下可以连接两个或多个成分。这种联系手段的开放程度取决于语言外因素，也就是说，取决于讲话人希望在这样的结构中传达信息的多少。例如：

Искусство казалось мне то лёгким, то трудным, то восхитительным, то нетерпимым, то радостным, то мучительным. (Станиславский)

И была у меня в этой гостинице мимолетная и интересная встреча. (Паустовский)

虽然这些连接词具有相同的结构功能，但在修辞和语义上仍有各自的特色和细微的差别。根据连接词的区别语义特征，在开放型并列联系中可以区分出下列语义关系：

2.1　联合关系

联合关系是最典型的开放型并列关系，指通过连接词联合两个或多个成分。可以完成这种功能的连接词有：и, да, ни...ни, также 等。如：

И книг нет, и времени свободного мало, и устает после работы.

needs 指出，表示联合意义的连接词本身在修辞色彩方面也是有差别的。如，连接词 и 具有中性修辞特点，表示纯粹的联合、列举关系，由 и 联合的句法单位不带任何的修辞色彩，可以一次性使用，也可以多次使用；连接词 да 的意义与连接词 и 相同，但在修辞上呈俗语色彩；ни…ни 联合起来的组合体多用于否定句中；также 表示补充联合的意义。试比较：

Еще никогда никто: ни человек, ни зверь, ни птица — не сумел уловить момента, когда солнце появляется. (Куприн)

Грех да беда на кого не живет.(А.Н.Островский)

Эх, дороги…Пыль да ГАИ… Все для автотуристов и автопутешествий…(www.e95.ru)

Туры в Египет, Турцию, Грецию, на Кипр, а также поездки в экзотические страны.(www.oldis.ru)

需要特别强调的是，在开放型联合并列关系构成的句法单位中，无论是有连接词还是无连接词，都可以加入总括词（все, никто, везде , всюду）。总括词起着与同等成分相同的功能。带总括词的并列联系是开放型并列关系的一种特殊表达手段，表示对所列举的同等成分的归纳、强调、突出等意义。总括词的位置相对比较自由，可以放在句首，也可以出现在句中，如：

Небо, горизонты, день, тонкоструйное марево — всё синее.(Шолохов)

И по меже, и по рву под межою — всюду пестрели цветы.(Бунин)

Было тепло, легко, всё радовало: и воздух, и небо, и белые облака и весенний простор.(Бунин)

2.2 区分关系

区分关系是并列关系中比较特别的一种关系。具有区分意义的连接词本身可以联合多个成分，同时深层语义中又隐含着"区分"的语义特征，这些词或者表示行为沿时间轴线交替发生或出现，或表示同类物体中必择其一的选择。表示区分关系的连接词有：или, либо, то...то, не то... не то, то ли...то ли 等。需要注意的是，虽然这些连接词都表示区分意义，但在深层语义和修辞色彩上仍有差别。

1）или（иль），либо 表示必择其一的选择，也就是说，同等成分具有相互排斥的意义。使用这类连接词隐含着讲话人对所述内容有某种不确定的主观意义在其中，例如：

В гармонии соперник мой был шум лесов иль вихорь буйный, иль волги напев живой, иль ночью моря шум глухой, иль шёпот речки тихоструйной.（Пушкин）

Вокруг либо пожилые семейные мужики, либо зеленые юнцы.（Солоухин）

2）то...то 表示替换、交替意义，即同等成分不能构成同时的相互关系。通常多使用这类连接词联合谓语成分或状语成分，表示某一时间段内，事件沿时间轴线交替发生的情景，例如：

Всю ночь огонь костра то разгорается, то гаснет.（Паустовский）

Мне чудятся то шумные пиры, то ратный стан, то схватки боевые.（Пушкин）

3）не то... не то, то ли...то ли 表示连接的同等成分的不确定性，或者说，是讲话人不甚清楚或不好判定的某种情景，例如：

Сейчас ей хотелось плакать не то от горя, не то от счастья.（Симонов）

То ли снится, то ли мнится, показалось что нивесть, то ли иней на ресницах, то ли вправду что-то есть.（Твордовский）

从对区分性连接词的分析可以看出，这类连接词虽然在形式上是开放的，可以一次性连接多个同等成分，但在其深层语义中都隐含着"选择"的语义成分。表层形式上的开放为深层语义上的选择提供了条件和机会：

Соня...или ничего не поняла, или ужаснулась бы её признанию.（Л. Толстой. Война и мир）

...я прямо заявляю: или эта проклятая кобыла в хозяйстве, или я!（А. Толстой. Детство Никиты）.

— Никак нельзя, - сказала она не то в шутку, не то серьезно.（И. Бунин. Митина любовь）

综上所述，并列关系类型上的差异取决于联系手段——连接词词汇语义的差异。封闭型联系手段和开放型联系手段不仅在连接成分的数量上有差别，而且在它们揭示的意义关系的特点上和表达方式上也不相同。

第 2 节 并列关系的逻辑语义与结构功能

一、并列关系的逻辑结构语义

俄语中并列联系手段所表示的是一种并列关系，这种关系的本质特征是两个或多个语言单位在句法关系上是彼此平等的，相互之间没有任何依赖关系。并列关系的这种特征被称作为"同等性"，"同等性"语义是借助于并列连接词表达出来的。从逻辑学的角度讲，并列关系的同等性通常是在与第三方搭配时体现出来的，当被联合的两个成分在与第三成分发生联系时，它们会同时与第三成分发生同样的联系，构成相同的关系，具有相同的地位和功能。并列连接词连接的每一个成分与其他成分在构成一个更大的句法单位时所起的作用是同等的，或者以同等的态度对待其中的另一成分。因此，并列连接词在构建句法结构时同时完成着双重功能：

1) 在两个成分之间建立起某种意义上的联系，表示彼此之间的某种关系，或表达某种概念，例如：

не брат, а сестра; громко, но невнятно（表示对别关系）

не только дети, но и взрослые（表示递进关系）

громко и понятно（表示联合关系）

2）将这两个概念联合起来，并一起与第三个概念建立起联系，表示二次关系，例如：

Андрей и Петя читают.（两个主语共同与一个谓语建立联系）

Андрей читает и пишет.（一个主语同时与两个谓语建立联系）

Андрей читает газету и журнал.（一个谓语同时与两个补语建立联系）

与此同时，由并列连接词联合起来的这些成分在与句中的其他成分发生联系时，具有相同的行为和功能：或者同时从属于某一个词，或者同时支配某一个词。例如：

Заблестели на листьях орешника капли не то росы, не то вчерашнего дождя.（Паустовский）

由连接词 не то 连接的同等成分共同说明主语 капли，与其构成从属关系，充当非一致定语成分。

Слышались голоса, храп коней, лязг котелков и чайников, взбульк воды, свисты, шорохи.（В.Шишков） 多个同等主语成分共同与谓语 слышались 构成匹配关系。

从上述句子可以看出，在分析和确定简单句内部同等成分之间并列联系的逻辑关系时，通常并不能仅依靠并列成分内部的句法联系，而是要从逻辑语义方面来判别这些成分在与其他某一成分之间构成句法联系时是否具有"同等性"的语义和功能。

二、并列关系在句子中的句法功能

句法单位中并列成分的同等性功能是一个句法学现象。并列关系只适用于词组和复合句，而不能构成简单句。由并列联系手段将两个或几个词组合在一起就叫作并列词组。并列词组中的每一个成分都是平等的，它们之间不存在主从关系，因此，由并列关系联合词与词或词形与词形时，只能构成复杂的称名单位，而不能构成交际单位。但是，由并列联系手段联合的同等成分可以充当句子的各种成分，换句话说，无论是句子的主要成分，还是句子的次要成分都可以由并列词组来充当。譬如：

充当主语：И всё это: и фонари, и голые деревья, и дома, и небо — отражалось в асфальте.(А.Толстой)

充当谓语：Облака то наплывали на луну, то разлетались. (Шишков)

充当补语：От станций, от паровозов, от вагонов валил густой пар.(Паустовский)

充当状语：Жалобный плач слышался то за окном, то над крышей, то в печке.(Чехов)

在俄语句子中，有时会在主要成分和次要成分中同时出现并列的同等成分：

Было душно, сухо, неряшливо, шумно, тесно и сильно пахло не то новой клеёнкой, не то жжёной пробкой, не то щенком.(Сергеев-Ценский)

Здесь всё играет и поёт: и море, и горы, и скалы. (Гладков)

从句法结构语义层面来讲，这种现象虽然在很大程度上与词汇的形态和语义条件相关，但并不是直接源于这些条件的，因为同等成分可以具有相同的词汇形态，也可以具有不同的词汇类别和结构形态。但是，这些成分必须属于同一个结构语义类别，完成相同的句法功能。试比较：

Огонь то вспыхивал, то ослабевал от сгоравших в ламповом стекле зелёных мошек.(Паустовский)

Таня говорила долго и с большим чувством.(Чехов)

В тихую лунную июльскую ночь Ольга Ивановна стояла на палубе волжского парохода и смотрела то на воду, то на красивые берега.（А. Чехов）

То насыпью, то глубью лога,

то по прямой за поворот

Змеится лентою дорога

Безостановочно вперёд.（Б. Пастернак）

三、并列连接词的词序结构特性

需要指出的是，开放型和封闭型这两种类型的并列联系手段不仅在联合的方式和连接词的词汇语义上有区别，而且在词序结构方面也有不同的要求和限制：

1）开放型并列联系手段允许在由它联合的任何一个成分前出现连接词，例如：

И пращ, и стрела, и лукавый кинжал щадят победителя года.（Пушкин）

Лаевский то садился у стола, то опять отходил к окну.（Чехов）

2）在封闭型并列联系手段中，标记性的简单连接词只能用于两个组成部分中的一个，而且不能随意选择，必须用于线形扩展结构中的第二个成分。此外，这种结构一般只能由两个成分构成，而且只能是两个。例如：

词组：громко, но невнятно;

复合句：Журча ещё бежит за сельницу ручей, но пруд уж застыл.（Пушкин）

从这个意义上讲，封闭型并列联系手段与主从联系手段有相同之处。在支配词组中，表示句法关系的标示性特征也在第二个成分上，在从属词的形态上：

ставить палатку;

在主从复合句中，表示句法关系的标记性连接词一定位于结构中从属句部分之前：

Предполагают, что лето будет жаркое.

并列联系手段只能用于构建并列词组和并列复合句，但并列联系手段本身不能构成简单句。由并列联系手段构成的并列词组可以进入简单句，充当其中的一个成分。

四、同等成分的词汇类型与形态

在语言的实际使用中，连接词可以连接词与词，也可以连接任何同等功能的组分：或者词，或者是词的形式，或者是句子。但是，在并列联系手段所连接的结构中，"具有同等功效"的成分并不意味着这些成分的词汇类别和形态也必须相同。由并列联系手段联合起来的、具有同等功效的成分可以呈现各种不同类型：

вовремя и без потерь убрать урожай;

Червонец был утомлен и в пыли.

毫无疑问，语言使用中的类似情况，给句法单位的功能及相关关系的确定增加了难度。运用莫斯科语言学派著名的"位置理论"，可以对类似情况做出令人信服的理论阐释。"位置理论"认为，判定同一位置上的句法成分的功能，借助并列连接词是重要依据。这是从另一个角度揭示和认识句法关系实质的一个重要依据。譬如，可以运用并列连接词独特的逻辑语义和结构功能特征，通过添加同等成分的方法来证实处于某一位置上的句法成分，例如：

1) поездка в деревню;

2) прибытие в срок;

两个例子中的画线部分具有相同的语法形式，即前置词与第四格名词的组合，而且都受前面的动名词支配。在这种情况下，它们的语法意义都是一样的：说明前面的名词。然而，仅从词汇的组合结构和语法形式上无法判定它们在句法单位中充当的角色和功能。例1）中，деревня 的词汇表层意义是乡村，深层语义类别表示地点、处所，因此，в деревню 可以回答 куда 的问题。显然，这并不是语法范畴的问题，而恰恰是句法理论极力回避的符号逻辑问题。

在语法范畴中是可以找到理据来证明 деревня 一词的功能的：如果通过添加对别连接词连接出一个同等成分，把 поездка в деревню 扩展为 поездка в деревню, но ненадолго，则可以根据 ненадолго 的词类属性和词汇语义，判定它是副词，作状语。根据并列联系手段的逻辑语义关系可以得知，既然并列连词 но 连接的两个成分在与另外的成分发生联系时，它们的功能是相同的，由此可以推断，в деревню 在这个词组中也是状语。

同理，通过连接词 и 给例 2）中 прибытие в срок 添加一个形容词，得到一个复杂的词组：прибытие деловое и в срок，这里 деловое 充当的是后置型一致定语，并通过连接词 и 与 в срок 构成并列关系，в срок 的定语功能因而得到证实。由此可以得出结论：在词组 поездка в деревню 中，в деревню 回答 куда 的问题，作状语；在词组 прибытие в срок 中，в срок 回答 какое 的问题，是定语。

此外，在句法单位中，成分的同等功效要求它们必须具有语义同层次性，这种同层次性并不是传统概念中划分句子成分的依据。譬如在句子中，疑问代词、否定代词、不定代词和总括性代词可以充当不同的句子成分，但在结构关系层面上它们是并列的，表现为并列关系，例如：

Где, когда, какой великий выбирал путь, чтоб был протоптанный и легче?

Мы все учились понемногу чему-нибудь и как-нибудь.

本章小结

并列关系是俄语两大句法关系之一,是重要的句法连接手段。并列关系有下列重要的区别特征:

1. 并列连接词的类型

并列连接词是并列关系的典型形式标记,是构成并列联合词组必须使用的连接手段,可以联合两个或多个同等成分。并列关系的类型取决于并列连接词本身的语义含量和特征,大致可以区分出以下类型:

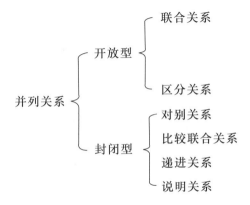

2. 并列关系的功能

并列关系可以且只能构成并列词组和并列复合句,并列关系本身不能构成简单句。

3. 由并列连接词连接的同等成分可以具有相同的词汇形态,也可以具有不同的词汇类别和结构形态,但在与第三个成分发生联系时,它们充当相同的角色,具有相同的句法功能。

第四章　俄语句法结构与句法单位

众所周知，句法关系和句法联系手段本身并不能独立存在，它总是存在于句法结构中，其功能就是依照交际意图遵循一定的语法规则把各个成分联合起来，构成语言的结构单位。由句法联系手段联合的两个或两个以上的词或词形构成的语言结构叫作句法单位，而句法联系手段包括上述的并列联系手段和主从联系手段，主要表现为连接词和词汇变化形态。

第 1 节　俄语句法结构

在俄语中，句法结构（синтаксическая конструкция）是语法层面的一个术语，指称由句法联系手段联合起来的、能体现一定句法关系的结构单位。

句法结构这一术语可以有两个方面的指称对象，既可以用于表示抽象的语言模式关系，也可用于表示按照此模式构建的具体的语言结构关系。什维多娃（1980, T.II: 84）认为，句法结构是语言单位有等级的组织系统，而语言单位则是形式与语义的统一，是句法层面的运作单位。

句法结构是一个相对宽泛的句法学概念，主要指词与词或词形的组合构成的具有各种不同特征的任何句法组织。在俄语中，句法结构包括词的各种组合、句子、复合句，甚至是相对独立的连贯语段的组合形式。单个的词形作为句子时，也可称作句法结构。因此，句法结构是所有句法单位的总称。

句法结构的特征是多种多样的。根据不同的结构特征可以划分出不同的句法结构类型。

1. 根据"述谓性"这一共性的范畴化特征，可以把句法结构区分为：

述谓性句法结构 —— 句子（Ученик написал сочинение.）

非述谓性句法结构 —— 词组（большой стол）；

2. 根据"结构容量"这一特征，可以分为：

最小结构 —— 只含有构成该结构必须的成分：

синее небо；

решать задачу；

Он работает.

繁化结构 —— 根据其特有的必须性和可能性，对最小结构进行的扩展：

синее небо сентября в Пекине；

решать трудную задачу；

Он работает учителем.

复合结构 —— 联合若干个简单结构，譬如：

几个词组构成的复合词组：

быстро и хорошо решить трудную задачу.

几个简单句构成的复合句：

Мне грустно, потому что я тебя люблю.

3. 根据"语义限制"特征，可以划分为：

松散结构 —— 词汇语义允许任意搭配的结构（хорошо работать; Он читал три часа.）

固定结构 —— 词义限制或成语化了的结构（девушка с красивыми глазами）；

4. 根据"态"范畴语法特征细化，进一步划分为：

主动态结构 —— Он читает.

被动态结构 —— Дом строится.

5. 根据"式"范畴语法特征，可以划分出

陈述式结构 —— Он читает книгу.

假定式结构 —— Читал бы.

命令式结构 —— Читай эту книгу.

不定式结构 —— Не курить.

否定式结构 —— Его не было дома.

从上述的描述中可以得出一个结论，句法结构是句法单位的总称。那么，凡是可以使用句法结构这一术语的地方应该都可以用句法单位来替换。然而，需要特别强调的是，在俄语语言学理论研究中，还会经常遇到使用句法结构这一术语来表示某一具体组合的结构情形。这是因为在俄语句法学界，有许多学者认同"80 年语法"的分类，并遵循什维多娃的理论路线，只承认由主从联系手段联合的结构是词组，而把并列联系手段联合的结构，譬如，Андрей и Петя; не Андрей, а Петя 这类的情况排除在词组之外。既然并列联系手段联合的结构不是词组，因此，就不能视作句法单位。所以，在许多语法论著和俄语教程中，只能把这类的结构和一些特殊的组合统称作句法结构。

本研究希望遵循句法理论统一的原则和规则，认为凡是由句法关系构成的结构单位都是句法单位。句法单位应包括词组、简单句和复合句。

第 2 节 句法结构的组合形式

俄罗斯语法学家什维多娃认为，"形式和意义是一个不可分割的整体"，"在形成某种语言意义时，形式是无条件的和最基本的参与者"（Шведова 2005：9）。在语言中，在任何情况下形式本身都具有意义。形式上的微小的差别总是会引起意义上的差异，这些意义上的差异有时可能只是部分的，有时甚至是很难察觉到的。尽管俄语中的句子是无穷尽的，但仍然可以根据句法单位所反映的外部世界的关系、连接成分

及手段的不同,归纳出句法单位中各成分间的以下几种组合形式:

1. **词 + 词**:这种组合可以构成词组。需要指出的是,这一组合通常要借助于并列连接词,因此,构成的词组一般是并列词组,如:

книга и журнал, стол и стул 等。

2. **词 + 词的形式**:这种组合可以构成词组,也可以构成句子。在不同的句法单位中句法手段的表现形式不同。

1)在词组中,词与词的形式可以构成句法结构不同的词组:

一致关系的限定词组,如:лесистый холм, интересный вопрос 等;

非一致关系的限定词组,如:книга отца, студенты первого курса 等;

带前置词的非一致性词组,如:Петя с братом, стол у окна 等;

动补结构的支配性词组,如:выписать газету, читать книгу 等。

2)在句子中,词与词形可以构成不同类型的句子,如:

Сад цветёт.

Саду цвесть.

这里给出的是最简结构。实际的语言使用中,句子中的每一个成分都可以扩展成各种不同的词组形式,而使句子繁化。

3. **词 + 词组**:这种组合可以构成复合词组,如:

старый фруктовый сад,

копать яму около забора,

читать интересную книгу 等。在这种情况下,词的形式不是与词组中的每一个成分发生联系,而是与其中的某一个成分或与整个词组发生联系。

这种组合也可以构成句子，譬如，名词＋支配性词组：читать книгу — Студент читает книгу.

4. **词＋简单句**：这种组合可以构成复合句，通常为展词型主从复合句，从句部分多由 который, какой 连接，传统句法中称作定语从句，如：

Вот холм лесистый, над которым часто я сиживал недвижим.（Пушкин）

5. **词的形式＋简单句**：这种组合可以构成主从复合句。在这种组合中，由于词的形式本身承载的语法意义不同，因此构成的从属句的类型也不同，如：

Старая улица показалась мне только немного уже, чем казалась прежде.（Бунин）——比较从句；

Я думал уж о форме плана и как героя назову.（Пушкин）——补语从句。

6. **简单句＋简单句**：这种组合可以构成各类复合句，大部分的复合句是借助于连接词构成的，因此复合句的类型取决于连接词的类型。如：

На свете счастья нет, но есть покой и воля.（Пушкин）——并列复合句。

7. **简单句＋复合句**：这种组合构成具有复杂结构的复合句（сложное предложение усложнённой конструкции）：

Когда мы вышли из леса, было сыро, но дождя уже не было.

Мы знаем, что в лесу будет сыро, но дождя не будет.

8. **复合句＋复合句**：这种组合构成具有复杂结构的复合句，通常为并列复合句，例如：

Везде было не поле сражения, которое он ожидал видеть, а поля, поляны, войска, леса, дымы костров, деревни, курганы, ручьи; и сколько ни разбирал Пьер, он в этой живой местности не мог найти позиции.(Л. Толстой)

  Князь Андрей даже теперь не понимал, как мог он когда-нибудь сомневаться в необходимости принять деятельное участие в жизни, точно так же как месяц тому назад он не понимал, как могла бы ему прийти мысль уехать из деревни.(Л.Толстой)

  上述八种形式的组合涵盖了俄语中句法结构组合模式的基本类型。这些基本组合类型以及它们的再次搭配与组合构成语义相对完整、功能各异的句法单位。

第 3 节　俄语句法单位

  不同的科学概念和定义，决定不同的研究对象和不同的研究范围。随着语言学理论研究的发展，句法学的研究对象和任务不断发生演变和扩大，关于句法单位的概念和内容也不断更新和拓展。

一、关于句法单位的界定

  纵观俄语句法学发展的历史，从"词汇中心论"到"句子中心论"，句法学一直在发展中修正自己的研究范围和研究对象。如何界定句法单位，在现代句法研究中仍是一个有争议的问题。目前，在俄语句法学界主要存在以下三种基本观点：一种是以 П.А. 列坎特（П.А.Лекант）等主编的《现代标准俄语》为代表的比较宽泛的界定，认为现代句法学中的句法单位是**词组和句子**。另一种观点则相反，如 "80 年语法"的第 752 条是这样界定句法单位的："……句法系统的组成部分，句法部分包括五种单位：词组、单句、复句以及词和词的形式。后两者也是词汇系统和形态系统的单位。"以 Е.И. 季勃罗娃（Е.И.Диброва）等 1995 年主编的《现代俄语》代表这种观点，这些学者认为，句法单位应包括**词和词形、词组、**

单句、复句和大于复句的单位（通常称为语段或复杂的句法整体）。第三种是以 В.А. 别洛莎普科娃（В.А.Белошапкова）为代表的观点，与第一种基本相同，只是更具体地把句子区分为**简单句和复合句**，因为它们的属性和行为特征不尽相同（Белошапкова 1989：532-537）。

简言之，在句法学研究的现阶段，有关句法单位的界定的主要争议在于：**如何看待词和词形及大于句子的复杂句法整体**。本研究赞同别洛莎普科娃的观点，认为词和词形以及大于句子的结构不应看作是句法单位。对这一观点的理据性、科学性和合理性本书做如下探讨和阐释：

1. **关于词和词形**

关于词和词形的归属问题，俄罗斯语言学界主要有两种不同的观点：以什维多娃为代表的一种观点认为，词法和句法是语法的两个部分，从语言层次上讲，词法应服务于句法。词是词法学研究的对象，并用于句法结构。所以，应把词和词形看作是句法单位，这种观点主要表现在"80年语法"中。另一种观点的代表人物是别洛莎普科娃。她首先严格界定了语法学两个不同的分支——词法学和句法学的任务范围和研究对象，同时严格区分了句法学中两个不同的概念：句法单位（синтаксическая единица）和句法对象（объект синтаксиса）。她指出，词和词的形式作为句法结构的建筑材料，本身是句法学研究的对象，但不是句法单位（同上）。

许多语法学家认同并支持别洛莎普科娃的观点，认为必须区分句法单位和句法学对象这两个不同的概念。这样的界定和划分有利于严格厘清词法和句法的研究内容和范围界限，确定各自的研究对象和研究目的。把词和词形作为句法学研究对象，而不作为句法单位的理论依据是：

1）词和词形本身是词法学的范畴，是词法学研究的内容和对象。词的任何一种形式都代表着某种语法范畴和语法意义，因此是词法单位。在句法中，词和词形是句法关系的载体和标记，借助于词形的变化展示该词与相邻词汇之间的关系。因此句法研究的是词与词形之间的联系及其在所构成句法单位中的功能，而不是词本身的词形变化和词的全部性能，把词和词形作为句法单位，容易造成概念上的混乱。

2） 在句法结构中，无论是在词组、简单句还是复合句中，一定要表现出某种句法关系。换言之，所有的句法单位都是由某种句法联系手段连结起来的一种组合体。这种组合体可以是述谓性的，也可以是非述谓性的，但一定代表某种句法关系特征。而单个的词和词形本身却无法表现这种句法关系，它们只能是单个的词或词的某一种形式，一旦用句法联系手段把它们连结在一起，便构成了句法结构。一旦进入句法结构，词或词形就变成了具有句法意义和功能的一个法位。所以说，单个的词和词形中没有，也无法表示句法关系，因此不是句法单位。

3） 在句法结构中，句子也可能以单个词的形式出现，在这种情况下，它应被称为单成分句（单部句），而不能被视作词。虽然有时单部句只有一个词，但它与外部现实是有对应关系的，也就是说，它具有述谓性特征，在具体的话语环境中，可以还原出它的句法时间、句法人称和句法情态等述谓性范畴特征。因此可以说，在这种情况下，它不是以词的身份，而是以句子的身份出现的。这是一种特殊形式的句子，可以由一个词构成，也可以由在句法上有联系的几个词构成，例如：

Светало. — Настало светать.

Холодно. — Стало холодно.

由一个词的形式表示的单部句，实际上有被扩展的潜性和可能性：可以连接说明或是补充它的成分，如：

Пожар. — Лесной пожар.

Светает. — Осенью светает поздно.

Уходи! — Сейчас же уходи отсюда!

Холодно. — Зимой в палатке холодно.

而词和词形不具备这种能力和潜性：它一旦被扩展，便不再是单个的词或词形了，因此，词与词形是句法研究的对象，但不是句法单位。

2. 关于复杂句法整体

一种观点认为，在大于句子的复杂句法整体（或语段）中，尽管句子独立存在，但常常与前文发生某些句法联系，因此应作为更大的句法单位，纳入句法学研究的范围。另一种观点认为，大于句子的结构单位已超出了句法学研究的宗旨和目标。句子与句子之间如果不是复合句，那么它们之间的联系就已经不再是纯句法联系，而是语段在意义上的联系了。这种联系是篇章语言学、篇章语义学或篇章结构学研究的对象和任务。

根据上述对句法单位的定义的论证，句法单位必须具有以下几个特点：

1）句法单位是由句法联系手段连接两个或两个以上成分构成的，因此，各成分之间存在某种句法关系，或者是并列关系，或者是主从关系；可以构成词组，也可以构成句子：

книга и журнал（并列词组）

чтение книги и журнала（复杂结构的词组）

Петя читает книгу.（句子）

Петя читает и книгу, и журнал.（具有多个补语的简单句）；

Я знаю, что Петя читает не книгу, а журнал.（复合句）

2）句法单位具有等级式结构：

врач вашего сына — книга врача вашего сына;

сын вашего врача — книга сына вашего врача;

3）句法单位可以复杂化和繁化，无论是词组还是句子都可以在不改变命题核心内容的情况下进行扩展，语法结构上仍然是正确的，但语义信息不断增大：

Мальчик читает книгу.

Мальчик читает книгу у окна.

Мальчик читает книгу внимательно.

Я видел мальчика, который читает у окна внимательно, когда я вошел в комнату.

综合上述特征，无论词组多么简单，它一定会承载并表现出某种句法关系；无论复合句多么复杂，始终不会超出句法单位的范围。至于大于句子的所谓超句统一体，已属于篇章结构范畴，不再是句法范畴的内容。

因此，本书赞同并采用把**词组**、**简单句和复合句**认定为句法单位，且本书只选择简单句作为句法分析研究对象。

二、关于词组

词组是承载和体现句法关系的最小单位。按照解构主义的理论，无论多么复杂的句子都可以分解为若干个词组。因此，词组在句法理论研究中一直占有特殊的重要地位，也是句法学描述的重要部分。由于篇幅和结构的限制，本书对词组不做展开性的详细论述，只对某些有争议的问题做一阐述。

关于在语言中存在两种句法单位——词组和句子的理论最早是由 А.А. 沙赫马托夫提出的。根据沙赫马托夫观点，维诺格拉多夫对词组做了新的解释：词组的概念不能等同于句子的概念……，句子是交际单位，而词组则不同，词组是一个复杂的称名单位，它具有和词一样的称名功能，与词一样都是句子的"建筑材料"（Виноградов 1975: 234）。词组是按照词与词的各种变体的扩展原则构成的，也就是说，在词组的构建中，词与另一个词构成的某种关系依赖于它们之间的句法联系，这种联系用词的形式表现出来。根据这一观点，有些词形的特殊组合，如主语和谓语的组合等，不能划入词组的行列，而应纳入句子的研究范围。在提出了词组具有与词相同的称名功能和作用，提出了词组的构成形式是主要成分和扩展成分的有机组合等观点之后，维诺格拉多夫又提出，词组的变化形式体系应视其主要成分，即主导词的变化形式体系而定（同上：233-234）。如：词组 читать книгу 的变化应根据动词 читать 的变化形式而定：читать книгу，читаю книгу，читал книгу，читая книгу，читающий книгу，читавший книгу 等。对词组的上述理解和定义，以及对句法单位的区分，是维诺格拉多夫句法学思想的重要组成部分。在这一句法学思想中，既没有强调词组是唯一的句法单位，也不试图证明，句子一定是由词组构成的，从而为解释单部句的存在提供了可能性。另一方面，他又不主张在句子成分中研究词组，因为词组是在实现词与词形的潜能时形成的句法单位。这一句法学思想为在 1954 年的苏联科学院《俄语语法》中详细描写现代俄语词组体系奠定了基础，并在现代俄语句法研究中得到不断发展。

维诺格拉多夫的句法学理论，作为俄语语言学传统理论的一部分，在科学院院士什维多娃的现代句法学研究中得到了继承和发展，并形成了系统的句法学理论和独立的句法学流派。什维多娃的现代句法理论和基础概念反映在科学院的"70 年语法"和"80 年语法"中。"词组是在主从关系（即匹配、支配、依附关系）基础上构成的句法结构"（Русская грамматика 1980,Т. 2：79）。正是由于"80 年语法"作出的这种界定，在俄语词组中根本没有包括并列词组这一部分，也就是说，句法关系中的并列联系手段所表达的句法关系，在词组这一句法单位中没有得到体现。

与维诺格拉多夫相比，什维多娃对词组的阐释更明确、更具体。她认为"词组是由主从关系（匹配关系、支配关系和依附关系）联合两个或两个以上的实词构成的"。在 1990 年出版的《俄语语法》中，只把"词的主从关系和词组"作为独立的一部分，与"词""词法"和"句子"平行，构成了该语法体系的四大组成部分（Русская грамматика 1990：

402)。进而又提出了"词组联系中的主导词语义预设性"的观点。在她看来,即便词的组合在结构上是正确的,但如果语义上只是偶然性的组合,则不应将其视为词组。她把自由联合关系联结的名词的各格形式看作是状语成分,而不看作是由从属关系联合的词组,试比较 жить в городе(住在城里),гулять в парке(在公园里散步)这样的现象:从形式结构看,两种情况都是动词+名词六格形式,意义上都表示方位。但 Шведова 认为,前者是词组,而后者不是词组。因为在前一个词组中主导词"住"(жить)后面所接的表示方位的成分在结构语义上是必须的,是可预知的,但从属词的选择却是由词汇-语法类别确定的:它可以用不同的词汇的不同形式表示,如 жить за городом(住在城外),жить в деревне(住在农村)。换句话说,动词 жить(住)后面表示方位的成分是必须的,是由该动词的语义预设出来的,因为该动词本身语义不能"自足",没有表示方位的成分,它的语义不完整,它不能省略表示地点的成分而单独使用,譬如不能说"* Он живет.(他住)",因此,该成分的存在是一种必然。而在词组 гулять в парке 中,动词 гулять(散步)后面所接的表示方位的成分在结构语义上既不是必须的,也不是可预设的。这一成分是否存在,需要根据讲话人交际目的的变化来决定,具有偶然性:"散步"这一行为可以发生在楼房周围(гулять около дома),可以在街上(гулять на улице),也可以在广场上(гулять на площади);或者可以完全忽略地点,只传递"散步"这一信息,譬如 Он гуляет.(他在散步)(Белошапкова 1989:588-601)。

与此同时,什维多娃甚至缩小了传统理解中主从关系的范围,认为主从关系是由主导词语义性能所决定的关系。例如 читать книгу, строить дом, писать роман, любоваться природой 这类词组所表示的关系在结构语义上既是必须的,也是可以预设的。在这些词组中,动词的语义不仅要求其后面必须接有补语（宾语）成分，而且可以知道它的支配模式。在她的理解中，主从联系作为一种展词性联系，不仅与并列联系相对立，而且与所有的句子关系，包括主要成分之间的述谓关系相对立。显然，什维多娃对词与词之间的组合形式和结构关系给予了特别的重视，她对词组概念有自己独到的理解和界定，并对词组的理解和界定提出了严格的语义规则和限定，虽然略显苛刻，但从句法结构语义研究的角度看却不乏新意，具有极高的理论价值。

与什维多娃的观点相似，Д.Н. 什梅廖夫（Д.Н.Шмелев）对维诺格拉多夫词组与词一样都是句子的建筑材料的论点提出了疑问：词组是否可以与词等同？在有的情况下是可以的，譬如说，электронные часы 是一个复杂的称名单位，通过一个形容词将一个限定性概念加入到名词 часы 的内容中，使它具有一个完整的概念以及和词一样的称名功能（Шмелев 1973：76-78）。而在有些情况下，把词组等同于词就显得有些牵强和困难，譬如，如何处理像 читать книгу, гулять около дома, вернуться вечером 这样的词组。在这里，说词组是句子的建构材料显得不是很清楚和明晰，因此，"与其说词组是句子的建构材料，不如说是从句子上拆卸下来的现成的构件，用于分析和认识它们之间联系的结构形式"的单位（Крылова 等 1997：9）。

在关于词组的界定上，别洛莎普科娃的观点与什维多娃完全不同。在承认维诺格拉多夫关于两种句法单位——词组和句子这一基本观点的同时，别洛莎普科娃认为，"句法学一方面研究词与词的形式的联系规则，一方面研究这些规则得以实现的单位——句法单位"（Белошапкова 1989：532）。在句法单位的体系中只存在一个判据，就是句法关系，无论什么结构只要内部存在一定的句法关系，便构成了句法单位。至于述谓性/非述谓性则是区分词组与句子的标志性特征。按照她的观点，词组应定义为："词与词、词与词形或词形与词形在句法关系上形成的非述谓性组合"（同上）。根据这一定义，任何一种非述谓性句法结构，无论是主从关系还是并列关系，只要是以句法结构关系为基础，并能表征某种结构关系的实现，就应当被承认是词组。与维诺格拉多夫和什维多娃的观点相比，她对词组概念的理解和界定的范围明显地扩大了：所有不具有述谓性的句法单位，都可以视作词组，既包括词的主从组合，也包括词的并列组合。对词组的这种界定无论是内涵还是外延都更加清楚，标准趋于统一，基本可以涵盖非述谓性组合体的全部。

综合上述各种观点，不难看出，对词组这一句法单位目前尚没有一个统一公认的界定。如果说维诺格拉多夫词组理论是建立在结构主义语言学理论基础上的，那么，20世纪后期俄语语言学理论对词组的认识则是建立在解构主义和功能主义理论基础上的。各种理论和观点都有其各自的着眼点和侧重面。因此，应该用开放的客观态度来看待词组，应在认识和解释词组时，给出一个可以操作的标准和原则，以便根据词组的不同类型做出相应解释。

依据别洛莎普科娃的观点，我们对俄语词组的理解和界定是：

词组——词与词的形式或词的形式与词的形式由句法联系手段联合起来的组合体，是非述谓性句法单位。词组是对外部世界复杂事态具体的、限定性的称名单位，不是交际单位。

词组与句子一样，也具有形式结构，也就是说，词组是按照一定的结构模式构成的，这些结构模式本身是词组的最小结构，根据这些模式可以充填不同词汇构成无数的词组。词组的结构模式应包括：

1. 句法联系手段

同一个词，借助不同的句法联系手段可以构成不同的词组，也就是说，一个词可以进入不同的结构模式，例如，动词 рисовать 可以与表示直接客体的第四格名词构成 $V+N_4$ 模式：рисовать дом，рисовать картину，рисовать дерево 等。与此同时，动词 рисовать 还可以借助于另一种联系手段与名词的其他格构成另一种结构模式，表示另一种语法语义，例如：рисовать тушью，此时，名词第五格表示绘画使用的工具，其结构模式为 V+N_5。有时即便是同一个动词和同样的结构关系，例如 рисовать целый день, рисовать неделю，但受搭配名词语义的限制，使得词组获得另外一种结构模式：V_f+N_4temp，式中的拉丁字母表示了词组成分的属性——动词的未完成性和名词的时间意义。从上述例子可以看出，рисовать картину 和 рисовать целый день 虽然具有同样的联系手段，但是按照不同的结构模式构成的。因此，决定一个词组模式的不仅有其语法意义和构词意义，而且还有其成分的词汇语义。

2. 成分之间联系所必须的语法语义特性

在语言实践中，并非所有的成分在一定的联系手段的基础上都能构成词组。要想使某种联系得以实现并构成正确的词组，必须满足一定的限定条件，这些限定或者与组成部分的语法或构词特性相关，或者与它们的语义特性相关，或者所有这些特性共同限制词组的构成。例如：

рисовать дом 这一词组是按照 V+N_4 模式构成的。在构成这一词组时，它必须满足以下要求：

1）词组成分中必须有动词，而不是表示行为的名词，包括动名词，譬如，不能是 рисование дома；

2）该模式中动词必须是直接及物动词，而不能是间接及物动词，譬如，不能是 любоваться картиной, смотреть на картину 等；

3）该动词语义要求其后必须是表示具体物体的直接客体的名词（第四格形式），而不能是表示抽象意义的名词第四格形式，譬如，不能说 *рисовать мнение 等。所有这些因素满足了 V+N_4 模式构成的条件，是 рисовать дом 这一词组得以成立的保证。

3. 表示句法关系的词序

在俄语中，任何词组都遵循一个共同的规则：词组的成分是相互联系的、一个接一个地连续按线形排列的。这样就构成了语言单位的线性组合关系。在不同词组中成分的排列顺序是不同的。每一个词组作为一个抽象的范例都代表着一定的成分排列顺序。例如：

1）在动词+名词词组中，承载句法结构意义的名词变化形式应位于动词之后：читать книгу, рисовать березы, строить здание, нуждаться в отдыхе, настаивать на своих правах, помогать друзьям...

2）在形容词词组中，形容词应在被修饰的名词前面：зеленый лук, белая бумага, хорошее настроение, пасмурная погода...

3）在动词+副词词组中，性质副词和关系副词应先于动词：дружно работать, весело проводить время, очень быстро устать...

4）名词词组中，从属格名词应位于被说明名词之后：подарок бабушки, букет цветов, гимн труду, лекарство от кашля...

可见，不同的词组有不同的词序要求。需要指出的是，关于词组中词序的规定只是常规性的一般规则。这种一般性词序是指修辞色彩为中性状态下的词序，并始终处于静态平衡的条件下的常态词序。如果把词组代入句子，则词组内部的词序需要根据句子整体意义的要求来变化。讲话人的交际意图可能改变词组成分的联系及其线形排列的依次顺序。试比较：

Вечер наступил тёплый, душный. （Бунин） — Наступил тёплый, душный вечер.

Нудная и одуряющая потекла жизнь. （Шукшин） — Потекла нудная и одуряющая жизнь.

Клим слушал эти речи внимательно.（Горький）— Клим внимательно слушал эти речи.

再如，在形容词词组中，形容词应在被修饰名词的前面，如果把修饰词和被修饰词的顺序颠倒，便破坏了形容词词组的结构，试比较：

красивая девушка；

Девушка красивая.

在一般语境条件下，前者是词组，后者应视为句子。因此，词序在词组的结构模式中是一个很重要的语法信息。

综上所述，所有按照句法规则组合的非述谓性组合体，无论具有主从关系还是并列关系，都应视作为词组。这样的界定可以没有遗漏地涵盖作为句法单位之一的全部词组。

三、句法单位的同异辨析

从句法单位结构特征上看，上述三种句法单位（词组、简单句和复合句）在形式层面和内容层面上既具有共性，同时又存在差异。

在辨析述谓性句法单位和非述谓性句法单位的差别时，别洛莎普科娃认为，句法单位之间的差别是纯语法性差别，无论是词组、简单句还是复合句所表示的实际内容（语义真值内容）是一致的。这种一致条件是所使用词汇的语义成分相同（表义词素相同），但在词类上发生变化。试比较：

вечернее рассказывание сказок бабушкой（词组）

Вечером бабушка рассказывала сказки.（简单句）

Когда наступил вечер, бабушка рассказывала сказки.（复合句）

三个不同的句法单位表达同一事件，所区别的只是它们语法形式上的差别所决定的那些语法意义含量上的差别。因此，句法单位之间的区别特征是：

词组——非述谓性句法单位，是词与词的形式或词的形式与词的形式由句法联系手段联合起来的组合单位，与话语环境没有述谓性对应关系（时间、人称、情态），没有讲话人的评价色彩，是对具体事物具有限定性意义的称名单位，表示外部世界具体的复杂事态或事物，不是交际单位；

简单句——单述谓性句法单位，是词与词的形式或词的形式与词的形式由句法联系手段按照语法规则联合起来的组合体，具有述谓性和完整语调的核心句法单位；所述事件与话语环境相对应，讲话人对所述客观事件内容做一次性评价；是语言中最小的、表达相对完整信息的交际单位；

复合句——多述谓性句法单位，是句子与句子或词与句子按照一定的语法规则的联合。复合句的结构及其构成成分比较特殊：至少要有一个成分是句子，这样的结构无论在词组还是在简单句中都不可能出现。因此，无论是句子与话语环境的相对应性，还是讲话人对客观内容的评价，都是按句子组成部分——单个的述谓单位分别实现的（Белошапкова 1989：534—539，592-598）。

句法单位的这些结构性特征，构成了句法单位的基本区别性特征，并决定了其形式结构的组织原则。从句法单位的各组成部分之间的联系形式上看，上述三种句法单位在形式和内容上各有同异，主要表现在以下几个方面：

1. **在形式上**：词组与简单句的相似之处在于，它们都是词与词的形式联合成的组合体；而复合句联合的不是词与词的形式，而是完整的述谓结构——句子，在其组合中至少有一个是述谓结构。从这个意义上讲，可以把句法联系手段划分为两大层次：1）词组和简单句的句法联系手段；2）复合句的句法联系手段。

2. **在成分的数量上**：这三个句法单位在句法关系上又表现出另外一种的异同：词组与复合句必须由两个或几个成分构成，是多成分的组合体，它们永远不能是单成分结构；而简单句则有可能是由双成分构成，也可能由单成分构成，譬如称名句、无人称句、泛指人称句等单成分句。

3. 在意义结构上：词组、简单句和复合句具有共性：它们都是完整的句法语义整体，具有完整的结构意义，例如：

вечернее рассказывание сказок бабушкой（词组）

Вечером бабушка рассказывала сказки.（简单句）

Когда наступил вечер, бабушка рассказывала сказки.（复合句）

4. 在交际结构上：简单句和复合句是独立的交际单位；而词组则不是最终的交际单位，单个的词组不能独立参与交际，它不具备交际功能。

5. 在句法联系手段上：词组与复合句的联系手段是相同的，上述列举的两种句法关系和两种联系手段如果适用于词组，就可适用于复合句。因此可以说，词组与复合句具有相同的"最小结构"和"复杂结构"，由此产生了简单词组和复杂词组（простое словосочетание и сложное словосочетание）；最小结构复合句和复杂结构复合句（сложное предложение минимальной конструкции и сложное предложение усложненной конструкции）。在这两种句法单位中，句法研究的基本对象——最低一级的对象是简单词组和最小结构复合句。它们是一次性采用句法联系手段构建的结构。

研究发现，最小结构和句法联系手段之间是相互联系的，它们之间存在着一定的关联性，主要表现为以下几个方面：

1）一个句法联系手段一次只能联合两个组成部分，构成最小句法结构，第三个成分只能在另一次的联系行为中实现联合，而由此联合产生的这一组合体由最小结构转变成为复杂的层级结构，例如：

читать книгу — читать интересную книгу — читать интересную книгу детям；

Он говорит, что нет книг. — Он говорит, что нет книг, которые ему нужны. — Когда его спрашивают, он говорит, что нет книг, которые ему нужны. 这种情形适用于封闭型并列联系或主从联系。

2）同一句法联系手段可以多次重复使用，联合不定数量的组成部分，也就是说，多次重复的同一句法联系行为可以联合两个或更多的成分：

и книги, и журналы, и газеты....;

И книг нет, и времени свободного мало, и устает после работы.... 这种情形适用于开放型并列联系。

3）词组与复合句的复杂结构是由几个最小结构组合而成的，例如，词组 читать интересную книгу 是由两个最小结构 читать книгу 和 интересная книга 组合而成的；而复合句 Он говорит, что нет книг 和 Нет книг, которые ему нужны 两个复合句共同组合而成的：Он говорит, что нет книг, которые ему нужны. 因此说，词组和复合句的复杂结构是二级句法单位和研究对象，对它的分析旨在揭示两个或多个最小结构的组合规则和组合类型。与传统的句法理论概念不同，现代俄语句法理论研究认为，词组与复合句的最小结构的组合类型是相同的：那些原来只与复合句有关系的概念，譬如连续从属关系和共同从属关系等概念同样也适用于词组：купить интересную книгу（连续性从属关系）；купить книгу и журнал（同类型共同从属关系）；быстро идти по улице（非同类型共同从属关系）。

4）词组与复合句在语法意义上是相同的。别洛莎普科娃在描述词组结构意义时指出："词组具有结构意义，在结构意义中，起决定性作用的是词组的语法意义。词组的语法意义是由句法联系手段表现出的词组各成分间的句法关系。这种关系抽象于各成分具体词汇意义的充填"（Белошапкова 1989：598）。词组的这种语法意义同质于复合句的语法意义，即词组与复合句具有相同的句法联系手段，进而具有相同的句法关系。

可以认为，词组与句子的区别不仅仅在于有无述谓性这一句法现象，而且在于它们表达语言不同层面的内容。词组重要的作用不只是"建筑材料"，它最重要的作用是在语言中承载结构关系。研究表明，语言中的任何结构关系，无论是外在的，还是内部的结构关系都是通过词组表现出来的，而句子表现的不是语言符号间的结构关系，而是句子对应的语言外的现实关系和意义上的逻辑关系。因为通过对语言材料的分析，到目前尚未找到一种只是独立存在于句子中，而在词组中没有的结构关系。也就是说，句子中存在的各成分之间的关系，都可以划分为词组，并用词组的结构关系去解释。譬如，动词性词组的结构关系体现了动词作为主导词的支配关系，其中有些是强支配，而有些则表现出较弱的支配关系。这更多的是语言外的现实关系在词组中的体现，如 гулять около дома 这样的词组是现实情景的组合，我们可以用不同的词来替换，如：стоять около дома, ждать около дома; гулять в парке, гулять перед зданием 等。在这种情况下，词组对应的现实情景都在发生着变化。在俄语中，随着交际目的的不同和要表达的思想和情景不同，可以组成无数这样的词组。句法学研究就是要探究构成这些无数词组的普遍性规则和句法联系规律。

本章小结

本章遵循统一的句法规则和分类原则：依据一定的句法关系和规则构成的组合体，无论是否具有述谓性，都可以确定为句法单位。句法单位包括三种基本形式——词组、简单句和复合句。用解构的方法对句法单位的句法关系、联系手段和结构模式的分析和对比研究表明，这三种句法单位的成分不同，构成的结构不同，因而功能也不同。在形式结构这一层面上，上述三个句法单位中，复合句因为是由两个以上的简单句构成，因而其结构是简单句结构的再次组合，其组合特点和类型与词组十分相似。在各分句的层面上，可以看作是独立的单个分句，其结构关系与简单句一样，但同时具有复合句的典型特征；词组作为称名单位和句子的建筑材料，因其不能单独参加交际，不具有述谓性，其结构也相对简单；简单句不仅是交际单位，具有完整的形式结构和意义结构，而且还可以作为复合句的构建材料，参与复合句的交际语义整合。可以说，简单句集中体现了俄语句法关系和句法联系的形式结构和语义结构。因此，在下面的章节中，我们将以简单句为对象，重点分析研究俄语句子的类型特征、形式结构、意义结构和交际结构，力求从不同层面对俄语简单句做全面描述。

第二篇

现代俄语句法学——建构篇

第一章　俄语句子的基本理论概念

当代语言学发展现阶段的最显著特点就是语言学理论的多样性，这一特点在句法学研究中表现得尤为突出。尽管近年来句法学研究得到了快速发展，研究视域在不断扩大，但句子作为基本句法单位，仍然是句法学的主要研究对象和客体，因为只有句子才能表现出语言最本质、最重要的功能：认知功能、表现力功能、交际功能等。语言之所以成为交际工具，就是因为句子作为直接的交际载体，可以表达各种不同的情景、现象、事态、思想和情感。

在俄罗斯，早期的俄语句法理论研究开始于 18 世纪末 19 世纪初，从那个时期起，对句子本身的理解和界定就一直在不断地发生着变化，关于句子研究的理论也在不断发展。

作为句法单位，句子是一个具有多层面结构的复杂语言单位。在俄语语言学界，对这一语言现象的认识和理解经历了不同的阶段，产生了各种各样的理论，曾出现过许多不同的研究方法。归纳和比较对句子的各种不同的研究方法和对句子的各种定义，可以概括为两大基本趋势：一个趋势是试图借助于非语言学概念来给句子定义，也就是从逻辑学和逻辑心理学的角度来界定句子；另一个趋势是力求探索句子研究的纯语言学标准，也就是从语言本身的结构和内在规律来解释句子。而在纯语言学方向的探索中，不同的语言学流派会对句子的实质做出不同的判定。

那么，究竟该如何来界定"句子"这一概念，能否给句子作出一个准确的定义？事实上，随着人类对客观世界认知的不断深入，随着语言学理论研究的不断发展，对句子的界定也在不断调整和变化。

第1节　俄语句子的定义

　　语言学史料研究表明，从波捷布尼亚开始，在俄语句法理论研究中就已经出现了根据句子具体的、能够代表其组织结构的主导性特征来定义句子的倾向。此后，从沙赫马托夫到维诺格拉多夫，对句子本质的认识不断发展。然而，俄语学界对"什么是句子"却一直没有得出公认的定义。对"句子"这一术语之所以有不同解释，是由于这一术语本身就是非单义性的：以 С.И. 别尔恩斯坦（С.И.Бернштейн）等为代表的一些语言学家把它只看作是语言单位，而另一些语言学家，如索绪尔、А. 卡尔迪奈（А.Гардинер）、А.И. 斯米尔尼茨基（А.И.Смирницкий）等认为它是言语单位，还有第三种观点，如 Т.П. 洛姆捷夫（Т.П.Ломтев）等学者认为句子既是语言单位，也是言语单位（Левицкий 2005: 155）。

　　现代俄语句法学研究广泛认同维诺格拉多夫对句子的定义："句子是在语法上按照语言规律构成的完整的言语单位，是组织、表达和传递思想的主要手段"（1954: 3）。从现代语言学的观点来看，句子首先是语言单位。与词和词组不同，句子作为语言单位，其本质特征就在于它具有述谓性，与现实世界有对应关系，可以参与交际活动。因此，在现代俄语句法理论中，有一种相对广泛认同的观点：句子这一术语在语言学中有双重身份，有两种用途。一方面，句子是不依赖它在话语中的使用而可以独立存在的一种句法组织形式，句子是最基本、最主要的句法单位。另一方面，句子是话语的一个片段，具有语调的完整性和意义的完整性，作为交际单位是可以不考虑这一话语片段而独立存在的句法组织形式。对此，别洛莎普科娃曾做了更清晰更透彻的阐释："对现代语言学而言，一种有代表性的观点是把句子理解为是两种语言现象：静态结构——其成分在这一结构中永远只充当同一种不变的角色。这种结构是人称、时间和情态等语法范畴的集束,构成述谓性概念;另一方面,句子是一个动态的交际单位,这一单位与交际情景紧密相关,能体现和完成在话语过程中出现的具体交际任务"(Белошапкова 1967: 8-9)。

"80年语法"对俄语简单句是这样描述的:"句子——语言体系中独立的基本句法单位,它的成分由词形或在句子框架内起到词形句法作用的词汇组合构成"。"简单句,是根据为它专门制定的结构模式形成的一种语句,具有述谓性语法意义和自己独特的结构语义,这些意义表现在句法形式体系中及其常规性的话语实现中;具有完成一定交际任务的能力,而交际任务的完成必须借助于语调的参与"(Русская грамматика 1980 Т. 2: 83-92)。在此基础上,现代句法学对句子做出了更准确的句法学界定:"句子是由一定的句法关系联系到一起的、由一个或几个词或词的形式构成的、具有一定交际功能的、用完整语调表示的述谓性句法单位"(Крылова 等 1997:23)。

句子的结构形式可以模式化,形成有限的结构模式。句子的内容是用词汇来实现对结构模式的填充,而词汇的选择是讲话人根据其交际意图和对应于现实的句式要求来决定的,以完成具体的交际任务:

描述现实:День был теплый.

　　　　　Была весна.

　　　　　Наша сила — в единстве.

提出疑问:Ты студент?

　　　　　Отец вернулся?

　　　　　Когда будет собрание?

表达情感:Как здесь хорошо!

　　　　　Пусть сестра споет мне песню!

　　　　　Вам бы помолчать.

俄语句子作为句法单位具有以下基本特征,或称作本质特征：

1）完整的形式结构；
2）完整的意义结构；
3）具有述谓性；
4）具有完整的交际语调。

在句法理论中，**俄语简单句**是具有上述独特性能的一个综合体，所有的句法关系都可以在这一层面上实现。这些特性能使句子从根本上区别于其他任何层级的语言单位，同时也使简单句与其他**句法单位**——**词组和复合句**区分开来。简言之，在句法学研究中，**简单句**是一个基本的语法组织单位，是用于独立表达思想情感和意愿，完成交际任务的最小交际单位。鉴于此，本书以简单句为直接客体，分析研究简单句各个层级的句法结构和语义功能等问题，故本章描述中的句子统指简单句。

第 2 节　俄语句子的述谓性

句法学研究的主要对象是句子的整体内容：句子的语法形式、句法关系、句子的结构，逻辑语义中主要成分的表达方式，交际意图的传递手段。众所周知，在句子的语法范畴中包含有两个方面的内容——句子的能指和所指。所指表示的是句子结构的语法意义，能指就是这些语法意义的表达手段，是这些意义的形式标记。句子的语法范畴就是这两个方面的辩证统一体。

句子是一个组织严密且形式复杂的结构语义体系，其中一些意义是共性的，而另一些是个性的。共性的结构语义是所有句子所共有的基本特征，是句子的核心和灵魂，这个核心与灵魂就是句子的**述谓性**（предикативность）。

述谓性是俄语语言图景中所特有的一个句法理论概念。这一概念在西方的语言范式中是没有的，汉语的语法范畴中也没有相应的表述。长期以来，俄语句子共有的、能同时涵盖多个范畴的某些句法特性，一直是俄语语言学家们关注和研究的重点问题，也是长期困扰俄语语言学家的问题。直到20世纪，这方面的研究才取得了突破性的进展，句子的述谓性成为了解释和研究这些问题的关键环节，同时成为了句法学研究的一个核心理论。

最早使用"述谓性"这一术语的是俄国学者 A.M. 彼什科夫斯基（А.М. Пешковский），他认为述谓性是句子的一个重要特性，但他把这一特性与动词句的谓语性等同起来。在前人不断研究的基础上，维诺格拉多夫给句子述谓性这一概念做出了准确的定义："述谓性就是句子内容与现实的对应关系，这种关系表现为某些语法范畴之总和，而这些语法范畴决定了句子作为主要的、同时又是基本的语法组织单位的本质特性：这样的语法单位能表现讲话人对现实的态度，并能体现相对完整的意义"（Виноградов 1975：324，）。维诺格拉多夫给出的这一定义，被认为是对句子述谓性比较全面的描述，因此，也成为后来这方面研究的基础理论。

述谓性是句子结构意义层面的特征，也是句子区别于词组的标志性特征，判定一个句法单位时首先要考量的就是这一特征。俄语语言学百科词典中对述谓性是这样定义的："述谓性是表征句法单位——句子特性的一个基本句法范畴；是把句子信息与现实对应起来，并由此构成句法单位的关键性特征，这些特征决定了用于传递信息的句子的结构和形式；是把句子与语法范畴内的其他所有单位区别开的语法范畴"（ЛЭС 1990：392）。

述谓性的所指内涵是一个深层语法语义范畴，是指借助于谓语词形、虚词、词序和语调的共同作用而表现出来的句子内容与现实的对应关系。这种对应关系借助于谓语词汇的词尾变化形态表现出来，实现了句子与现实情景的勾连。句子中的每一个范畴，都传递出讲话人所描述的句子内容与现实对应关系的一个侧面，这些侧面的整合就构成述谓性。述谓性中的每一个范畴都有特定的内涵与外延，且它们之间又相互依存，相互支撑，形成一个句子的核心框架。这个核心的语法范畴由句子谓语的词汇语法形态统一体现出来，故称作述谓性。述谓性概念主要包括三个语法范畴：**句法情态、句法时间和句法人称**（Виноградов 1975: 324）。

一、句法情态

句法情态是述谓性框架下的一个句法范畴。句法情态与一般的情态意义不同，特指句子的结构形式本身传递出的讲话人对所述句子内容的选择性态度。在话语活动中，讲话人通过对句式的选择，传递出其交际意图和目的，并从现实性/非现实性的角度表明对句子所述内容的评价态度。根据这种态度可以确定所述内容与现实的关系，这种关系就构成了句子的句法情态范畴。

句法情态有许多层级和层面，首先遇到的是现实性/非现实性。进行话语活动时，讲话人根据自己的交际意图和任务，首先要做的一个下意识的选择，就是话语句式：现实句还是非现实句。

在现实性/非现实性这一对情态范畴中，现实情态属无标记正常情态范畴，非现实情态是特殊的情态范畴；现实句是言语中的常态，非现实句属于有标记的言语形态形式，常常借助于语气词 бы 来标记。这种二元对立的情态范畴通常借助于语法形式手段表达，由此构成了俄语两大基本句式：现实句和非现实句。

1. **现实情态**

句子的现实情态使用动词的陈述式形式和语调，它所传达的内容是现实中过去、现在或将来存在或发生的事实。例如：

Отец вернулся;

Отец вернется.

在语言实践中，凡是没有非现实标记的句子，无论什么句式，什么结构，什么形态，都是现实句。

2. **非现实情态**

非现实情态是借助于特定的假定式形式表示的，假定式形式由动词过去时形式＋语气词 бы 构成。非现实句情态表示的并非是现实中已经存在的事实，而仅仅是讲话人的一种愿望、可能、希冀等假设性情态。例如：

Мне бы отдохнуть.

Ты спела бы нам песню.

情态范畴是话语生成过程中一种不以人的意志为转移的必须选项：只要开口说话，要么是现实句，要么是非现实句，必择其一，没有中间状态存在，即任何一个句子都会含有情态范畴意义，或者是现实的情态，或者是非现实的情态，二者必择其一。因此说，情态范畴是句子必须的结构语义要素。

二、句法时间

句法时间是表示句子所述内容与讲话时刻的相对关系，所述内容在一定的时间范围内发生，就构成句法时间概念——时间性概念。如果说，动词体相是行为的"内部时间"，也就是行为在时间轴上的流动和分布的内部特点，那么，"时间性"就是具有明显指示特性的"外部时间"。句法时间和时间性语义场其他时间的指示性标记，把讲话人的话语时刻定位为时间轴线上的基准点，构成语言概念中时间关系的原始出发点，决定了时间性作为体-时综合体中现实化主导要素的重要性。

与时间性概念相对应的是时间情景，指句子的时间特性，也就是指在句子表达的"整体情景"中，能以某种方式表征情景与时间对应关系的那个层面。时间情景与其他范畴情景一样，是在句子中体现出来的、与该形式表达手段对应的特定内容结构。基于上述特征，对时间性的解释主要涵盖类似"现在时""过去时"和"将来时"这样的句法时间关系。

句法时间主要借助于述谓词的时间形态标识——动词词尾来表示，构成俄语句子的三大时间范畴，概括性地表达时间性概念，传统语法中称之为时态：

现在时：Я читаю книгу.

过去时：Я читал книгу.

将来时：Я буду читать книгу.

有些零述谓形式的句子也可以视作为一种时间标识，一种特殊的时间表现形式，表示现在时状态。如：

Девочка весела.

Ночь.

Снегу-то!

句法时间是述谓性的一个主要的范畴概念，之所以称之为句法时间，是因为它具有语法意义上的必须性：只要构成句子，以讲话人说话时刻为基准点，必须为句子选择一种时间关系，并以句子述谓结构的形式通过句法关系表现出来。这种时间范畴除了必须性外，还具有公开性和模糊性：以讲话时刻为基准点，划分出现在、过去和将来，这些要素是可以通过句子的形式表现出来的，但句式本身不能准确指出具体的时间点或时间段。譬如：

Дети вернулись.

从这句话中，我们可以读出的时间意义，仅仅是过去时，表示讲话时刻之前发生的事情，但并不能准确知道具体的时间点和时间段。为了消除时间范畴的模糊性，需要借助于词汇手段：

Дети вернулись <u>перед самым праздником</u>.

Собрание начнется <u>в 8 часов</u>.

此外，从深层句法语义结构分析，有时话语内容与讲话时刻的对应关系表现为某种抽象的不确定时间，这种不确定的情况主要有：

1）超时性：

Здесь не куриться.

2）时间上的概括性：

Снявши голову по волосам не плачут.

3）时间上的不确定性：

Пусть крепнет наша дружба.

这种抽象的时间意义多用现在时表示，常常用于法律、规定、广告、标题等没有明确时间对应关系的语境中，也常用于谚语和俗语，表示恒常、不变的真理等。

三、句法人称

在述谓性概念框架内，从句法学普遍理论的角度阐释人称在其语言表达中的语义和语法功能，这种人称被称作"句法人称"。这种阐释方法来自于维诺格拉多夫的述谓性理论。他把"句法人称"视作句子的句法范畴之一，这些范畴是述谓性的构成要素。在解释人称范畴时，使用了从范畴语义到其表达手段的方法："作为句子结构要素的人称范畴是一个具有潜性的范畴。它的表达除了动词的人称形式外，还可以用人称代词的形式，譬如，第三格与不定式的搭配，而在某些结构中是通过语调，如带命令意义的不定式或名词，副词和感叹词表达"（Виноградов 1975：270）。

Р.О. 雅戈布森（Р.О.Якобсон）对人称范畴的界定是："人称是用来描述被报道事实的参加者与事实报道者之间关系的。如，第一人称证明，被报道事实的参加者与事实报道的主动参加者是同一人，而第二人称——被报道事实的参加者等同于事实报道中现实的或潜在的、被动的参加者，即与接受方是等同的"（Якобсон 1972:100）。

句法人称是指形式结构中的主语与谓语构成的形式结构

关系。语法形式上的主语，即在句法上可以充当主语的成分，无论其词类属性、词汇语义类别和语法范畴特征如何，只要占据了主语的位置，必须遵循句法关系中的匹配关系，在某些范畴上与形式谓语保持一致。从前文的句法关系分类研究中可以得知，匹配关系可以构成限定关系和主谓关系，限定关系可以构成一致性词组，而主谓关系则是构成句子的基本关系。

人称性与主体-述体关系和述体-客体关系之间具有相关性，主要表现在人称范畴与态范畴的相互联系中。试比较句子"你们生产出高质量产品"的两种表达结构：

1）Вы выпускаете продукцию высшего качества.

2）Вами выпускается продукция высшего качества.

在主动态结构中，第二人称的句法关系在该句子中表达的是单一的人称性意义。在被动结构中，可以区分出人称性的两个层面。一方面，指的是由听话人实现的行为（由处于补语位置，而非主语位置的代词转达出的第二人称关系），另一方面，指的是与"产品"相关联的情况，——这是物体性第三人称的语义，是由动词第三人称形式表示的谓语和名词一格形式表示的主语搭配（выпускается продукция）共同表示出来的。

在句法人称关系中，无论主语的表达手段如何，主语和谓语总是构成双向的相互匹配和制约的关系：

1）人称代词：

Ты будешь счастлив.

Я люблю читать.

2）表示人的名词：

Мальчик улыбается.

Студенты играют в баскетбол.

3）表示物体的名词：

Стадион находится недалеко от нашего университета.

4）抽象名词：

Наш идеал — мир в мире.

句法人称还可以揭示话语中的主语成分与讲话人的关系，即行为主体与讲话人的关系：行为主体既可以是讲话人本身，也可以是谈话的对方或第三方。

在这种关系中，甚至还能体察出情态评价的主体：

Отец, по-моему, прав.

Как по-твоему, отец прав?

Учитель считает твоего отца правым.

Он сказал, что отец прав.

述谓性特指上述三种语法范畴不同搭配组合的结果，借助于一系列形式句法手段，使传递的内容与现实交际中某些现实或非现实的时间层面相对应。情态范畴概念与句子的时间意义紧密相联：句子内容的现实性或非现实性一定与句子的具体时间——现在时、过去时和将来时关联在一起，构成一个不可分割的统一体。句子的语法形式手段可以使句子传达的内容与现实对应的总体关系和结构语义体现出来，这种总体关系和结构语义在句法学中就叫作述谓性。因此，述谓性就是确定所述内容与现实的总体对应关系的语法范畴，而总体对应关系包括句法情态、句法人称和句法时间之间的不同组合。

综上所述，每一个句子的述谓性都可以从形式上表现出来。述谓性是讲话人从现实性/非现实性、话语与讲话时刻的关系、话语与人称的关系等角度，对所述话语的总体评定态度，通过进入句子的述语核心成分表现出句子的时、式、态之间的关系。简言之，借助于词法、句法、语调和词序表现出来的句子述谓性，是构成句子语法形式本质的核心。

第 3 节 俄语句子的组织结构特性

如上所述，句子是形式上按照语法规则构成的完整言语单位，是组织、表达和传递思想的主要手段。在这一定义中，**组织**是指构思句子的内部意识过程；**表达**是给已经构思好的思想选择准确的语言材料和结构模式，即思想的语言外化过程；**传递**则是语言表达方式和手段与相应的交际语境的有机组配过程。运用心理语言学和认知语言学的理论观点分析，可以观察到从表达意愿的产生到句子生成，所必须经历的三个不同心理过程，或三个认知阶段：1）心理过程，即语言意识的激活和组织过程；2）内部语言向外部语言的转换过程，即给裸露的思想穿上语言外衣的过程；3）交际过程，即把思想、信息传递出去的过程。这些动态过程体现在一个静态的句子中，就形成了句子结构的不同层面。

按照传统语法中的理解，句子有形式结构和交际结构。这样的理解只注意到句子的形式和功能，而忽略了句子最本质的因素——意义结构。这是形式主义语言学和描写主义语言学在研究中无法回避和必须要解决的问题。随着语义学研究的深入发展，句法学家们普遍认同，句子至少有三种结构：形式结构、意义结构和交际结构。因此，句子是一个由几个相对独立的结构体系构成的多层面、多角度、多层级的句法单位。

在传统语法中认为，句子的结构决定了它的形式和内容，这些基本形式与内容是对称的。实际上，这样的理解和概念无法解释许多语言现象及其背后的深层本质。现实句子是通过对结构模式填充适当的词汇而生成的，由于语言具有表达思想和完成交际的功能，现实中生成的句子就要完成交际任务，满足交际条件。因此，现实交际中的句子要比静态的形式结构模式复杂得多。现代句法学理论研究对传统理论的一个重大突破，就是发现了语言的非对称性，譬如上述三种结构在句子的具体组织中呈现出非对称性。依据这一理论观点，可以认为，句子的形式结构、交际结构和意义结构并非总是一致的。这种不对称表现在很多方面。

一、主语与主体的不一致

在俄语中，主语和谓语的组合构成句子的基本句法关系——主谓匹配关系。这些成分及其关系是句子的主体标识特征。然而，常常会遇到这样的句子，它们的形式主语并不表示行为的逻辑主体，而是表示某种抽象的概念或人的心理状态，或者表示某种客观存在的物体或事件，在这种情况下，实际上的行为主体成为这种状态的涉及者或承受者。类似现象表现在句法关系上有三种情况：

1. 动词的直接或间接补语，形式上是客体，而在逻辑语义上对应的是实际主体，例如：

Всех охватило волнение.

Им овладела тревога.

Этого студента отличает скромность.

2. 存在句中表示某种状态或行为的承载者，例如：

На душе у него тоскливо.

Нам выходить на следующей остановке.

Ему было плохо.

3. 形式上的主语但不表示行为主体：

В его словах звучала искренность.

二、形式结构与内容不一致

形式结构与内容不一致的情况主要表现为两种类型：内容增加和内容紧缩。

1. 内容增加

在传统的句法学理论中，通常认为，一个句子具有一个述谓核心，因此对应一个时间-情态关系，也就是说一个句子表示一个事态，一个命题。然而，深入发展的句法语义研究，从另一个侧面揭示了形式与内容的非对称性。著名语言学家 Ю. Д. 阿普列相（Ю. Д.Апресян）曾列举过一个很著名的例子（1995：12）：

Он проплыл сто метров кролем за 45 секунд.（他以自由泳的方式用 45 秒钟的时间游了 100 米）。

这是一个简单句，句中只有一个述谓核心，但若从内容的逻辑语义层面来分析，可以发现，这样一个句子表达了三层逻辑关系，即有三个相互关联的意义内容：1）他游自由泳；2）他游了 100 米；3）他游了 45 秒。按照俄语的语法规则，可以把这个句子转换成三个独立的并且在语法上都是正确的句子：

1）Он проплыл кролем.

2）Он проплыл сто метров.

3）Он проплыл 45 секунд.

或转换成一个复杂结构的复合句：

Плывя стилем кроль, он покрыл расстояние в 100 метров и затратил на это 45 секунд.

通过句子的这些转换可以看出，无论如何，这个句子表现出的并不是一个事态或者一个命题，而是表达了三层意思，即三个命题，三个事态。

语料分析证实，句子具有这样一种潜能：形式上具有一个述谓核心的句子结构，在内容层面上可以表示多个命题或事态。例如：

Он читает известный роман великого русского писателя Толстого «Война и мира» внимательно, с интересом каждым вечером после выполнения домашних заданий.

2. 内容紧缩

在俄语中还有一些句子，它们在形式结构上是双成分句，有主语，也有谓语，但在意义上它们只表示一个概念，不可分割，即主语部分和谓语部分不能单独表示独立的概念。例如：

Идет дождь.（正在下雨）

Дует ветер.（正在刮风）

Произошло землетрясение.（发生地震了）

在这三个句子中，名词 дождь, ветер, землетрясение 形式上分别做主语，但与一般的双成分句不同，在逻辑语义上它们并不表示行为的发出者，而恰恰是谓语动词所描述的行为的具体内容，谓语充当系词或半系词的功能角色，和主语一起表述一个完整的概念。这类句子的词序通常是谓语在前，主语在后，即倒装句词序，回答 Что случилось? 这样的整体问题。

在一般的双成分句式中，主语和谓语分别表示不同的指称和概念，两者的匹配一致组成对事件的称名性描述。试比较：

Дети играют.

Иван Иванович уехал в Москву.

三、意义结构与语用信息不对称

在语言的实际使用中，不仅仅是形式与内容会有不对称的情形，有时候句子的形式结构和意义结构也会与交际结构发生不对称的现象，即出现结构语义与语用信息不对称。在语言交际实践中，一个句子并非仅适用于一种交际场合，只具有一种情态和意图。以上述句子 Он проплыл сто метров кролем за 45 секунд. 为例，在不同的语境下，会具有不同的语用功能，完成不同的交际任务。譬如，当表彰一名游泳冠军时，说他"用 45 秒的时间游完了 100 米"，是强调指出他游泳的速度很快；在挑选运动员时，这样一句话可以表示褒赞的情态，对他的游泳速度表示认同和赞赏；但也可以表示不赞的反面意向，暗指他游泳速度还不够快，没有达到理想的要求水平。通过这个句子可以看出，根据交际目的的不同需要，简单句可以在一个述语核心的结构上扩展成语义复杂的句子结构。这里所说的简单句是从结构而言，如果从交际结构和意义结构的层次看，该句子所表达的并不是一个单一的事态，而是表达了几层相互关联的事态，这些事态以不同的命题义段与述谓核心发生联系。因此，可以说，交际意图的复杂性与句子形式结构并非是完全对称的。

可见，同一个句子在不同的上下文情景下，可以表达出讲话人的不同态度。这种句子的形式及内容与交际情景的不对称现象，正是语言的潜性能力和特质所在。这样的情况很多，不仅涉及句子的语义层面，还涉及句子的语用层面。譬如：

Я поговорю с вашими родителями.

就单个的、静态的句子而言，似乎看不出它的语用信息和交际意图指向，但是，若把它放在不同的语境中，它就会表现出不同的语用功效：

1）当一个学生对老师说，家长不同意他参加夏令营，并表现出非常沮丧的样子时，老师对他说：Я поговорю с вашими родителями. 此时，这句话具有明显的语用指向——安慰功效，表示"别着急，我去和你父母谈谈"。

2）当一个学生在课堂上不认真听讲或不完成作业时，老师对他说：Я поговорю с вашими родителями. 此时，这句话具有完全不同的语用指向——威胁或恫吓的功效，表示"你再这样，我要和你父母谈谈"，有警告的意思。

本章小结

一个句子应该在意义和句法结构上都是完整的，否则它就不能称之为句子。句子中每一种结构都可以构成句法学上的独立研究对象。形式结构是句子的表层结构，表征句子的基本构成成分与结构关系；意义结构是句子的深层结构，体现句子意义内容的组成部分，表示主体、主体行为、无主体状态等逻辑语义关系；交际结构是综合性结构组织，是在具体语境条件下，根据交际意图判定话语的重点与未知信息，构成的动态语义－交际语用结构。因此，句法学不仅要研究句子的形式结构，还要研究句子的意义结构和交际结构。

　　从这一点出发，可以去考证和研究这些完整性的特征和判定标准。然而，到底什么是语法上的完整性？什么是意义上的完整性？意义完整性与交际完整性是否有区别？交际完整性与交际功能的区别是什么？

　　下面通过对句子不同组织结构层面的分析，逐一探讨和研究这些问题。

第二章 俄语句子的类型

纵观俄语语言学研究历史发现，在一个很长的时期内，并没有对句子做出统一的分类，这一现象恰好印证了一个事实：句子是一个相当复杂的语言单位，很难根据某一方面的特征来作出准确的界定。因此，对句子类型的划分也一直存在不同的分类原则和标准。

句子作为一个句法单位，其典型特点就是形式、意义和功能的相互作用和互为条件。在一个独立的、具体的句子中，这三者是不可分的。在传统的句法学理论中，通常只根据功能和结构来划分句子类型。但随着语言学理论的发展和语义学理论在句法学研究中的应用，在 20 世纪后半期的俄语句法理论研究中，出现了根据句子在形式、意义和功能三个结构层面的典型特征对句子进行分类研究的趋势。在现代句法研究和描写中，偏重于区分出三个层次：句子的形式层面、意义层面和交际层面。到 20 世纪末，随着深层结构语义研究的发展和认知语言学的诞生，出现了从语言哲学和逻辑语义学的视角研究句子的方法。至此，句法学研究又多了一个视角，多了一个层面。这样一来，句子的结构中可以划分出四个层面，分别作为句法研究和描写的对象。

句子的不同层面有不同的判据和标准，据此，可以将俄语简单句大致划分为以下几种类型。

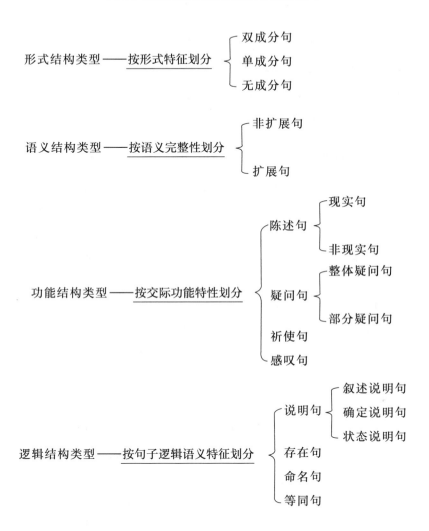

第1节 句子的形式结构类型

形式研究是俄国形式主义语言学的精髓，从形式到意义的研究指向是俄语语言学研究的传统。形式结构是指句子表层结构成分及其表达手段之间的关系。依据俄语简单句语法形式的两重性特点，在对简单句进行形式结构分类时，必须同时考虑句子成分的语法意义以及语法意义的表达手段这两个层面。

按照句子的形式结构对句子进行分类，是传统的研究方法。在传统研究中，依据句子成分划分原则和方法，句子成分分为**主要成分和次要成分**，主要成分是主语和谓语，而次要成分为补语、定语和状语。并依据句子中主要成分的数量，将句子区分为**双成分句和单成分句**。

一、双成分句（двусоставное предложение）

双成分句是指句子中的两个主要成分——主语和谓语同时存在：

Ребёнок заплакал.

在俄语中，双成分句是简单句中主要的形式结构类型。这种结构类型拥有简单句所有区别特征的完整体系，可以构成各种不同的句子类型。

双成分句又称为人称句，这里的人称是指句法人称，泛指形式结构中的主语。主语人称形式并非一定是由人称代词充当，而是可以由各种词类和具有同等功能的语言单位来充当，试比较：

Студенты сдают экзамен.（单个的表人名词）

Памятники культуры сохраняются государством.（非一致定语词组）

Чтение книг помогает ему во всем.（动名词词组）

这些句子都是双成分句，虽然都具有主语和谓语成分，但由不同主语表现形式构成的句法人称不同，句式不同，完成的交际任务也不同。

双成分句中的谓语成分是句子的核心，表现形式多种多样，而且与谓语成分的词汇语义密切相关。关于谓语成分及其语法语义功能等问题，会在后面的章节中分别描述。

二、单成分句(односоставное предложение)

在俄语中,对于只有一个主要成分的句子关注已久,只是到了 20 世纪初,沙赫马托夫第一个把所有这类句子统一到一个类型之下,并命名为"单成分句",将之与双成分句对应起来(Шахматов 1941: 29-31)。单成分句的存在,表现出语言表达手段的丰富性和多样性,表明语言具有表达细微意义差别的能力。而丰富的语言表达手段和表现能力不仅仅是依靠词汇和成语层面,而且还可以借助于句法结构手段的使用。

单成分句的典型特征是句子的简捷,可以突出表现话语中最重要的部分(行为、状态、特征、事物、现象等)。典型的单成分句是指那些只有一个主要句子成分的句子。在这种句子中,主要成分只能是谓语成分,且不要求另一个主要成分——主语显现;或在不改变句子表达的意义特点的情况下,不可能使另一个主要成分显现出来。因此,构成俄语单成分句的,通常是句子中的形式谓语部分,而主语部分在形式上不存在或不显现。据此,学界把这种类型的句子统称为单成分句,视作语言中一种特殊的简单句形式结构类型。

在形式上,单成分句与双成分句的区别在于,这种句子只有一个主要成分。所有单成分句的共同的结构特征是没有主语,一旦加入了主语成分就改变了句子的结构类型,使单成分句变成了双成分句,进而给句子的语义添加了新的细微语义-语用差别。除了单成分句的这一共性特征外,各种不同类型的单成分句表现出不同的结构特征和语义特征。

从语法语义特点上看,所有单成分句的共同句法语义特征是,句子本身是在讲一个事件(行为),而行为的发出者不需要在句子中指出。不同类型的单成分句之间的深层语义区别在于,行为与行为发出者(主体)的脱离程度不同。这种典型语义的区别在结构特性上也有表现:对于动词类单成分句而言,行为与行为主体之间的联系由充当谓语的动词变化形式体现出来。

在单成分句中，不同类型之间的区别主要表现在其主要成分的表达方式、结构可切分程度、主要成分的句法类型、次要成分的特点及其数量等方面。根据句子的结构特征和上述区别语义特征，单成分句又分为以下类型：

1. 确定人称句（определенно-личные предложения）

确定人称句是单成分句中的一种。在这种单成分句中，表层结构中的主语是空位，谓语由动词表示，其动词的词尾形式指明了确定的人称，这个人称可能是讲话人，也可能是谈话对方，常用于单、复数的第一、第二人称形式（я, ты, мы, вы），例如：

Стою один среди равнины голой.（Есенин）

Знаю, что шутишь — а все таки верю.（Фет）

从句子的逻辑语义角度看，确定人称句与双成分句最接近，因为句子中的行为主体是可以根据动词词尾形态判断出来，并可以还原出人称（я, ты, мы, вы）形式的。因此，在具体的上下文中，确定人称句与双成分句可以互换使用，并不会有明显的语义区别。譬如：

Ухожу я, Сережа. ... — Ухожу, ухожу, ухожу.（В. Николаев）

Ты просто боишься говорить прямо. Трусишь!（М. Чулаки）

尽管如此，确定人称句与双成分句在语义上还是有区别的，其区别就在于句子中行为的现实化程度。在双成分句中，谓语的语义特征定位于话语内容——句子意义，而结构特征在于指明话语对象的主语。在单成分句中，谓语的述谓性特征在于表示话语客体。在对这一句式进行分析时，我们可以得到理论上可靠的解释：单成分句中主要成分只能是谓语，这样的谓语可以没有主语而独自进入句子的结构模式，并以此突出并强化所表示的行为意义。试比较：

Я люблю тебя, Жизнь.（К. Ваншенкин）

Люблю грозу в начале мая... (Ф. Тютчев)

需要注意的是：

1) 确定人称句不等同于没有主语的不完全句（省略句），只有当具体语境可以印证这类句子在结构－语义类型上可以理解为是双成分句时，才可以认定这些句子是不完全句。但有些句子是处在双成分句和确定人称句之间的过渡结构，划到那一类都有其道理，譬如：

Бурной жизнью утомленный, Равнодушно бури жду. (А. Пушкин)

这类句子中没有主语，但又能确定出行为主体，这个主体在语义上与谓语有关系。

2) 确定人称句不能用动词单数第三人称形式和过去时形式，因为这种形式不能指出确定的行为人。譬如，在使用类似 читает, читал 这些动词形式时，潜在的主语可以是人称代词 он，也可以是不定代词 кто-то, кто-нибудь，还可以是某些名词 студент, переводчик, врач 等。在这种情况下，没有主语且带有这类谓语的句子通常被认为是不完全的双成分句。

3) 当系词为零位时，名词或形容词不能做确定人称句的谓语，因为这类词此时无法指称行为（特征）的载体。

2. 不定人称句（неопределенно-личные предложения）：

不定人称句是单成分句中的一种。在这种句式中，表层结构中同样没有显性主语，但不同的是，深层语义中的行为主体是不可确定的，而谓语通常是由动词复数第三人称陈述式的现在时、过去时和将来时形式来充当。

Из Москвы говорят.

Из Москвы будут говорить.

Из Москвы говорили.

这种句子的语义特点是，讲话人和听话人的注意力都集中在行为本身，行为实施者却隐藏在暗处，因为对该交际活动和目的而言，知道不知道行为者并不重要。在不定人称句中，通常突显的是行为和对行为进行具体化的补充和说明，而不确定的主语，可能对应于一个或几个行为者，讲话人或者知道他们，或者完全不知道他们。譬如：

На палубе успокоились.（А.Толстой）

В Сибири не любят горяску и спешку.（А. Сурков）

Удивлялся, что его не пускают домой.（А. Вайнер）

俄语中常遇到下列不定人称句结构：

Мне（вам）сказали,...

Мне（вам）звонили,

Дверь открыли,

К вам（ко мне）пришли,

Вас（нас）зовут,

Нам...сообщили,

Мне（вам）принесли 等。

不定人称句在语义修辞上具有独特的表现力。在这种句子中，行为者被故意作为不确定的人称，其目的是吸引听话对方的注意。这样的句式可以成为对话过程或复杂话语结构整体的语义核心。譬如：

— А завтра меня в кино приглашают.

— Кто же это? — спросила мать.

— Да Виктор, — ответила Луша.（В. Лидин）

有时在具体的语境中已经指出了行为者，但有意地去除他的名字反而会使行为更具体化，使其获得更细微的语义添加色彩，譬如：

Прощаясь, Ипполитов поцеловал ей руку. Впервые в жизни ей целовали руку.（Д. Гранин）（她生平第一次有人亲吻了她的手）

需要注意：这样的句子不等同于不完全句。文中突显"第一次,（有人）亲吻她的手"，至于亲吻她手的人是谁，或者讲话人有意回避，或者不作为描述的重点。而不完全的省略句通常省略的是听话双方已知的，或在话轮中出现过的信息，譬如，由人称代词 мы 做主语的双成分句的不完全句形式：

Мы шли...

В узелки завязали

По горстке родимой земли

И всю б ее, кажется, взяли,

Но всю ее взять не могли.(М. Исаковский)

有些句子很难认定是不定人称句还是双成分句，譬如，具有独立修饰成分的行为者：Привезли его домой и даже не били, смущенные упрямым молчанием мальчика...

可以看出，不定人称句中，逻辑主体的脱离感更明显，更强烈些，修辞色彩也更多样。

3. 泛指人称句（обощенно-личные предложения）

泛指人称句同样是单成分句，在这种类型的句子中，行为与泛指人称发生关系，而泛指人称通过谓语表现出来，谓语则使用动词第二人称形式，表示概括的、普适的意义：

Слезами горю не поможешь.(пословица)

Камня на зуб не положишь.(пословица)

虽然泛指人称句中的谓语形式通常为第二人称，但其所表示的行为可以指向任何人称，因此这种句式广泛用于谚语。需要注意的是，谚语的内容一定有概括的特点，但概括的表达方式不尽相同，并不是所有的谚语都是泛指人称句。

泛指人称句对行为者的概括程度是不同的：行为可以对应于任何一个人，也可以概括性对应于处于相同情景中的一群人：

Иногда прислушиваешься к звукам боя, особенно если в них что-то вдруг меняется. А если они долго не слышны, думаешь о том, когда же прервется тишина. Хочешь не хочешь, а все равно помнишь, что и ты смертен, и как раз в тишине трудней от этого отвязаться.（К.Симонов）

对行为者的概括性与其不确定性有许多共同之处：有时用泛指人称表示行为的实施者，是为了故意不指明行为人。在这种情况下，行为人的确定性和不确定性与概括性融为一体。这类句子可以称作不确定－泛指人称句，因为这种句子在形式上符合不定人称句，在语义上是人称的概括性泛指。譬如：Дом друзей, где удач твоих вовсе не ценят и где счет неудачам твоим не ведут, где, пока не изменишься сам — не изменят...（К. Симонов）

个别情况下也有使用其他形式来表达泛指的意义：

Души от ветра времени не прячь.（Солоухин）

Собираем в августе урожай плодов.（Маршак）

显然，在泛指人称句中，表层上主语空位，深层语义上行为主体具有概括性和不确定性，与实际语境中逻辑主体的距离更远。

4. 无人称句（безличные предложения）

无人称句在单成分句中处于核心地位，是单成分句中使用最多、结构－语义变体类型最多的一种。在这种句式中，行为、特征或状态的存在或出现，不依赖于行为发出者或特征承载者。

在很多语法书中都指出，"没有也不可能有主语"是无人称句的共同特性。其实，没有主语并不是无人称句的典型结构特征，因为不定人称句和泛指人称句中同样也没有形式上的主语。它们之间的区别在于：在不定人称句和泛指人称句中，不存在的是形式上的主语，而不是行为者，在句子意义中隐含有行为的主体，行为的主动实施者。在这种情况下，可以将隐去的主语视作等同于行为主体。而无人称句的特殊性不在于句子中不能有主语，而在于行为（状态、特征）主体只能用间接格形式。在无人称句中，不能用 кто 或 что 提问，也就是说，在大多数情况下，应该将行为与行为者分离开，作为一种自然过程、一种状态；将特征与特征的载体分离开，作为一种状态或对话语对象的一种整体评价。

Нельзя жить вдали от молодости.（Паустовский）

"没有也不可能有主语"这一定律之所以成为无人称句的特征，是因为无人称句在行为与行为者及其承载者的联系程度，与不存在行为者或特征承载者之间划出一条界线。然而，大量的语言事实表明，这一定律并非铁律，并非是所有无人称句必须共有的特征。无人称句本身可以从完全无人称到最低限度无人称或潜在无人称，形成复杂而多样的过渡层级。每一个层级在结构和语义上对"无人称"的要求程度不同。因此，在给无人称句下定义时，不能仅仅依据"没有也不可能有主语"来判断它，特别是在具体语境中。

俄语无人称句的结构-语义变体类型很多，其多样性特征缘于无人称句中述谓核心表达形式的多元化。无人称句述谓核心可以有以下几种主要表达手段：

1）具有情态意义的谓语副词和动词

这类词具有鲜明的情态意义，通常表示应该（надо）、需要（нужно）、不应该（нельзя）、值得/不值得（стоит/не стоит）、应当/不应当（следует/не следует）等。在无人称句中，这类副词与动词不定式搭配，实现情态副词与动词在意义和语法上的紧密结合，构成特殊的无人称句：

Надо любить и хранить те образцы русского языка, которые унаследовали мы от первоклассных мастеров.（Д. Фурманов）

Обращаться со словами нужно честно.（Н. Гоголь）

Нельзя жить только старой славой.（Н.Островский）

Без грамматики никому нельзя обойтись.（Н.Чернышевский）

2）无人称动词及动词的无人称用法

无人称动词是无人称句中的主要谓语形式，由于动词本身的词汇语义类别的不同，使得无人称句的类型和意义都非常丰富多彩。这些动词的意义及用法大致可以分以下几类：

第一类是 хотеться, прийтись 等带 -ся 动词，要求与动词不定式搭配，表示人的心理状态。在这类句子中，无人称动词与依附其后的动词不定式在逻辑语义上不可切分，因此，在句法结构上也是不可切分的：

Хорошо в осеннем цветистом лесу, долго не хочется из него выходить, не хочется прощаться с последними теплыми золотыми осенними днями.（И.Соколов-Микитов）

Говорить не хотелось, на душе было тревожно и уныло.（В. Николаев）

Вскоре мне пришлось оставить квартиру.（А. Грин）

Теперь мне предстояло проехать до Одессы два дня и две ночи.（А. Грин）

第二类是以 спаться, работаться 为代表的无人称动词的用法。这类无人称动词通常与语气词 не 连用，表示人的负面的心理或生理状态：

Ему так трудно дышиться, как мне сегодня пишется.（С. Кирсанов）

Богатому не спится: богатый вора боится.（пословица）

将这类无人称句与同义的双成分句做以对比，其结构语义上的修辞色彩就会明显地突显出来。试比较：

Я не сплю.（我现在不睡觉）— Мне не спится.（我现在睡不着）

Он не работает.（他现在没工作）— Ему не работается.（他现在工作不下去——无法工作）

第三类是表示自然现象的无人称动词。这类动词在结构上不要求必须有次要成分做补充，其本身语义可以自足、准确表达某种自然现象：светает, морозит, ветренеет 等。在这类句子中，可以根据交际需求任意添加时间状语、地点状语和程度状语：

Светало, когда они перебрались на другую сторону развалин.(Б.Васильев)

К вечеру разветрилось не на шутку.(П.Павленко)

В лесу гудело и тряслось.(В.Сулоухин)

Зеленело вокруг.

Едва дождит.

Очень морозилось.

第四类是动词的无人称用法：动词中性过去式形式（偶尔可以用单数第三人称形式）。这种句式表示自然力的作用结果，自然现象和周围环境等：

Мотоцикл занесло на мокром песке.(И. Никитин)

Прорвало трубы отопления в подвале.(З. Дичаров)

这类句子与另一种语义上倾向于双成分句的类型接近，在这类句子中可以使用第五格的形式，间接地指出行为人或行为外力：

Хлестало в стекла дождиком косым.(В. Тушнова)

Вновь зарей восток озолотило.(С.Смирнов)

以上是动词类无人称句的主要类型。

3）谓语副词和形容词中性短尾形式

这种句式主要表示自然环境状况、人的身体生理状态和心理状态：

Промозгло и мутно, туманно и вьюжно.(В.Солоухин)

В метро было пусто, гулко, ветрено.(В.Николаев)

Мне в холодной землянке тепло от твоей негасимой любви.(А.Сурков)

Радостно было и на небе, и на земле, и в сердце. (Л.Толстой)

Мне грустно потому, что весело тебе.（М.Лермонтов）

Человеку холодно без песни.（С.Орлов）

在大多数情况下，无人称句的结构语义性能取决于述谓成分的词汇语法性能和次要成分的词汇语义。有时甚至取决于有无次要成分，试比较：

На улице холодно.（自然状态）

В комнате холодно.（环境状态）

Мне холодно.（人的生理状态）

На сердце холодно.（人的心理状态）

4）表示评价意义的副词和状态副词 + 动词不定式

具有评价和状态意义的副词句，可能是单成分句也可能是双成分句。当动词不定式后置时，句子是单成分句，因为在这类句子中强调的是状态意义，特别是有表示人的名词或代词做第三格间接补语，充当正承受该状态的逻辑主体，此时的句子是无人称句：

Грустно нам слушать осеннюю вьюгу.（Н. Некрасов）

Безумно живому человеку о смерти думать.（М. Горький）

Мне было очень больно видеть его невеселым.（А. Грин）

当动词不定式前置时（无具体主体），以 -о 结尾的副词更强调评价意义，就其词汇-语法特性而言，更接近于形容词，因此，带有情态评价意义词汇且动词不定式前置的句子可以认定为是双成分句，其中，前置的动词不定式是主语，以 -о 结尾的副词充当谓语：

Расставаться с вещами очень больно и почему-то стыдно, особенно смотреть, как грузчики выносили кровать и пианино…（Ю. Герман）

Мечтать — легко и приятно, но думать трудно.（К. Ушинский）

在表达评价意义的句子中，动词不定式词序对确定句式的作用非常重要，试比较：

Жить очень хорошо!（М. Горький）——双成分句

Отлично жить на свете! (Л. Толстой)——单成分句

5）加强否定语气词 ни + 否定谓词 нет (не было, не будет)，нельзя

总体上讲，否定句式是无人称句的一种，譬如：

Нет на свете мук сильнее муки слова. (С.Надсон)

带有加强否定语气 ни 的这类无人称句表示由于不存在某种事或人而造成的某种状态：

Не было ни слов, ни сравнений, чтобы описать могущество кратеров. (К. Паустовский)

Ни разлюбить, ни позабыть, ни заменить тебя нельзя. (Л.Ошанин)

Как часто не хватает добрых слов нам! (К. Кулиев)

Не существовало ни крыш, ни оконных рам, ни дверей, ни полов. Все, что способно было гореть, сгорело. (П. Павленко)

在单成分句中，行为 - 状态具有不自觉性、无意识性和不由自主性，成就了无人称动词句在语义修辞上的独特表现力。而在无人称句中，行为主体的不确定性具有结构句法意义。

5. 动词不定式句（инфинитивные предложения）

动词不定式句是指由动词不定式充当谓语的单成分句，通常表示可能/不可能、必须和不可避免的行为。

在俄语学界，关于动词不定式句在简单句类型体系中的归属是一个有争议的问题。一些学者把这类句子看作是单成分句中的一种，而另一些学者把这类句子视作无人称句的一部分。本书将其作为单独的单成分句来分析。

在动词不定式句子中，动词不定式不从属于任何词，相反，在意义和语法关系上它可以支配所有词汇：

Не догнать тебе бешеной тройки! (Н.Некрасов)

Светить всегда, светить везде, до дней последних донца, светить — и никаких гвоздей! (В.Маяковский)

动词不定式句是表达情态意义的句法手段之一。在这类句式中，情态性意义由不定式形式和语调表现出来：

Тучами солнца не скрыть, война мира не победить.

Быть грозе великой!（А.Пушкин）

没有语气词 бы 的不定式句表示"应该""必须""不可能""不可避免"等情态意义：

С кем разговариваешь? Молчать!（А.Чехов）

Не расти траве после осени.（А.Кольцов）

带有语气词 бы 的不定式句表示希望的行为、担心行为的实现或预先警告尚未发生的行为等：

Мне бы косить, пахать, сеять, лошадей выезжать...（А. Чехов）

Не опоздать бы на поезд!（Е. Серебровский）

Хоть бы одну паршивую куропатку увидеть.（В.Санин）

没有指明行为主体的不定式句常常具有号召性特点，有时会带有修辞性提问的意味，常用于文章标题或标语：

Убрать урожай без потерь!

Не разговаривать во время занятий!

Ну как не порадеть родному человеку!（А. Грибоедов）

动词不定式句与无人称句的区别在于述谓核心的成分不同：在无人称句中，带有不定式的谓语成分中一定要有无人称动词或情态范畴词，而动词不定式句中不需要，试比较：

Не стоит（не следует, не надо, нельзя）спешить с ответом!

Не спешить с ответом!

6. 称名句：（номинативные предложения）

称名句是俄语中一种独特的单成分句型。

在俄语句法学研究中，关于称名句的界定和划分存在不同的观点。一种观点认为，称名句仅指名词性的单词句，而另一种观点认为，称名句既包括名词性称名句，也包括动词性称名句，因为它们都可以通过使用单一成分指称外部世界的一种现象、一种状态或环境。本书根据单一成分的词汇特征，将称名句细分为：

动词性称名句：Вечернеет. Смеркает.

动词性称名句的语法形式是：单数、第三人称、现在时的形式，描写话语时刻动态的、正在变化着的状态，有时也会用中性过去式形式，表示过去某一时刻的这种情形。

名词性称名句：Весна. Черный вечер. Белый снег.

名词性称名句的典型语法形式是合成谓语现在时的零位系词形式，通常给出的是静态情景，指称时间或空间定位：

Ночь. Улица. Фонарь. Аптека.（Блок）

Двадцать первое. Ночь. Понедельник. Очертанья столицы во мгле.（Ахматова）

称名句常用于文学作品或报刊媒体等新闻语体中。这样的句子通常很简短，但语义含量丰富，表现力很强。它们通常指出事物和现象，确认其存在，特别是强调时间、地点等语义要素，通常会快速引导读者进入事件作用域，促进对情节快速发展的把握和理解。

称名句具有自己的句子聚合体形式，以 тишина 为例：

Тишина.（现在时）

Была тишина.（过去时）

Нет тишины.（否定式）

需要注意的是，在称名句中，不可能出现带有 есть 的陈述句现在时形式：譬如不能说 *есть тишина，在这一点上，称名句与存在句相似，特别是具有性质意义或评价意义的存在句：

Там（*есть）сущий ужас.

У нас сейчас（*есть）дождь.

У тебя в голове（*есть）каша.

У брата（*есть）грипп.（Арутюнова, Ширяев 1983: 86）

应该区分称名句与不完全句。称名句是一种单成分句，而不完全句是双成分句的省略形式，常在具体的语境中和对话的话轮中使用：

— Принести молоток? — Отвертку!

可以省略的因素很多，可以省略的句子成分也很多，无论哪种情况，话轮中已知信息均可以省略。这主要是遵循节省原则，突出话语的重点，避免重复，且不影响话语的理解和交际任务的完成。

三、无成分句（不可切分句 нечленимые предложения）

在俄语简单句类型学的早期研究过程中，往往忽略了这种句子形式的存在，只是对有成分划分的句子进行了分类研究。然而，严谨科学的分类体系应该为每一种句法单位确定一个类型位置。因此，当代句法学研究开始关注无成分句这一特殊的类型。从类型学研究的角度看，无成分句是俄语简单句结构语义类型的一种。这一类型的确立，使得俄语简单句结构语义类型的体系更加完整。

所谓不可切分句是指那些由语气词、情态词或感叹词充当的句子，结构上不可分割，常用于表达肯定、否定、意愿，以及其他情态色彩：坚信度、可能性、假设性等（Да. Нет. Конечно. Еще бы! Как бы не так! Цыц 等）。譬如，对于«Вы пойдете сегодня в кино?» 这样的问题，可以有下列回答：Да（Нет）；Конечно（может быть）；Увы! 等，其中每一个回答都是由一个词或一个词组构成，不可分割，因此称作不可切分句。这些语言单位的不可切分性在于，在它们之中没有句法关系，也不能用其他成分来扩展，因而不能划分句子成分，故称作无成分句。这类句子在俄语中数量有限，仅由可数的一些词汇 - 语法单位（语气词、情态词、感叹词等）来充当。

1. 语气词无成分句

语气词无成分句是指由语气词充当的句子，这种句子的典型特征是没有准确的语法形式：无法确定句子成分，既没有主要成分，也没有次要成分；没有述谓性标记（时、态、人称），没有独立的具体指称内容。因此，只能在一定的上下文中使用，话语的意义通常只能在对话、具体话语情景等上下文中得以揭示。例如：

1）表示确定：

— Серой пахнет. Это так нужно?

— Да.（Чехов）

— Ты любишь его?

— Да. — прошептала Наташа.（Л. Толстой）

在这里 Да 没有独立的内容，它依靠前一句内容而存在。

2）表示否定：

— Вы ответите ему?

— Нет.（Ф.Вигдорова）

3）表示疑问：

— Что вы, наоборот, я буду рад.

— Правда?（М.Чулаки）

这种疑问句不单纯是疑问，有时并不期望得到回答，而是表示某种情感：惊奇、高兴、赞赏、怀疑等。这种疑问句不能由疑问词带出，而只是使用语气词，通常只在话轮中使用：

— Да ведь Шипиловка только что числится за тем, как бишь его, за Пенкиным-то; ведь не он ей владеет: Сафрон владеет.

— Неужто?（Чехов）

— Он хотел доставить тебе удовольствие.

— Да?（Чехов）

2. 情态词无成分句

由情态词构成的无成分句也可以完成上述功能，但在肯定或否定的基本意义之外，还可以从情态词和情态语气词本身的词汇语义中，体察到隐含的确定或不确定的细微差异，譬如：

— Вы поможете разметить стену под плитку?

— **Ну, разумеется**.（В. Николаев）

— Что, уже говорила с ней?! — поразился Сергей.

— **Конечно**.（В. Николаев）

— Вам бы надо побриться, Глеб Иванович.

— **Конечно**, я сейчас.（Закруткин）

— Становитесь по местам. Пора. Восходит?

— **Точно так**.（Чехов）

— **Правда , правда**... — подумал Посудин. — как я этого раньше не знал!（Чехов）

3. 感叹词无成分句

感叹词无成分句的意义比较多，基本上与感叹词的词汇语义及其用法相对应，主要表示：

1）情态评价意义

这类句子是对情景、通报、问题的直接反应：

Я ответил, что она（Маша）осталась в крепости на руках у попадьи.

— **Ай, ай, ай**! — заметил генерал.（А.Пушкин）

Поздравим друг друга с берегом. **Ура**!（А.Пушкин）

2）祈使意义

这类句子表示指示、呼唤行动：

— **Вон**! — закричал Марков на фельдофебеля.（А. Куприн）

3）言语礼节意义

— **Вот и** спасибо, — принужденно сказал Корсаков.（С. Черный）

不可切分的无成分句在结构语义上的独立性明显表现在其独立的使用上。但在具体的话轮情景中，无成分句是可以与各类有成分句搭配使用的：

— Ты ничего не хочешь сказать мне, Тоня? — спросила я на другое утро.

— **Нет**, а что?(Ф. Вигдорова)

— У вас есть свои [дети]? — спросил я вдруг.

— **Нет**, я не женат, — ответил он.(Ф. Вигдорова)

— В институт поедешь сегодня?

— **Вряд ли**. С институтом вообще, наверное, нынче не получится.(В.Николаев)

不可切分的情态句可以通过添加呼语或插入语而使语义变得更丰富：

— Можно ли эту поэзию показать до конца?

— **Конечно, нет**.(К.Паустовский)

— **Батюшки**! — изумился тонкий.

— Миша! Друг детства! Откуда ты взялся?

需要注意的是，不能将无成分句与有成分句的省略形式混淆。众所周知，在简单句的表层形式和结构上可以区分出完全句/不完全句（省略句）。完全句是指句子表达的内容与形式完全对应，形式和意义都是完整的。省略句是在实现同一语法形式时的变体形式：

— Дождь идет?

— Идет.

在这里，不完全句 Идет 与无成分句的区别就在于，Идет 是实义动词的形式，只是句子中与此匹配的成分没有用词汇表现出来，由于省略而形成空位，而在无成分句中，无论上述哪种类型，都是由语气词或感叹词独立完成的。

综上所述，从句子的表层语法形式－结构上划分，可以划分出双成分句、单成分句和无成分句三种类型。严格地从句法结构上讲，这三种形式并不在一个结构层级上：

句子的形式结构类型

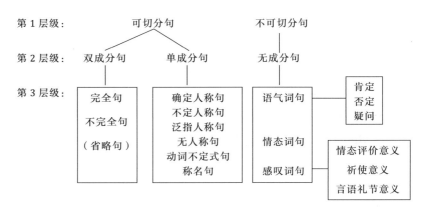

双成分句、单成分句和无成分句是按传统语法理论，依据句子的形式结构划分的简单句结构类型。

在语言中，这三种类型的句子是在相互作用和依存的情况下存在和发展的，在交际语境中，它们之间在使用上没有明显的界限，在三种类型的边界区域形成了大量的交叉或中间形式。

第 2 节　句子的称名语义结构类型

在传统句法学的纯形式研究中，将句子划分为主要成分和次要成分的方法，是句子研究的主要方法。但在句子的分析中，人们常常忽略了对句子意义的考量，忽略了主要成分词汇语义的要求和限制，因而对句子的形式和意义不能做出完整的理据性描述，无法使形式与内容形成有效的对应。譬如：

Я потерял ключ. — 但不能说：*Я потерял.

针对这样的问题，句法学家做了长期的研究。随着语言学形式化模式研究的推进和对句子结构语义研究的深入，俄语现代句法理论提出了重新划分句子结构的任务，制定了从句子的形式结构和称名语义的角度来考量句子的分类标准。

在俄语语言研究中，这种以句子结构模式概念为基础的全新的句子形式结构描写方法，出现在 20 世纪 60 年代末。在"70 年语法"中，这种分析方法几乎在各种类型句子的所有结构上得以实现。句子结构模式概念，符合现代语言学研究形式化和模式化处理的大趋势，满足了当代科学发展提出的全新需求。

按照现代俄语句法理论，什维多娃等语法学家提出了俄语"最小结构模式"的理论概念。按照这一理论，把最小结构模式界定为是句子的"述谓单位"，即主语和谓语构成的述谓核心，相当于传统形式结构中的主要成分。从句子的定义中可以得知，构成句子的基本条件之一就是意义的完整性。然而，无论是按照传统的表层形式结构来分析句子成分，还是按照最小结构模式理论来分析句子成分，似乎都不能完全满足句子意义完整的条件要求，因为无论是主要成分，还是述谓核心都不可能百分之百地构成意义完整的句子。于是，一些学者提出了更为合理的分类方法，依据句子的意义完整性来划分句子成分。

依据这样的划分方法，以句子最小结构为基础，无需添加其他成分即可构成的意义完整的句子，被称为非扩展句；而在最小结构模式基础上，需要添加其他成分才能构成语义完整的句子，构成最小称名模式，被称为扩展句（Белошапкова 1989：634-635）。

按照这样的分类标准，无论是双成分句，还是单成分句，在称名语义结构的层面上，都可以根据句子的称名语义功能需要，视句中是否有必须的次要成分，来划分句子类型。

一、非扩展句（нераспространенные предложения）

非扩展句是指，无论哪种句子类型，只要按其最小结构模式填加相应词汇，就可以得到意义完整的句子，无需补充任何成分。简言之，按照最小结构模式构成的句子为非扩展句。如：

Дети бегают.

Солнце светит.

Луна заходит.

Дверь открыли.

Тишина.

Мне тяжело.

原则上讲，任何一种类型的句子都有非扩展句和扩展句之分。

二、扩展句（распространенные предложения）

在俄语中，扩展句有广义和狭义之分。广义的扩展句指带有各种扩展成分的句子，包括必须的和非必须的，包括展词性的和展句性的成分，譬如：

Всю ночь бушевал ветер.（Пришвин）

Дико пахнет заброшенный сад.（Паустовский）

狭义扩展句特指对最小结构模式的扩展，即对述谓动词语义配价的必须填充，以满足句子语义完整性。扩展后的句子便转变成为最小称名结构模式：

Он мешал вам?

Андрей любит Машу.

作为句子分类的判据，这里描述的扩展句，特指狭义扩展句。

狭义扩展句是指，依照最小结构模式不足以构成意义完整的句子，需要根据述谓成分的词汇语义要求来添加必须扩展成分，构成能满足句子语义完整的句子。这种句子是对最小结构模式的必须性扩展，构成满足意义完整性条件的最小结构模式，即最小称名模式。如：

Студенты занимаются спортом.

Я помню чудное мгновенье.（Пушкин）

Мы верим в победу.

相关内容，将在句子形式结构和称名结构的章节中详细论述。

第 3 节　句子的交际功能类型

句子的功能就是指句子的用途。句子是语言中最小的交际单位，其功能类型最大限度地反映了语言的自然形态——声音的潜能，因为语调是传递思想、情感和意图的主要手段之一。除了语调之外，区分句子功能类型的手段还有动词的式、态和一些词汇手段：代词、语气词和感叹词等。句子的功能类型是固定在语言中的、表现交际目的的客观手段，根据交际的目的性，可以将句子划分为陈述句、疑问句、祈使句和感叹句。

一、陈述句（повествовательное предложение）

陈述句是语言中最常使用的句式，用于通报事件或情景，向听者传递信息：

Иван Иванович приехал.

根据句子的功能语义特征和述谓性特征，依据句子的形式标记可以将陈述句分为现实句和非现实句：

1. **现实句**（реальное предложение）

现实句是陈述句的主要句式，其功能为传递现实的信息：

Роняет лес багряный свой убор.（Пушкин）

Ни в лодке, ни в телеге нельзя попасть сюда.（Ахматова）

现实句是语言交际中的基本话语方式，即讲话人把已知的信息传递给听者。根据讲话人对句中所述内容的态度，即句子的可信程度，还可以将现实句划分为确定句和不确定句：

1）确定句（предложения со значением достоверности）

确定句表示讲话人对句子内容信息确信的态度。确定句属于无标记句，通常情况下，无需特殊语言手段，通过句式本身就可以传递出讲话人的确定态度。譬如：

Завтра будет дождь.

2）不确定句（предложения со значением недостоверности）

不确定句表示讲话人对句中所述的信息不太确信的态度。这类句子有明显的标记，即通常由表示不确定意义的词、词组或句子做插入语成分，表示讲话人对所述内容的不确信、来源不准确或对所述内容不承担责任。这类句子属有标记句式：

Завтра, наверное, будет дождь.

Завтра, по радио передали, будет дождь.

确定句 / 不确定句是在现实句范围内，根据述谓性特征和句式传递出的结构信息来区分的。

2. 非现实句（ирреальное предложение）

在俄语句子的功能分类中，非现实句属有标记句式，通常由语气词 бы, если бы, чтобы 作为虚拟语气标记特征，相对于无标记的现实句。

在陈述句中，非现实句的结构语义功能是：

1）表示愿望、希求等实际上没有发生的行为或事件：

О если бы в небо хоть раз подняться!..（Горький）

К Татьяне Юрьевне хоть раз бы съездить вам.（Грибоедов）

Хотел бы заметить: это мое последнее письмо.（Залыгин）

2）表示非现实发生的事态，属讲话人假设性或条件性表达：

Ты бы послушала, какая в душе у меня музыка...（Горький）

На вашем месте я бы опускала абажур пониже.（Пастернак）

Будь бы боровики, настоящие грибы, стал бы я, старый

человек, наклоняться за черным грибом?(Пришвин)

现实性 / 非现实性是句子的重要情态范畴，是构成句子述谓性理论的组成部分。在陈述句范围内，现实句 / 非现实句是讲话人必须做的选择，不以人的意志为转移的必择其一（参见句子述谓性部分）。

二、疑问句(вопросительное предложение)

疑问句的功能旨在期望从谈话对方得到所需信息。在这种功能类型的句式中，起重要作用的是语调和标点符号：

Вы приехали?

在疑问句中除了语调外，还可以用疑问代词（ кто, что, какой, сколько, где, когда ），以及语气词（ ли, ль, неужели, разве, неужто ）等句法手段：

Кто приехал?

根据疑问句表达手段的不同，可以将疑问句分成两大类：

1. 总体疑问句(общевопросительное предложение)

总体疑问句不需要借助疑问代词就可以构成，动词和系词可以用陈述式形式，句子中没有特殊标记。

— Ты был вчера в театре?

— Да.

这种疑问句表示：讲话人对所述的话语信息有所了解，但不是特别确定，希望对方给予确认。对于这样的疑问信息，话语对方只做肯定或否定的回答即可，或可以仅就句中的部分内容给予回答：

— Саша, говорят, ты поешь хорошо?

— Пою.(答话人只是简单确认了会唱歌的事实，没有就唱得好不好展开回答)。

— Вы хорошо знаете Гарта?

— Да, уже несколько лет.（答话人确认了事实，并对"很了解"做了补充说明：已经认识好几年了）。

2. 部分疑问句（частновопросительное предложение）

这种疑问句需要借助于疑问代词构成。这种疑问句本身表示，讲话人已经了解到某些信息，但需要对这些信息的某一方面做进一步明确，如事件的地点、时间、原因、事件的参与者等信息。回答时只需要对讲话人希望了解的具体信息直接作答：

— Вы где живете?

— В деревне, а то в разъездах.（Островский）

— Как же мы теперь, где будем жить? Здесь или в Питере?

— Натурально, в Петербурге.（Гоголь）

三、祈使句（побудительное предложение）

祈使句用于表达讲话人指向其他人的话语形式，其目的是建议、要求、请求、命令对方完成某种行为。

Сюда ко мне поближе сядь, гляди веселыми глазами.（Ахматова）

祈使的主要表达手段是动词或系词的命令式，在这类句子中意愿的发出者是讲话人，但这一信息对命令式而言不是必须的，试比较：

Принеси воды!（祈使）

Прошу принести воды.（陈述）

根据祈使愿望的坚决程度和类型，可以将祈使句分为：

1. 命令：祈使句中表达愿望最强烈、最坚决的一种句式，要求对方最大程度地去完成某项意愿。除了动词命令式外，还可以用动词不定式表示这种句式：

Помолчать — взвизгнул дед.（Горький）

2. 请求：讲话人特别希望能实现某种愿望的一种委婉温和的祈使：

Будь счастливой, как песня.（Рождественский.）

Скажите же мне какую-нибудь новость!（Лермонтов）

3. 建议：一种温和轻松的祈使，至于它能否实现，讲话人并不执意要求。为了使建议变得温和些，常用的表达方式是假定式和动词不定式，或常在动词后面加语气 -ка（читай-ка）：

Ты бы ложилась, нянечка. Уже поздно.（Чехов）

Матушка ты моя! Помолчать бы тебе.（Горький）

4. 赞同：一种形式化的祈使，是对对方表示出来的愿望或提议的认可、赞同、肯定：

Дай я открою ставни.

— Открой.

5. 号召：一种面向许多受众的召唤、鼓动性祈使，常常使用非动词结构：Граждане, за ружья! К оружию, граждане!（Горький）

也可用动词第三人称形式：

Да будет жизнь пустынна и светла.（Ахматова）

四、感叹句（восклицательное предложение）

感叹句是指由专门的感叹语调表达的、具有情感色彩的句子。各种类型的句子都可以拥有情感色彩，包括有成分句和无成分句，包括陈述句、疑问句和祈使句，譬如：

陈述句：Как дорог мне в родном народе тот молодеческий резон, что звал всегда его к свободе, к мечте, живучей испокон!（Твардовский）

疑问句：Кто б Измаила смел спросить о том?!（Лермонтов）

祈使句：Ну же, Таня говори!（Горький）

构成感叹句的语法手段主要有：

1. 语调

语调可以表达各种不同的情绪：高兴、懊恼、悲伤、愤怒、惊讶等。感叹句的语调相对比较高，逻辑重音一般落在直接表达情感的词汇上，例如：

Прощай, письмо любви, прощай!（Пушкин）

Лес как сказка! Чудесно! Ах!（Л.Толстой）

2. 感叹词

俄语中常用的感叹词有：ага, ай, айда, ах, ахти, ба, бах, о, ой, ох, у, уа, увы, ух, фу 等。感叹词可以独立成句，也可以与其他词汇搭配使用：

Ах, этот человек всегда причиной мне ужасного расстройства.（Грибоедов）

Ух!.. хорошо здесь подают! Ахти, хорошо!（Горький）

Ах, какая прелесть! Что за прелесть! Чудо!（Л.Толстой）

3. **由语气词和副词构成的感叹词**，如：Ну, о, ну и, куда как, как, какой, что за 等，这类感叹词给所述内容增添情感色彩：

Ну вот вам и потеха!（Грибоедов）

Как хорошо, как свежи были розы!（Тургенев）

Фу ты, какая! Слова ей не скажи!（Горький）

句子的交际功能类型

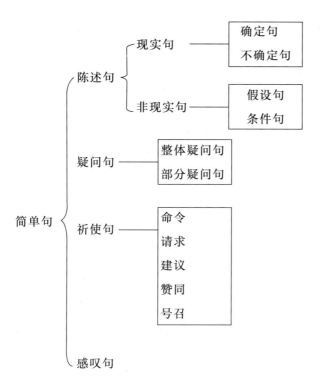

第4节 句子的逻辑语义结构类型

句子的逻辑语义层面关注的是句子表达出来的深层逻辑和意义。在俄语中，按照同一结构模式生成的句子可以表达多种不同的命题，句子命题内容是讲话人逻辑思维的语言外化，依据这些命题的类型可以归纳出句子的逻辑语义结构类型。命题内容在句子中如何发展和如何描述，是划分句子逻辑语义结构类型的主要依据。目前俄语语言学研究中，通行的方法是根据句子的逻辑语义内容，将句子划分为四大类：说明句、存在句、命名句和等同句。

一、说明句（предложения характеризации）

说明句又称作描述句或评述句。说明句描述具体物体、事件、现象、概念等，说明或评述它们特有的特征、状态、关系等：

Иван Иванович поехал в Петербург.

俄语中大多数句子属于这一类型。根据"主体与述体之间关系"这一典型结构语义特征，可以把说明句划分成三个分类型：

1. 叙述说明句（реляционные предложения）

这一逻辑语义结构句型的主旨功能是对主体进行说明：

Он приглашает меня поехать по Волге на теплоходе.（Крылова）.

2. 确定说明句（предложения определенной характеризации）

确定说明句的一个典型特点是根据一个或几个特征对主体进行描述：

Точность — это всегда хорошо.（Крылова）.

3. 状态说明句（предложения обстоятельственной характеризации）

状态说明句主要是从时间、处所等角度对主体的状态进行描述：

Мы сидели в тени.（Тургенев）.

二、存在句（бытийные предложения）

在俄语中，存在句表述的是物体存在关系，主要指明物体、事件、现象在某一空间的存在或不存在：

В парке есть детский городок.

В мире есть много интересного.

语言思维逻辑要求先确定物体、事件、现象的存在，然后再对所存在的物体、事件和现象进行描述。因此，在俄语语言意识中存在句先于说明句。譬如：

Есть у нас в саду яблоня. Она еще не плодоносит.

在语言实践中，是否存在某种语言外的真实情况往往并不是通过存在表示出来的，而是凭人类生活的经验和知识的推测，或通过语言本身的语义预设表示出来的。但是，即便是在这种情况下，从逻辑上讲，在说明句前面总是可以添加一个存在句的，例如：

Мой сын учится в Московском университете.

在这个句子的语义里暗含着"我有儿子"这样的语义，因此，可以对这一类说明句做如下推测和补充：

У меня есть сын. Он учится в Московском университете.

三、命名句（предложения именования）

命名句是一种独特的逻辑语义结构，特指话语中所述的某一物体从此以后将以某一特定符号作为其称名。命名句是指在这一句子中对话语中所述的某一物体确定了一个称名：

Этот циклон назван Марта.

在命名句中，被命名的成分是句子的主体，赋予主体的名称是主体的称名符号。主体具有具体的所指关系，而称名符号没有所指关系，即没有现实语义概念，因为它只承载有关主体的所有说明信息。例如：

Итак, она звалась Татьяной.

四、等同句（предложения тождества）

等同句是指句子中的两个成分同指一个实体，即由两个名词说明的是同一事物或概念。通常表示这样一种情景：讲话人试图根据其具有的性能、特征或事实与他所拥有的经验和知识，将某人或某物进行范畴化概括和类比，得出两个称名同指一个实体的结论，这样的句子就称作等同句。例如：

Лев Толстой — выдающийся писатель.

与其他三种逻辑语义结构句型不同，等同句中的两个成分——主体和述体指称外部的同一事物，两者是具有同一所指的等同成分，例如：

Это Иван Иванович Быков.（Тот, кто передо мной, есть Иван Иванович Быков）。

在等同句中，词序是一个重要的语法意义表达手段。通常位于主语位置的词表示具体特指，而位于合成谓语的部分通常具有比较概括的范畴意义（"类别"的意义）。由于词汇语义类型的限制，这样的词序一般不可置换，试比较：

Мой отец — писатель.

不能说　*Писатель — мой отец.

但可以说 Этот писатель — мой отец.

在这种情况下，代词 этот 把具有范畴意义的 писатель 一词具象化了，变成了特指："这个作家是我父亲"。

本章小结

显然，句子结构类型的概念与语法形式概念密切相关，任何一个类型的句子都是多种语法意义和其标记形式的某种组合。需要指出的是，句子多面体结构的特性决定了，无论哪一种分类，都不可能把所有句子类型包揽无遗。而且，各种不同类型句子的典型特征有时会在同一个句子中发生交叉，因此，根据不同的特征对同一个句子进行划分，会将它划入不同的句子类型。

句子的分类研究是句法学研究的方法之一，该方法无论在理论上还是在实践上都具有相对性。事实上，按照不同的区别特征，会做出不同的分类，分类的过程恰恰是分析和研究句子不同层面和结构的过程。通过这样的分析，研究会更接近语言的本质，会更深入句法结构和逻辑语义的深层领域。

第三章　俄语句子的形式结构

任何一个句子既会表现出独特的个性特征，也会表现出某些共性的结构特征。句子的个性特征是指由句子中的词汇所决定的句子的具体内容；而共性特征是句子的语法形式所决定的内容。句子的共性特征是不依赖句子的具体内容、在大量的句子中可以再现和重复使用的句子结构模式和联系规则。例如：

Солнце осветило землю.

Студент сдал экзамен.

Течение унесло лодку.

这三个句子具有相同的句法形式结构，但内容各不相同。

在句子的形式层面上，句法学研究的对象就是句子的这些句法形式结构、句子逻辑形式中的主要成分的表达方式以及交际意向的传递方式，而不是句子的具体内容。当然，要研究句子的句法形式和结构类型必须依赖于对句子具体内容的分析。因此，每一个例句既是一个具有个性化内容的具体句子，同时，又是某一句子类型的共性范本。

什么是句子的句法形式？句法形式包括句子中两个互为依存的结构层面——所指层面和能指层面。所指层面是句子的句法意义（结构意义），能指层面是这些结构意义的表达形式，即句法联系手段，是句子中句法意义的标记形态。句法形式结构是指某一类句子的那些形态变化，这些变化不涉及句子的称名内容和主要的交际意图，而只是表示句法形式部分对应的结构意义。从同一类众多句子中抽象出来的、表示某一类结构意义的概括性句法范畴，被称作句子的结构模式。

第1节 句子的结构模式理论

句子的结构模式理论是结构语法学研究的最高成就和财富。20世纪兴起的形式主义语言学和结构主义语言学的研究目的之一，就是尝试最终从形式上确定出句子的全部抽象结构模式。20世纪中期，科学技术的进步与发展，计算机科学的普及，把语言的形式化处理推向了高峰。在句法学理论中，句子结构模式这一概念的提出，代表了现代语言形式化和模式化处理的主流倾向，这种倾向表现在语言学各个流派和各个领域。确定句子结构模式的最终清单，也符合把描写主义语言学理论用于句法学实践研究的目的。这样的研究高度抽象地概括了句子结构类型，可以准确明了地解释和描写句法学的体系性。

句法结构模式就是在句子的共性规律基础上构建的形式化模式，从无数的句子中抽象出有限的结构模式不变体类型，再根据这些模式去生成无限的句子。

美国语言学家Э.萨丕尔是最早使用"模式"这一概念的语法学家之一。他认为，每一个完整的句子都是以某一现成的模板，即句子的类型模式为基础的，这一类型以某些特定的形式特点为特征。这些特定的类型，或者称作句子的基础模式，可以构成讲话人和听众所要求的任何一种句子结构（Sapir 1921）。

对句子进行抽象结构模式研究是布拉格语言学派的代表性语言学思想。捷克语言学家第一次使用了"модель""схема"这样一些术语，在开始研究句子的抽象结构模式时，他们并没有仅仅局限于句子的述谓核心，同时还考虑了句子中构成交际单位所必须的一些特征。因此，虽然他们承认句子结构模式是一种抽象的结构模式，实际上并不否认在句子生成中要考虑词汇语义特征的作用（Матезиус 1967:237）。

在20世纪中期的语言学理论中，对各种不同语言中句子基础模式的定义非常多，术语的使用也各不相同。除了"模式"（модель）这一术语外，还常使用"句式"（формул предложения）和"句子结构模式"（структурная схема предложения）这类概念。问题的复杂性并不在于这些术语名称的不同，而在于对"模式"这一术语的理解不同，公认的结构模式在不同语言中数量不同，甚至在同一种语言中也有不同的划分。简单句模式的繁化是由于对模式这一术语的解释具有一定的模糊度，而且缺少区分原始模式与其变体的统一标准。

在句法学体系性描写中，一个最基本的概念就是结构模式。句子的结构模式决定了句子在逻辑形式上的组织，也就是句子的纯句法形式结构。句法形式是指句法意义及其句法表现手段的统一体。形式结构模式就是要表现句子本身是如何体现句法（结构）语义的。因此，可以说，句子的形式结构模式是用其本身的结构意义对句子的称名内容做出句法上的诠释。

在俄语语言学研究中，以句子结构模式概念为基础的新的描写方法出现在20世纪60年代，并用«структурная схема»这一术语来表示句法结构模式。什维多娃在"70年语法"中首次提出了简单句结构模式的整体方案，并在此后的研究中对该方案进行了多次修改和调整，使该方案的理论思想得到了进一步的完善和发展。"70年语法"和"80年语法"，用该方法对各种不同类型的句子进行了分类和描写，并在有关俄语句法和普通句法理论的文章和专著中就此展开了广泛的讨论（Белошапкова 1989：632）。

在俄语的句法理论研究中，对句子结构模式有不同的理解，这些理论观点既不同于布拉格学派的观点，也不同于乔姆斯基转换生成语法的理论观点。许多俄语句法理论家认为，句子结构模式是一种抽象的模式，根据这种模式可以生成各种类型的、意义相对完整的句子。从广义上讲，模式就是一种结构，即在语言中有规律性地再现某一形位（морфема）结构。对大量具体语言材料研究表明，对大多数语言而言，简单句基本的典型结构模式是 NV 模式，即由名词和动词成分构成的主谓结构模式；更宽泛的解释——NP-VP，即名词词组和动词词组。这种最通用的模式不仅适用于某一种语言内部，而且适用于大多数甚至是所有语言的结构-语义体系。

句子结构模式学说的主要任务就是给各种类型的句子确定其最低成分，并进行形式化处理。有了最低成分，就可以保证句子不依赖上下文语境而独立完成自己的称名和交际任务。因此，结构模式可以定义为：由构成句子必须的最少成分组成的抽象模板。结构模式只表示句子基本的纯句法意义，即深层的结构语义。结构模式试图建立一种真正意义上的抽象结构模式，也就是说，在这种结构中可以不考虑其成分的词汇语义，而进行纯语言学解释。

句法结构模式能够确保句子成分之间最基础的共性关系得以充分体现。这些关系是线性的组合关系。在线性关系中，结构模式被定义为"某一成分的最终语境"；而在结构关系中，结构模式表现为由基本句法联系手段构成的句子成分之间的关系。

第 2 节　句子的最小结构模式

从纯粹的结构层面来讲，对句子的主要成分进行形式化处理，得到的模式称作结构模式。这一模式只有构建简单句最少的成分——必须的两个主要成分，所以，简单句的这种模式被称作"句子最小结构模式"。

大量现实句子的分析研究证实：句子结构可以分为再现部分和再生部分。所谓**句子的再现结构部分**，就是指那些在任何句子中都会出现的成分，它们能构成句子的最基本部分——最小的述谓核心部分。这一部分就是同一类型句子中抽象出来的最小结构模式，属这一类句子结构共有，不能由讲话人随意创造，讲话人只需在此结构模式上填充准确表达思想的适当词汇即可再现句子结构及意义。例如：

Бегут ручьи.

Дети играют.

Время летит.

这些句子都是按照一种结构模式 N_1V_f 生成的，即由主语 + 谓语构成，也就是说，虽然句子传递的内容信息不同，但它们都再现同一结构模式及其组建规则。

句子的再生结构部分指的是，讲话人根据具体的语境和话语意向的需要自由添加的部分，这一部分的数量和结构根据句子的交际任务需求而定，不影响句子的再现部分，也不会改变句子的形式、结构和模式，但会影响句子的意义结构和交际结构。例如：

Он читает. — Он читает книгу. — Он читает книгу вечером, в свободное время.

Мальчик учится. — Мальчик учится китайскому языку. — Мальчик учится говорить по-китайски.

从这些句子的形式结构分析可以看出，虽然它们表达的意义不同，句中所含的成分数量不同，但它们的基本结构，也就是它们的述谓核心结构是相同的，即都含有主语和谓语。句子结构的再现部分是句子的述谓核心，忽略那些不是述谓单位的成分，就得到了最小结构模式，代入形式逻辑符号可以表示为 N_1V_f。按照这一模式，在一种自然语言的言语交际活动中，人们利用自己掌握的语言知识，可以构建出无穷无尽的句子，以表达复杂的思想和交际意向。但是，这些句子并不是毫无依据地随意组成的，句子中的每一个成分，无论是再现部分还是再生部分，都要遵循一定规则、按照一定的结构关系构成。只有这样，句子才能够成为符合语法要求和逻辑语义关系的交际单位，该语言群体彼此之间才能够进行语言交流，才能相互理解，才能实现交际意图。

语言中有许多句子类型，因此会有许多句子结构模式。任何一种句子类型都有一个自己独有的结构模式，无论填充什么样的具体词汇，其结构模式本身就是该句子语义结构中一个至关重要的元素，是句子的核心语义。譬如，句子结构模式 N_1V_f（名词主格＋动词变位形式）具有抽象结构语义"行为主体与行为过程（特征或状态）在特定时间轴线上构成相互关系"，句子的这种结构语义是以抽象化的形式表现出来的一种深层语义信息内容，这种内容所揭示的是固定在语言系统成分之间相互关系中的各种典型意义，不以词汇意义为转移。试比较：

Иванов приехал.（伊万诺夫来了）

Идет урок.（正在上课）

Пойдет дождь.（要下雨）

以什维多娃为代表的俄罗斯科学院语言学派认为，句子的形式结构应看作是述谓核心单位的形式结构。按照她的理论构想，在句法体系中，最小结构模式体系只能展示那些不要求指出词汇填充规则和限制的最简单形式结构，传递该结构最概括、最抽象的模式化意义。从句法形式和结构语义上讲，所有形式结构模式的一个共同的结构意义就是句子的述谓性，即通过进入句子述谓核心的成分表现出来的句子的时、式、态之间的关系。此外，每一个结构模式都有自己的形式意义和结构意义，例如，人称句、不定人称句、无人称句、泛指人称句都具有自己不同的形式和结构模式。

事实上，句子结构模式理论概念与传统的"句子主要成分"学说是相辅相成的。在传统句法理论中，通常把句子成分划分为主要成分和次要成分。在双成分句中，主要成分包括主语和谓语；在单成分句中多指谓语部分；次要成分包括传统语法中的"补、定、状"成分。"70年语法"和"80年语法"正是从这一立场出发对句法部分进行了全新的描述和解释，其中的句子最小结构模式的构建也是根据这一学说确定的，并最终构建了"句子最小结构模式表"体系。

第 3 节 句子最小结构模式的类型

一、标记类型与代码

句子的最小结构模式是由抽象逻辑符号表示的句子基本结构，当填充适合恰当的词汇时，最小结构模式必须能够确保句子表达出完整意义，使句子在现实性/非现实性和时间范畴的层面上与现实的交际情景相对应，完成句子的交际任务。根据这一宗旨要求，有三类成分必须进入句子最小结构模式：

1. 现代俄语中句子述谓性的三类标记成分
1) 动词变位形式；
2) 系词变位形式；
3) 动词和系词不定式。

2. 各类主体成分
当在匹配关系层面发生变体时，最小结构模式还应包括能决定述谓性标记特征的成分：
1) 名词、人称代词一格形式的主语成分；
2) 作主语的数词词组；
3) 动词不定式；
4) 作为主体的间接格形式。

3. 各类必须的补足成分
1) 与系词一起构成统一句法单位（合成谓语）的成分，包括与系词搭配使用的某些副词、名词或形容词的 1、5 格形式；
2) 受某些动词支配的名词间接格形式。

4. 逻辑符号代码

按照现代语言学形式研究的需要和惯例，在进行结构模式描写时，通常采用的通用形式逻辑符号代码是：

N_1 —— 名词一格，主语或主体；

V_f —— 动词变位形式（人称形式）；

V_{fs3} —— 动词单数第三人称形式；

V_{fpl3} —— 动词复数第三人称形式；

Inf —— 动词不定式；

Adj —— 形容词；

Adj_{fsn} —— 形容词单数短尾形式；

Adj_{fpl} —— 形容词复数短尾形式；

Cop —— 系词；

Cop_{s3} —— 系词单数第三人称形式；

Cop_{pl} —— 系词复数形式；

Pron —— 代词；

Adv —— 副词；

Advo —— 以 O 结尾的副词；

Praed —— 述谓词；

Part —— 形动词；

Interj —— 感叹词；

Neg —— 否定词；

Quant —— 数量词；

$N_{2…n}$ —— 带或不带前置词的名词间接格（二格……六格）；

N_{loc} —— 具有处所意义的名词间接格形式；

Adv_{loc} —— 处所意义副词；

pr —— 前置词。

根据上述要求和最小结构模式组成部分的词汇类型，本书参照"80年语法"和其他《现代俄语》教程的划分原则，将俄语句子的最小结构模式分为两大类：双成分结构和单成分结构。

二、双成分句结构模式

双成分句结构中又可分为称名性双成分结构和概念性双成分结构。

1. 称名性双成分结构多指对外部世界中的现象、状态、过程、关系、事件的指称。在句法结构上通常表现为有主谓成分的结构，且主语为名词或相当于名词的成分，主要模式有以下几种：

N_1V_f —— 名词一格 + 动词变位形式

    Грачи прилетели.

    Все дела делаются людьми.

$N_1 \; Cop_f \; Adj_{f/1/5}$ ——名词一格 + 系词 + 形容词各种形式（长尾、短尾；一格／五格）

    Ночь была тиха（тихая, тихой）.

    Через час был объявлен привал.

    Машины готовы к испытаниям.

    Он ранен.

$N_1 \; Cop_f \; N_{1/5}$ —— 名词(代词) + 系词变位形式 + 名词(一格／五格)

    Он был студент（студентом）.

    Орёл — хищник.

    Это наше общежитие.

$N_1 \; Cop_f \; N_{2\cdots pr} \, / \, Adv_{pr}$ —— 名词／代词 + 系词变位形式 +（带／不带前置词）名词间接格或特殊谓语副词

    Этот дом будет без лифта.

    Мы были в отчаянии.

    Чай — с сахаром.

    Приход Ивана Ивановича был кстати.

    Все были начеку.

    У него глаза навыкате.

2. 概念性双成分结构指人们感知世界、认识世界、判断事物的概念化过程和结果，通常是人的心智活动的产物。这类句子常用动词不定式做主语，谓语用单数第三人称，表示惯常性行为，常见的结构模式有：

Inf V$_f$ —— 动词不定式 + 动词变位形式

Купаться в пруде запрещается.

Курить воспрещалось.

Быть вместе разрешалось.

Inf Cop$_f$ Adj$_{f/1/5}$ —— 动词不定式 + 系词变位形式 + 形容词（一格 / 五格）

Промолчать было разумно (разумнее, самое разумное, самым разумным).

Уговаривать его было излишне (излишнее, излишним).

Признать свою ошибку было правильное.

Inf Cop$_f$ N$_{1/5}$ —— 动词不定式 + 系词变位形式 + 名词（一格 / 五格）

Дозвониться — проблема (было проблемой).

Главной его целью было (главная его цель была) увидеть всё своими глазами.

Строить — это радость.

Любить иных — тяжёлый крест.

Inf Cop$_f$ N$_{2\cdots pr}$ / Adv$_{pr}$ —— 动词不定式 + 系词变位形式 + （带 / 不带前置词）名词间接格或特殊谓语副词

Промолчать было не в его правилах.

Купить машину нам не по средствам.

Быть великодушным было ему не по силам.

Молчать некстати.

Идти дальше было невмоготу.

Inf Cop$_f$ Inf —— 动词不定式 + 系词变位形式 + 动词不定式

> Отказаться было обидеть.
>
> Быть студентом — это постоянно учиться мыслить.
>
> Быть актёром — прежде всего быть талантливым человеком.

三、单成分结构模式

单成分结构可以分为动词型单成分结构、系词型单成分结构和动词不定式结构：

1. 动词型单成分结构指在该结构中充当述谓核心的是动词，通常表示外部动态环境、自然现象、心理状态和变化等，对应的主要句式包括全部的单成分句。常用的结构模式有：

$V_{s3/n}$ —— 动词单数第三人称形式

> Не следует отмалчиваться.
>
> Быть космонавтом хочется каждому мальчишке.
>
> Смеркается.
>
> Ему нездоровится.
>
> Скрипело, свистало и выло в лесу.
>
> Дохнуло свежестью.
>
> Крышу охватило пламенем.
>
> Пароход покачивало.
>
> У него накипело на сердце.
>
> Не мешало б нам встречаться чаще.
>
> Об этом уже писалось.

$V_{s2/n}$ —— 动词单数第二人称形式

> Слезами горю не поможешь.
>
> Идешь по улицам и не узнаешь родных

мест.

Скажешь — не воротишь.

V_{pl1} —— 动词复数第一人称形式

Что имеем — не храним, потеряем — плачем.

Собираем в августе урожай плодов.

V_{pl3} —— 动词复数第三人称形式

За столом зашумели.

Его обидели.

Здесь о молодых специалистах заботятся, им доверяют.

Во время еды не разговаривают.

2. 系词型单成分结构指该结构的述谓核心是由系词加其他成分构成的，通常表示非动态的环境、外部状态及内心状态，主要的结构模式有：

$Cop_{s3/n}$ Adj_{fsn} —— 系词单数第三人称形式 + 形容词短尾形式

Было темно.

Морозно.

Ночью будет холодно.

Душно без счастья и воли.

$Cop_{s3/n}$ $N_{2…pr}$ / Adv_{pr} —— 系词单数第三人称形式 +（带/不带前置词）名词间接格或特殊谓语副词

Было уже за полночь.

Завтра будет без осадков.

Нужно уехать.

Нам не до сна.

Ей было невдомёк.

Пусть будет по-твоему.

Ему не к спеху.

$Cop_{pl3}\ Adj_{fpl}$ —— 系词复数形式 + 形容词复数短尾形式

  Ему были рады.

  Им довольны.

  Отказом были обижены.

$Cop_{pl3}\ N_{2\cdots pr}/\ Adv_{pr}$ —— 系词复数形式 +（带 / 不带前置词）名词间接格或特殊谓语副词

  Дома были в слезах.

  От него были в восторге.

  С ним были запросто.

$Cop_f\ N_1$ —— 系词变位形式 + 名词一格形式

  Шёпот.

  Тишина.

  Робкое дыханье.

  Трели соловья.

  Была зима.

$Cop_{s3/n}\ Adv_{quant}\ N_2$ —— 系词单数第三人称形式 + 数量副词 + 名词二格

  Мало времени.

  Много народу.

3. 单成分动词不定式结构是一种特殊的句法单位。从现代句法理论研究的角度看，特别是从句法结构语义分析看，这类句法单位是具有意义逻辑主体的，但单纯从句法单位的形式结构来研究，仍应将其划归为单成分结构中。在"句子的意义结构"章节中将对此类型的句法单位从语义的角度进行详细描述。

Inf —— 不定式结构（带主体三格、各种支配格）

  Сломать ему свои рога.

  Не нагнать тебе бешеной тройки.

  Только детские книги читать.

  Только детские думы лелеять.

Быть рекам чистыми.

Быть мальчишке поэтом.

Быть по-вашему.

Всем быть в спортивной форме.

句子的最小结构模式是句法关系高度抽象的结果。本研究只列举了最抽象、最具概括性的句子模式。在语言的研究和实践中，还可以对每一个模式进行细化研究，对每一个模式的变体形式及其常规性实现和非常规性实现进行开放性研究。譬如，N_1V_f 模式是可以实现结构变体最大的模式之一，它可以实现常规性转换：陈述句模式、疑问句模式、否定句模式；而陈述句模式本身还可以生成若干变体形式：时间变体、情态变体等：

N_1V_f 模式的三种句法时间：

Мастер работает.

Мастер работал.

Мастер будет работать.

N_1V_f 模式的五种非现实句法形式：

Работал бы мастер.（假定）

Если бы мастер работал.（条件）

Только бы мастер работал!

Вот бы мастер работал!

Работал бы ты лучше!（愿望）

Мастер работай, а вы будете сидеть сложа руки?!（应该）

Пусть мастер работает!（祈使）

单成分模式因句式的不同、动词体的不同和结构语义限制，可实现的模式变体各有不同，以动词称名句为例：

$V_{s3/n}$ 模式的三种句法时间：

——

Стемнело.

Стемнеет.

$V_{s3/ns}$ 模式的五种非现实句法形式：

Стемнело бы.

Если бы стемнело.

Только бы стемнело! Хоть бы стемнело!

——

Пусть стемнеет!

本章小结

综上所述，句子最小结构模式具有极大的抽象性、很宽泛的适应性和很强的生成性：一种结构模式可用于很多类型的句子。

句子的最小结构模式的研究和确定，是句法学研究走向模式化的第一步，是对无穷尽的言语产品做进一步抽象化概括的基础。其意义和理论价值在于找出俄语句子共有的结构模式，确定它们的句法关系，句法表达手段以及句子中词汇语义的限制及差别。在现代俄语语法研究中，确定并建立句法结构模式及其成分之间的结构关系，只是系统句法学描写的一部分，其第二部分是对这些结构模式进行常规性实现、模式转换、全部类型的扩展，以及成分间结构关系问题的研究。

第四章　俄语句子的称名结构

在现代句法学研究中，将句子成分区分为述谓单位和称名单位的思想对划分句子成分具有十分重要的意义。句子的具体意义内容是人对外部环境中的物体、现象、事件等进行认识的产物，包括对自己以及对自身认知的思维产物。句子信息含量的相对完整是句子主要而且是必要的特性，因此，句子是称名单位这一思想是句子结构语义研究的理论基础之一。

第1节　句子的最小称名模式

对句子结构进行高度抽象和概括，找出一类句子共有的最小结构模式，并依据这些结构模式生成无限的句子，是20世纪语言学形式化研究的巨大成就之一。然而，从句子的形式结构，特别是从句子最小结构模式的理论出发，并非在任何情况下都可以得到意义完整的句子。最小结构模式的局限性表现在：

1) 最小结构模式只抽象出了能构成述谓单位（传统语法中的主要成分，又称述谓核心）的句子成分，而完全忽略了那些没有进入述谓单位的成分；

2) 只注重句子结构关系中的纯句法关系，完全排除了对词汇语义限制及搭配能力的考量；

3) 只包括那些不受展词性联系手段制约的成分，没有包括所有的展词性扩展成分，譬如，那些在句子中按"词+词的形式"构成句法关系的成分、由前置词+名词构成的前置词短语以及述谓动词要求的那些必须的扩展成分、及物动词要求的必须的补语成分等，都没有纳入该模式。

　　句法学家发现了这样一个事实：在现实的语言交际中，并不是对最小结构模式填充任意词汇，都能满足对事件进行描述的需求，都能构成作为称名单位和交际单位的现实句子，完成交际任务。也就是说，并不是所有的最小结构模式都能转换成称名单位。例如，根据最小结构模式 N_1V_f，填充适当的词汇：Грачи прилетели. 可以构成形式结构独立、意义结构完整的交际单位——句子。但是，如果填充另一些词汇，如：Они очутились 的话，虽然在形式结构上符合 N_1V_f 最小结构模式，但意义上并不完整。这是由于所填充词汇本身语义限制导致的。在这种情况下，必须补足句子中述谓动词语义配价的缺位，即根据谓语动词的词汇语义要求，添加表示方位的成分（здесь 等），才能使句子成为意义完整的称名单位：

　　Они очутились здесь.

　　句子最小结构模式甚至不包括那些在句法语义关系中是必须的、可预设的展词性扩展成分，例如，句子 Парк находится в центре города 可抽象形式化为 N_1V_f 结构模式（名词一格 + 动词相应的变位形式），即只有主语 парк 和谓语 находится，然而，没有表示处所的状语成分 в центре города，不可能构成意义完整的句子。这就意味着，句子最小结构模式对词汇语义有很大的选择性，它要求在无具体上下文语境条件下，只有那些能完整表达某一特定意义的词汇才能来充当句子最小结构模式的成分。

　　鉴于最小结构模式的局限性，句法学家提出了在句子的最小结构模式的基础上构建句子的扩展结构模式，并相应地提出了句子称名模式的理论。

一、关于最小称名模式

　　现代句法学把意义完整的句子看作是对外部事物的特

征、过程、状态等的综合称名，从这一意义讲，句子是一个称名单位。因此，在句法学研究中，应该给称名单位构建结构模式，以保证句子意义的完整性。这种结构模式被称作句子的最小称名模式。

别洛莎普科娃认为，在对句子结构模式的界定和理解上，不仅要注意作为述谓单位的句子形式结构，而且更要关注作为称名单位的句子意义结构，也就是说，应该同时考虑句子的纯语法形式的充足性和意义结构的完整性（Белошапкова 1989：648）。因此，在描写按单个结构模式划分的语义结构时，既要考虑句子逻辑类型本身因素的影响，也要考虑词汇语义因素的限制。必须根据综合特征——纯语法特征和词汇语义特征加以区别，根据具体词汇的语义需求，在句子最小结构模式的基础上，添加保证句子语义完整所必须的成分，构成句子的扩展结构模式。按照扩展结构模式生成的句子应具有语义的完整性，即除了结构意义外，同时还应具有完整的称名功能——表示事件、情景或概念的命题意义。通过对大量的句子的称名基础进行概括和抽象所得到的、足以满足句子意义完整性的、最少成分的共性结构就是句子的**最小称名模式**。

句子的最小称名模式是对最小结构模式的完善和发展。从句子的交际层面出发，以句子的语义完整性为目的，在句子最小结构模式的基础上，根据句子的语义完整性需求，通过添加必须的扩展成分，形成意义完整的句子扩展结构模式，即是满足称名功能的最小称名模式。所谓最小称名模式可以看作是进入交际活动的最小称名单位的结构模式，就是在没有具体交际环境的条件下，由能保证句子语义信息自足的成分构成的句子模式。

与句子最小结构模式相比，句子的最小称名结构模式是保证句子意义更完整的一种抽象模式。在有些情况下，最小结构模式和最小称名模式（扩展模式）是吻合的，如：Грачи прилетели.

在有些情况下，他们之间是不相吻合的，譬如：

Московский университет находится на ленинских горах. 在这个句子中，如果没有表示方位的扩展成分，动词 находится 本身的语义不能表示"什么位于某地"这样的完整意义。再如：

Эти стихи написал Маяковский.

Он был веселым студентом.

在这些句子中只有添加补足成分，才能构成不依赖具体语境而独立存在且语义自足的最小交际单位。在正常情况下，句子的最小称名模式等于或大于最小结构模式，其结构模式类型是在最小结构模式基础上构建的。

二、最小称名模式的结构类型

按照现代句法学理论，现实句子的生成就是根据交际意图的需要，用适当的词汇对相应的句子结构模式进行填充。然而，在现实的言语活动中，人们需要表达各种不同的思想，传递不同的信息，因此，只按最小结构模式填充相应的词汇是远远不能满足需要的。即便是同一结构模式，填充不同的成分，会构成语义含量不同、交际目的各异的句子。例如：

Он читает.（表示一种能力、习惯、爱好等）

Он читает книгу.（表示讲话时刻的行为或状态）

Он читает книгу по вечерам.（表示经常性的行为）

上述三个句子都是对 N_1V_f 模式的填充和扩展。显然，三个句子中的句子构成是不同的：第一个句子中严格满足了最小结构模式的必须条件；第二个句子扩展了客体部分，满足了最小称名模式的必须条件；第三个句子中除了客体成分外，还扩展了状语成分，以满足交际活动中信息交流的需求。

应该说，在俄语的句子结构模式中，在用不同的词汇填充其不同的位置时，大部分的抽象结构模式可以自由地完成语义实现。因此，并不是所有的模式都需要扩展，才能构成意义完整的交际单位。需要进行扩展的主要有以下几种结构模式：

1. N_1V_f 模式的扩展

N_1V_f 这一模式是俄语中使用最广泛、变体形式最多的模式之一。它对词汇语义类型有一定的要求：其述谓成分只能由某一类词的形式来填充时，才能完成语义的实现，构成意义完整的句子；而当用另一些词汇填充时，则要求必须有扩展成分，否则无法构成意义完整的句子。确切地说，在实现这一模式时，它的述谓动词 V_f 只有用不要求有扩展成分的动词时，才能满足句子语义完整的要求，例如：

Он работает.

Мальчик спит.

Дети играют.

当述谓动词 V_f 属于下列情况时，需要对最小结构模式进行扩展：

1）当 V_f 是由及物动词来填充时，要求扩展不带前置词的客体四格成分，构成

扩展模式：$N_1V_f+N_4$

Он потерял ключ.

Они выполнили домашние задания.

Я помню чудное мгновенье.

2）当 V_f 是由某些带 -ся 动词或其他不及物动词来填充时，要求扩展表示客体意义的其他间接格形式或带前置词的间接格形式，构成扩展模式：$N_1V_f+N..._{npr}$

Он лишился работы.

Она заботится о младших братьях.

Он руководил лабораторией.

3）当 V_f 是由运动动词（定向运动动词）来填充时，通常

要求扩展表示运动方向的带前置词四格，构成扩展模式：$N_1V_f+N_{4pr}$

Он уехал в деревню.

Она пошла в магазин.

4） 当 V_f 是表示存在或状态的动词时，要求有表示处所意义的扩展成分，通常由副词或带前置词的名词间接格形式充当，构成扩展模式：$N_1V_f+Adv_{loc}$ / $N...n_{loc}$

Они чутились здесь.

Памятник находится в центральном парке.

Газета лежит на столе.

2. 其他最小结构模式的扩展

有些结构模式的扩展是构成现实语句的必须条件，没有扩展成分便无法表示语义上的完整性。这样的情况有以下几种：

1）在模式 Vpl_3 **中**，在没有具体语境的条件下，实现这些模式的必须条件是，添加表示处所意义和表示客体意义的结构补足成分，以保证句子的语义完整性。因此，V_{pl3} 模式扩展为称名结构模式：$V_{pl3}+N_2...n_{loc}$

У соседа поют.

В редакции были озабочены.

2）在模式 $Cop\ pl_3\ Adj_{fpl}$ 中，在没有具体上下文的语境条件下，必须添加表示间接主体或处所意义的结构补足成分，才能生成语义自足的句子。构成扩展的称名结构模式：$Cop_{pl3}\ Adj,\ Vf_{pl}+N_2...n_{loc}$

С ним были любезны.

К вам пришли.

根据现代俄语句法理论，由一定的句法关系构成有限的结构模式，用适当的词汇材料对句法结构模式进行填充就可以得到现实的句子。进入句子结构模式的成分由结构模式表判定，有时需要根据形态和意义来综合判定。如果讲话人拟表达的意义内容超出了结构模式的范围，则可以通过填充非基本结构材料构成现实句子。

第 2 节　句子最小称名模式中的扩展成分

在简单句的最小结构模式分析中已经确认，句子的主要成分构成了句子的述谓核心，经过形式化处理，便得到了句子最小结构模式。而构成句子最小称名结构的扩展成分不能进入句子的最小结构模式，即不进入句子的述谓核心。然而，这些扩展成分在句子的构建中起着很重要的作用，是句子称名结构中必不可少的成分，在称名模式的构建中发挥重要的作用，在不同的逻辑结构句型中完成不同的句法功能。

句子语义结构分析表明，在不同逻辑语义结构类型的句子称名结构中，扩展成分的作用各有不同，有的可以参与逻辑结构模式的构建，有的可以参与称名模式的构建，有的只具有扩展成分的功能和作用。

一、参与句子逻辑语义结构模式构建的扩展成分

句子逻辑语义结构是对句子意义层面深度抽象的结果，有些扩展成分对于句子表层形式结构的模式来说，可能是不重要的成分，但对某种逻辑语义结构类型的构建却是必不可少的，从这个意义上来讲，它们本身在句子的称名结构中起着主要成分所起的作用。属于这种情况的有：

1. 扩展主体意义的成分

在俄语中，表示行为主体的主要形式是主语，它与谓语一起构成 N_1V_f 结构模式，并由此模式扩展出许多变体形式。但是，在俄语的实际使用中，有时讲话人的注意力并不放在行为的发出者（动词句中的主体）或状态的承受者（系词句中的间接主体）身上，话语意义的核心在于行为或状态存在

的事实本身。这类句子多属于单成分句,没有形式上的主语,其最小结构模式为 V_{fs3}/n 和 $Cop_{s3}/n\ Adj_{fsn}$ 等。对于该模式来说,在没有具体语言环境的情况下,需要添加扩展成分,表示逻辑主体,才能构成意义完整的称名单位。在句子的称名结构模式中,这些主体扩展成分是必须的,它们是述谓成分所描述状态的载体或所述行为的承受者,通常主体使用名词或代词间接格形式来表示。例如:

Ему везет.

Ему нездоровится.

У него накипело на сердце.

Мне страшно.

这种扩展成分是保证句子语义完整必须的成分,表示某种状态的承受者,即间接主体。

2. 扩展方位意义的成分

在传统语言学中,方位词被视为是具有泛指空间意义(地点、所属等状语意义)的限定成分。在句子的形式结构层面上,方位词及其语义等同成分不是句子的主要成分,不进入句子的述谓核心。而对于最小结构模式为 $Cop_f N_1$ 形式来说,要构成存在句这一逻辑语义结构类型,其方位词是不可缺少的成分,它位于句首,表示处所或状态承受者意义,没有这一成分,存在句便不能实现句子本身特定"什么地方有什么"的存在意义。例如:

В нашем саду есть яблони.

У них есть двое детей.

У него удача.

С ним обморок.

从句子逻辑结构类型来看,这种扩展成分属左题元成分,构成的句子属于存在句及其变体形式。对存在句而言,左题元是必须的结构成分,从句子的表层形式结构看,这些句子有主语成分,但主语不等于主体。

3. 扩展客体意义的成分

在俄语中，按照逻辑语义结构分类，客体意义是一个宽泛的概念，通常指述谓核心右侧的成分。本书此处描述的客体意义成分，特指扩展为句子逻辑语义结构的必须成分，主要包括补语和状语。

补语可分为直接补语和间接补语。直接补语是及物动词要求的扩展成分，而间接补语是及物或非及物动词要求的带或不带前置词的其他间接格形式。两种形式的补语都是构成说明句的典型扩展成分。

Егор снял полушубок, шапку, пригладил заскорузлыми ладонями седеющие потные волосы, сел к столу.（Шукшин）

Он обошел кровать и сел на пол, поджав ноги.（Пастернак）

Женщина вскочила и стала всматриваться в даль с видом беспокойства.（Лермонтов）

不定人称句的表层语法特征是没有主语形式，从句子语义上讲，讲话人对行为主体或者不知道，或者不想指明谁是行为的发出者。这种句子的最小结构模式为 V_{pl3}。按照这一模式构建句子时，补语或状语是必须的扩展成分，在没有上下文的语境中，这类扩展成分通常会位于述谓成分之前，但表现出不同的语义特征，属于不同的逻辑结构类型，试比较：

За столом зашумели.（说明句）

Его зовут Алешей.（命名句）

从表层看它们都是不定人称句，典型语法形式是动词复数第三人称形式。但在逻辑结构类型上，它们分属于不同的逻辑句型：前者是说明句，后者是命名句。对说明句而言，标线部分是展句性扩展成分，又称作疏状状语。这种扩展成分既不是语义预设的，也不是必须的，但对于不定人称句而言，这个扩展成分是必须的；而对于命名句而言，标线部分的成分具有客体意义，是句子行为的直接客体，是句中所述内容的始发点，因此，这一扩展成分是构成命名句必须的成分。

4. 扩展限定意义的成分

在传统的语法学研究中，限定成分通常被定义为次要成分，起修饰和说明作用。

但在句子的称名模式研究中，运用逻辑语义结构句型相关的所指关系概念，使得这类扩展成分的功能得到了进一步的描述，从而揭示出了在形式结构层面显示不出来的一些特性。譬如，在等同句中，指示性限定扩展成分，在与某些具有具体所指意义的名词连用时，它们起同指验证作用，这样的限定成分是必须的：

Этот юноша — спортсмен.

Этот высокий стройный юноша в модном костюме — спортсмен.

这两个句子的交际语用信息含量不同，但只有指示词 Этот 在结构模式上是必须的。因为在这种情况下，扩展成分参与了句子称名模式的构建，是一个必不可少的成分。没有这样的限定性成分，称名结构的逻辑语义不成立。需要特别指出的是，在这种句式中，限定性成分的位置和词序十分重要。通常是表示具体的指称意义的词在句首，做主语；具有概括性范畴意义的词在后，做谓语，不能互换。试比较：

Мой отец — писатель.

*Писатель — мой отец.

但可以通过添加限定成分使概括性范畴意义的词具体化，譬如：

Этот писатель — мой отец.

上述几种扩展成分在构成不同逻辑结构句式中起着重要的作用，是必不可少的扩展成分。

二、参与句子称名模式构建的扩展成分

句子称名模式是最小的交际单位,是保证句子意义完整的最小模式。有些扩展成分不仅对句子的逻辑结构类型的构建会产生影响,而且在句子称名模式中也是必不可少的成分,而有些成分不参与逻辑语义结构类型的建构,但却参与句子最小称名单位的构建。这类扩展成分大多用于逻辑结构句型中的说明句,主要是受动词支配的成分。属于这类扩展成分的主要有:

1. 扩展直接客体意义的成分

1）及物动词构成的最小称名模式:$N_1V_f+N_4$

由于及物动词语义的要求或具体交际语境的限制,句子称名模式中必须要有这类扩展成分的添加,否则无法构成语义自足完整的称名单位。在句子形式结构层面上,这类扩展成分是句子的基本结构成分,也叫做句子的构建要素成分。这类扩展成分主要由不带前置词的名词四格形式表示,在句中做补语:

Он читает роман Толстого.

Андрей слушает радио.

Они выполняют домашние задания.

需要指出的是,在实际的言语活动中,当使用某些表示人的行为能力的动词时,表示客体意义的扩展成分有时候会出现省略,从形式结构上看这样的句式符合 N_1V_f 模式,但句子的语义功能发生变化。试比较:

Он читает книгу. — Он читает.

在客体四格省略的情况下,N_1V_f 结构或者表示行为主体的一种技能,省略了概括性或不确定性客体:

Ребёнок уже читает（= умеет читать, может читать）(小孩子已经具有阅读能力);

或者表示一种当前状况,省略了可以避而不谈且不影响

理解的客体：

После обеда Иван Иванович читает（只是强调行为主体的当前行为状态，或者指一种惯常性行为习惯，至于阅读的内容对讲话人来说并不重要）。

2）无人称动词或无人称用法构成的称名模式 $V_{f3/n}$ +N_4 / N_5：

Крышу сорвало ветром.

该例句是在 V_{f3}/n 模式中添加扩展成分构成，扩展成分表示非主动发生行为的客体，该成分是构成这类无人称句的必须成分，而非主动行为主体由五格形式表示，在有些语境下可以省去，试比较：

Крышу сорвало ветром.

Крышу сорвало.

2. 扩展间接客体意义的成分

在俄语中，有相当数量的动词要求用名词的其他间接格来表示客体意义，这样的扩展成分也是构成句子最小称名结构所必须的，例如：

Иван Иванович внимательно работает над книгой.

Студенты занимаются спортом.

Дети боятся темноты.

Помоги соседу.

Народ верил в победу.

Здесь нам не помешают.

Мать тосковала по сыновьям.

当 V_f 要求其他间接格形式做句子的补语时，扩展成分是必须的，不能省略，也就是说，必须有扩展成分才能满足这种结构模式的称名功能。试比较：

Он лишился работы. — *Он лишился.

Она заботится о младших братьях. — *Она заботится.

Он руководил лабораторией. — *Он руководил.

3. 扩展状语意义的成分

在俄语传统语法中,状语是句子的次要成分,通常不进入句子的述谓核心。然而,从动词语义配价和句子称名功能的角度看,有一些状语成分是句子称名模式构建中必不可少的扩展成分。这种扩展成分可以用副词,也可以用前置词-名词词组来表示。通常可以表示:

1)地点处所意义:

Штаб расположился здесь.

Дети поместились у бабушки.

Нас поместили во флигель.

2)目的方向性状语意义:

Студенты поехали в Мурманск на экспедицию.

Он пошел в магазин.

3)时间长度意义:

Он проспал около часа.

4)情态评价意义:

Все чувствовали себя хорошо.

Вели себя скромно.

Он поступил благородно.

这些句子是根据最小结构模式 N_1V_f 构建的,转换为 $N_1V_f N_{2\cdots pr}$ / Adv_{pr} 模式。这些展词性扩展成分的主要功能是状语,是对动词词汇语义自足所要求的配价做出补足说明,是句子称名结构必须的、有预设的成分。

句法语义研究表明,上述这些状语成分是构成句子最小称名结构的必需成分,是构成意义自足的完整语句所必需的要素。

第3节 句子最小称名模式的意义

句子称名结构模式的构建规则是,在最小结构模式的基础上添加必须结构成分,而称名意义的组织规则是,在称名模式的基础上揭示各成分之间的深层语义关系。任何一个具有具体称名意义的句子都是建立在形式结构模式基础上的。句子的最小结构模式揭示了,句子是如何表现句法结构关系,即语法结构意义的;而句子的称名结构模式表示的是,词汇语义规则与句法关系规则在句子中是如何相互作用,以保证生成意义完整的句子的。

一、句子最小称名模式的称名意义

任何语言单位都有称名要素。句子的称名要素就是,在最大限度上独立于具体交际条件而能保证句子信息完整自足的那些成分。由具有同一类句子称名要素构成的句子模式叫做该类句子的称名模式。在没有上下文的情况下,最小称名模式中的每一个成分都是满足句子称名意义必不可少的。譬如,及物动词不能按最小结构模式 N_1V_f 构成意义完整的句子,而只能按其扩展模式构成的最小称名模式 $N_1V_fN_4$ 来生成句子。例如,由动词 разорвать 构成的句子:

Он разорвал рубашку.

这个句子符合最小称名模式的建构条件,它包括:行为主体(主语 — Кто)+ 行为述体(谓语 — разорвал)+ 客体(补语 — Что разорвал)。如果从这一句子结构中去掉任何一个成分,那么在没有上下文的语境下,所得到的句子既不能表达完整的思想,也不能表达对某一事件的称名:既不能在不指明"撕破"的具体物体的情况下只说:"他撕破了"(*Он разорвал);也不能在不指明具体行为主体的情况下只说"撕破了衬衣"(*разорвал рубашку)。这时候主语和补语之间的差别已不再是主要成分和次要成分的差别了。

在这种情形下,句子的最小称名结构模式被理解为语义独立的、能完成事态称名功能所必须的结构。也就是说,最小称名模式是表达某种事件和情景命题的最小结构。根据这样的观点，传统的"句子主要成分"已不能完全满足句子的最小称名模式的需求，因为根据句子词汇语义的需要，最小称名模式完全有可能把传统句法中的次要成分（补语、状语、定语）纳入自己的模式中，统称为句子必须的结构成分。在具体的交际环境和上下文中，句子称名模式中的任何一个成分都可以单独使用，成为交际的中心内容：

— Не знаю, кто именно разорвал эту рубашку? — Он.

— Не помню, он разорвал рубашку или нет? — Разорвал.

— Не помню, что в тот день он разорвал? — Рубашку.

在具体的交际话轮中，这些单个的成分可以视作省略句，构成语义连贯的话轮，然而其中的任何成分都不能构成单个句子的称名基础。因此，根据最小称名模式这一定义的限制，在确定最小称名模式时，必须避免一切交际环境因素。

二、句子最小称名模式的逻辑意义

句子是对其所述事物状况（事件）的一种称名。这种称名与现实情景的对应关系就构成了句子的逻辑语义结构。这种逻辑结构关系不仅受词汇语义的限制，而且受现实交际情景中诸多因素的制约，同时，还要受结构模式语法意义和词汇意义的限制。例如，由最小结构模式 N_1V_f 扩展成的最小称名模式可以概括为：$N_1V_fN_4$，其逻辑结构语义模式限定为：主体＋主体的行为＋行为客体。由于充当主体的词汇的所指关系特征不同，以及述谓动词本身语义配价的要求不同，根据这一称名模式构建出的句子具有不同逻辑结构意义：

主体＋主体的有意识行为＋行为客体：

Он читает книгу.

Иван Иванович приехал в Москву.

主体＋主体的无意识行为＋行为客体：

Он потерял ключ.

在表示无意识行为的逻辑语义句式中，又可以区分有意识主体的无意识行为和无意识主体的无意识行为。例如，句子 Он потерял ключ 中的行为主体，是有行为能力和主动意识能力的主体，但述谓动词的"消极行为"语义表明，该行为是主体的无意识所为。这种句子表示的是有意识的行为主体的无意识行为，类似的句子还有很多：

Он разорвал рубашку.

Она уронила куклу.

Мальчик разбил чашку.

这种无意识行为不仅取决于述谓动词的语义，有时行为主体的词汇语义类别也是很重要的因素。譬如，表示人力不可抗拒的自然力或其他心理、生理现象：

Крышу сорвало ветром.

这是由 $N_1V_f+N_4$ 称名模式转换而来的变体形式：$N_4V_f+N_5$，是一种特殊的无人称句的模式。

句子的称名模式是认识外部现实的一种方法。然而，并非不同的称名模式就一定表示不同的现实内容，表示不同的事态。在语言实践中，同一种实际情景可以由不同的称名模式表示，例如：

Его бил озноб.（说明句）

У него был сильный озноб.（存在句）

显然，这两个句子表示的是同一实际情景。句子的形式结构分析表明，它们是根据不同结构模式（$N_4+N_1V_f$、Cop_f $N_2...pr$）构建的。它们具有不同的称名模式，而不同的称名模式表现了不同的逻辑思维，在这些逻辑思维的基础上抽象出不同的逻辑结构句型。句子"Его бил озноб."的逻辑语义模式是：语法上的形式主语 + 该主语某种主动力量的行为 + 该行为的客体，根据称名模式进一步抽象概括，可以看出，该句逻辑结构句型属于状态说明句。而句子"У него был сильный озноб."的逻辑语义模式是：方位词 + 存在动词 + 存在物体名词，该模式的逻辑结构句型是存在句。由此可以看出，同一实际情景，可以由不同的称名模式来表示，因而构成的逻辑结构句型也不同。

句子的逻辑语义是指，在称名结构模式的基础上，充填合适词汇构成的句子具体意义，这种意义应包括词汇意义和句型句式所传递的语法意义。句子的具体称名意义是无穷尽的，然而，句子称名结构的构成却要遵循一定的、甚至是有限的规则，这些规则就是最小称名模式。譬如，具有完全相同的命题意义的句子可以有不同的形式结构意义，而且，用不同的结构模式来表示的同一个称名意义，可以具有不同的情态意义和表现力色彩，试比较：

Его знобит. —— 他感到发冷（人的状况是一种不受人的意志影响的情景）

У него озноб. —— 他打了一个冷战（人的状况表现为某些显性特征）

在某些特定的交际环境下，句子的称名意义是信息交流的主要内容，形式结构上的差异显得并不重要。在这种情况下，可以利用不同的形式结构模式来表达某些称名意义。譬如，对"Что с ним？"这样的问题，可以回答说："Он болен."也可以说："Он болеет."但是，在有些情况下，形式结构上的差异却是不可忽视的，包括有些可能的扩展成分的添加和取舍。譬如，以上述句子为例：在句子"Он болен."中可以添加限定成分，构成句子：Он безысходно болен.（他没完没了地生病），而在句子"Он болеет."中就不能添加这一限定成分，不能说 *Он безысходно болеет. 这是因为，虽然上述两个句子的称名意义相同，但它们的形式结构模式不同，因而它们的逻辑结构句型也不同，表示的逻辑语义和交际重点亦不同。

本章小结

句子的最小称名模式是在句子最小结构模式的基础上，根据句子的语义完整性需求，通过添加必须的扩展成分，形成意义完整的句子扩展结构模式，即是满足称名功能的最小结构模式。

通过本章研究可以看出，句子最小结构模式的类型、模式填充词汇的语义类别及配价能力等因素，都会对最小称名模式的构建产生影响，对扩展成分提出严格的要求。研究表明，句子最小结构模式的扩展成分可以参与句子形式结构和逻辑语义结构的建构。

句子最小结构模式可以生成意义完整的句子，可以直接参与交际活动。

第五章　俄语句子的结构成分

句子成分学说认为，句子中有一个特殊的层级，位于句子的词汇-语义结构与句法形式结构之间，这个层级就是句子成分。

句子成分不同于类似"名词词组""前置词词组"这样一些简单句法关系术语和概念，它是根据成分在其所参与构建的句子中的位置和功能来确定的。对于句子成分的确定和划分，仅仅知道某一成分的词汇语义和内部结构是不够的，还必须研究完整句子的整体结构及成分之间的关系。

在传统的俄语句子分析中，通常是从表层形式结构入手，按照语法范畴和语法意义，把句子成分划分为主要成分和次要成分，主要成分包括主语和谓语，次要成分包括补语、定语和状语。

在现代句法学研究中，在对句子进行模式化处理时发现，这种传统的句子成分划分方法，不足以真实准确地揭示句子成分在句子中的地位和作用。譬如，传统概念中的某些次要成分，在现代句法理论的结构模式中恰恰是构成意义完整的句子必不可少的成分。因此，本书试图以句子最小结构模式理论为基础，以传统句子成分分类为对比项，用现代句法学理论对俄语简单句成分进行分析，以便通过俄语句子结构体系研究，从不同的侧面揭示句子生成的内在机理和本质。

为了避免与传统概念的混淆，根据现代句法理论和形式化理论，我们将依据句子成分的功能语义特征，研究它们是否可以参与构建最小结构模式和最小称名模式，并根据它们在句子结构中的位置和作用来划分句子的结构成分。沿着这样的思路，句子成分分析可以按下列步骤进行：

第一步，首先判定句子成分是否可以进入句子的最小结构模式，即是否能参与构成句子的述谓性核心单位，将进入其述谓性核心单位的成分视为句子的核心结构成分；

第二步，对句子中那些没有进入句子最小结构模式（述谓性核心单位）的成分，再根据它是否能够进入最小称名结构模式这一特征来进行判断，将能进入该结构模式的成分确定为句子必须的基本结构成分；

最后，分析没有进入最小称名结构模式的成分，将其确定为非基本结构成分，统称为非必须的扩展成分。并根据其在句子中的位置和其扩展特点，将非必须基本结构成分区分为展词性扩展成分和展句性扩展成分。

第1节 句子的述谓性核心结构及其成分

所谓句子的述谓性核心结构是指所有句子都具有的必须结构。句子之所以称为句子，是因为在任何一个句子中都必须有基本框架，通过这个框架可以传递出基本的语法信息：时间、人称、情态和功能。这种结构是每一个句子都必须有的核心，是句子的骨骼架构，没有它们的存在，句子的其他成分便无从依附。语言形式化处理显示，这样的必须结构是句子最小结构模式，是句子的核心层级。在这一层级上，只要充填合适的词汇便可以构成一部分意义完整的句子。与此同时，最小结构模式等同于句子的**最小述谓性核心**（предикативный минимум）。参与构建句子述谓性核心结构的成分被称作句子中**必须的述谓性核心结构成分**，包括述谓核心成分和非述谓核心成分。述谓性核心结构成分通常对应于传统语法概念中的主要成分。在双成分句中主要成分包括主语和谓语；在单成分句中主要成分是指谓语部分。在深层句法语义研究中，述谓性核心单位由两部分构成：句子的述体成分，与述体发生匹配关系（一致关系）的主体成分。

需要注意的是，传统语法学中所指的句子主要成分，这里使用了三组术语，分别是句子的**述谓核心成分和非述谓核心成分**、**述体和主体**、**谓语和主语**，可见，三套术语的所指相同。谓语和主语是传统的形式语法中的句子主要成分，通常用于句子表层形式结构分析；述体和主体是逻辑语义概念，通常用于句子的深层语义结构研究；句子的述谓性核心成分和非述谓性核心成分是现代句法学，特别是"80年语法"中使用的句法学术语，将传统的主要成分称作核心成分，由核心成分构成的结构称作述谓性核心结构，其中的谓语称作述谓核心成分，主语称作非述谓核心成分。本书在分类研究中采用现代句法学的术语，并按这一术语体系对句子成分进行分类，但在不同层面的结构描写中会采用适合于不同层面的术语。

一、述谓核心成分

述谓核心成分又称作述谓中心（предикативный центр）或述谓性的承载体（носитель предикативности），通常指句子的述谓成分，在传统句法学中叫作谓语。

在确立句子述谓核心时应该考虑该成分的语义结构及其表现形式。作为句子的核心结构元素，述谓成分的基本功能是描述和说明主体成分，其深层的核心语义是广义的"特征"概念。在语义学中，"特征"这一概念很宽泛，它既可以表征定性评价：красивая девушка, умный мальчик——由形容词表示物体的性能与质量（好、坏、大、小等）；也可以表征一般鉴别性评定：человек в пальто, девушка с собакой——对物体的任一特征进行描述和说明。无论哪一种情况，都是通过某一特征使一个物体获得具体化的突显，使其与众多的同类区分开来。在句法学中，"特征"这一概念永远与一种句法关系联系在一起，特指语法特征。譬如，在描述студент这一名词时，可以做语义特征的描述：

хороший студент,

也可以给予任何一个角度的区别性描述：

студент третьего курса 等。

这些语义上的特征是通过句法关系表现出来的：从表层结构看，这两个词组都是定语词组，一个是一致定语，一个是非一致定语，体现出的都是主从关系的语法特征，但是，在深层句法关系上，一个是匹配关系，一个是支配关系。此外，对于同一语义特征而言，在同一句法关系——匹配关系中，表达方式的不同体现出的下位句法关系亦不同，譬如：хороший студент 和 Студент хороший，这两个句法单位呈现出的都是匹配关系，但在组合中的词序位置和功能却完全不同，据此可以区分出，前者具有非述谓性特征，后者具有述谓性特征。试比较：

Хороший студент сдает экзамены в срок.（定语词组——匹配关系中的限定关系）

Этот студент хороший.（主-谓结构的句子——匹配关系中的主谓关系）

从例句可以看出，前者，非述谓性特征是指讲话人说出了此前已知特征，构成的是词组。而后者，述谓性特征是讲话人在讲话时刻给予的评价，在组织句子时赋予物体的某一特征，构成的是句子。句子中的述谓性特征在时间上与话语时刻相对应，这种对应性由讲话人在情态层面上做出判断（类似于现实或非现实、肯定或否定）。因此，谓语表示的是主语所示物体的述谓性特征。

在句子中，正是通过述谓成分表现出了句子的句法意义——客观情态和句法时间。述谓成分的这些特殊性能主要集中体现在动词的变化形态中，因此，动词是典型的基本述谓形式。然而，在实际的话语中出现了述谓成分表达方式的各种不同的变体，除在时间和情态层面上的共性句法意义外，还可以区分出行为、状态、性能、质量、属性等词汇语义类别意义，而为了表达这些内容和句法意义，可以使用动词和其他词类中词汇的各种组合形式。

在俄语中，可以充当述谓核心成分的主要有以下几种：

1. 动词性述谓核心成分

动词性述谓核心成分是俄语话语中使用最多的谓语形式，动词本身可以独立表达句子所需要的全部句法意义。在双成分句中，作为与主语相对应的谓语，包含着普遍的特征意义（主要描述行为、状态、关系等），并具有"过程性"等深层结构语义。动词性述谓成分是句子述谓性特征的主要载体和表现形式，同时拥有谓语的词汇意义和句法意义——时、式、人称，把句子命题内容与话语表达的现实语境联系在一起。动词性述谓核心成分可以分为：

1）单动词述谓成分

单动词述谓成分是指由单个动词的变化形式表示的谓语。动词谓语在形式上与主语一致，可以表现任何一种时、式和人称匹配组合的动词形式：

Он читает.

Поэт работает над новой поэмой.

Я вспоминаю детство.

Вопрос решился.

Пальто было сшито по последней моде.

Присмотрите за ним, не балуйте уж слишком-то, да и не взыскивайте очень строго.（Гончаров）

动词做谓语时，本身可以借助于语气词 бы 表示句子的客观情态变化形式——现实式/非现实式，也可以与各种情态语气词搭配，表示句子的主观情态：

Если бы ты помнил наше детство!（非现实句——客观情态）

Спать бы шел и гостю б покой дал.（Полевой）（非现实句——客观情态）

Она как будто любила меня.（Л.Толстой）（现实句——主观情态）

2）复合动词述谓成分

复合动词述谓成分是指由动词人称形式与依附的动词不定式形式组合而成的述谓成分。在这种组合成分中，述谓的词汇意义与语法意义是分别表达的，人称变化形式表达语法意义，不定式形式表达实体意义。可以与不定式组合的通常是有下列几种意义的动词：

（1）阶段意义动词

阶段意义动词是指表示行为开始、继续、结束、停止意义的动词，常用的有 начать, начинать, стать, принимать, продолжать, кончать, прекратить, бросить 等：

Мальчик начал учиться.

Завод прекратил выпускать детали к первой модели «Жигулей».

（2）情态意义动词

情态意义动词是指表示情感、意志、能力、喜好、愿望等意义的动词，常用的有 бояться, готовиться, желать, мечтать, надеяться, мочь, намереваться, разучиться, суметь, ухитряться, уметь, хотеть 等：

Он уже может работать.

Сын хочет изучать английский язык.

Мальчик любит слушать музыку.

由熟语性词组取代情态动词，与不定式动词构成的谓语形式也可以算作复合动词述谓形式，譬如：гореть желанием видеть, иметь право отвечать, иметь намерение отдохнуть, изъявить согласие приехать 等：

Путешественники еще сделали усилие пройти несколько

вперед.(Гоголь)

复合动词述谓成分还包括情态性述谓形容词 + 动词不定式形式，如 рад, горазд, намерен, должен, готов, способен, волен 等：

Кто-то же должен отвечать.

Мне необходимо поговорить с вами, я должен объясниться.(Чехов)

3) 复杂的复合动词述谓成分

这是一种特殊的复合形式，通常会有三个成分，分别是情态动词、阶段意义动词和不定式，第一个动词通常是情态动词，由其人称形式表示，第二和第三个动词均是不定式形式，第二个动词表示阶段意义，第三个表示行为意义。譬如：хочу (хотел) начать заниматься; решил начать лечиться; надеялся бросить курить 等。这种复合述谓中的人称形式也可以由形容词短尾形式替换：готов начать заниматься; согласен остаться работать 等。

Он рад бросить курить, да не может.

关于这类词是否属于复合动词述谓成分，学界是有不同见解的。一部分学者认为，这类形式可以视作复合述谓成分，另一部分学者认为，类似 решил начать учиться, обещала прекратить разыскивать 的组合应切分为两个述谓成分：主要的谓语和次要的不定式谓语。我们认为，应该区别对待这类具有三个成分的复合动词述谓成分，也就是说，应该考虑这些组合成分中动词词汇语义的实义程度。如果复杂的复合动词述谓形式的主要意义是由最后一个不定式表达的，而前两个动词只是辅助性表示情态意义（意图、愿望、可能等）和阶段意义（开始、中断、继续、结束等）的话，那么这种组合不应该切分开，因为最终它们只是表达了一个行为或状态：хочу начать учиться, не мог броситься бежать. 如果在这三个组分中，两个动词不定式分别独立表示实际存在的行为或状态，则应该把前两个动词视为复合述谓形式，而第三个看作次要成分（状语或定语）。试比较：

решил начать лечиться（复杂的复合动词述谓形式）

решил поехать лечиться（复合动词述谓形式+状语）

在第一个组合体中，решил начать 这两个词在语义上都是不完整的，因为只有第三个动词表达的才是过程性行为意义。如果没有第三个动词，前两个动词不可以独立使用。所以可以认为，这个组合体是复杂的复合动词述谓形式，不可拆分。第二个组合体 решил поехать лечиться 中，从词汇语义的角度看 поехать 和 лечиться 都是实义动词，此时，动词 лечиться 表示 решил поехать 这一行为的目的。所以，可以认为，第二个组合体是复合动词述谓成分+目的状语的形式，试比较：решил поехать в деревню; собирался поехать в Москву учиться 这类情况。

2. 名词性合成述谓成分

名词性合成述谓成分是由系-动词人称形式+名词部分构成，传统语法学中将之称作名词性合成谓语。在合成述谓成分中，述谓性特征是分别表达的：语法意义由系动词形式表达，而内容意义由系动词联合的其他词汇类别表达：

Он был веселым.

Он казался весельчаком.

名词性合成述谓成分中的系词和名词都具有广义内涵，分别有不同的类型。

1）名词性合成述谓成分中的系-动词部分

系-动词可以划分为三种类型：

（1）抽象系词（纯系词）

抽象系词主要指系词 быть 的不同人称、时间和态-式的形式。这一系词之所以称作是抽象系词，是因为它只有纯语法意义，没有实体称名内容，譬如：

Все реже был слышен голос незнакомки.（Паустовский）

Он был весельчаком.

Если бы задача была полегче.

Ваши требования будут учтены.

如果述谓成分表示的是现在时意义，则抽象系词 быть 的现在时形式 есть 可以省去，此时的述谓成分或者称作一般名词谓语，或称作零位系词的合成谓语。在这种情况下，合成述谓成分中系词功能可以由指示语气词 это, вот, значит, это значит 等来替代，例如：

Двадцать лет — хорошая вещь.

Необходимое условие хорошего запоминания — это направленное внимание.

Нравиться — это дело юношей.（Тургенев）

（2）半抽象系词（或称作半实义系词）

这类系词具有较弱的词汇意义，主要传递语法意义（时间、式、态），并连接主语和谓语，同时，这样的动词可以给述谓成分添加某一部分词汇意义——称名或指出从一个状态向另一个状态转变的语义等。常用的这类动词有 стать, казаться, оказаться, становиться 等。譬如：

Он стал весельчаком.

Я самый смирный стал теперь человек.（Тургенев）

Ему мир казался прах и суета.（Грибоедов）

（3）实义系词（实义动词）

实义系词是指一部分表示状态、运动意义的动词，如 вернуться, возвратиться, жить, лежать, остаться, прийти, работать, родиться, стоять, сидеть, умереть, уходить 等。这类实义动词完全保留了自己的词汇意义，同时又具有系词的语法功能，但必须与名词合作，一起作谓语时才能视作系词，完成系词的功能。譬如：

Никто не родится героем, солдаты мужают в бою.

（Ошанин）

Деревья стояли желтые.

Мы расстались большими приятелями.（Пушкин）

当这类系动词表示运动、变化等意义时，可以与形容词连用，构成复合述谓成分。此时形容词似乎同时与主语和谓语发生语义上的联系，在一些斯拉夫语中，这种具有双重句法 - 语义联系的形容词被认作是一种特殊的句子成分，而在俄语语法中，传统上把它视作合成谓语。譬如：

Охотники пришли домой радостные.

Он вернулся довольный.

名词性合成述谓可以借助于比较语气词 как, словно, точно, как будто, что 等与主语联系在一起：

Тучи сделались как бы тоньше и прозрачней ...（Горький）

Этот хоровод в душе как белые гребни волн в море.（Горький）

名词性合成述谓核心也可以构成复杂化合成谓语：在合成谓语中添加第三个成分——述谓形容词 должен：

Ты должен быть нашим первым драматургом.（Федин）

Речи должны быть кратки!（Фурманов）

综上所述，正是由于有系动词和名词类词汇的存在，述谓成分才称作合成谓语，其中的语法意义由系动词表示，而实体称名意义由名词类词汇表示。

2）名词性合成述谓中名词类词汇

所有的名词性词类（名词、形容词、代词、数词）都可以充当合成述谓成分的名词部分。

（1）名词

名词作合成述谓成分时，通常主要用一格或五格形式。在现代俄语中，目前两种形式的区别主要在于语义特征和修辞色彩上：

Дочь Марина была высокая смуглянка.（Кожевников）

Читать подряд было для нервного человека истязанием.（Набоков）

名词一格做合成述谓成分表示恒久的、稳定的特征，通常用于现在时不带系词的名词性合成谓语中：

Брат — инженер.

Отец — учитель.

对应于过去时，一格形式被认为是一种古旧用法：

Конечно, мы были приятели.

名词五格做合成述谓成分表示一种发展中的、动态的特征，特别是强调暂时的、非恒久性特征：

Старик Потапов был в прошлом корабельным механиком.（Паустовский）

Уж в роще огонек становится огнем.（Крылов）

近年来，语料库数据分析显示，五格形式正在逐步排挤一格形式，而且，随着五格形式使用范围的扩张，上述语义上的区别正在逐渐消退。在现代俄语中，五格形式也可以不带系词单独使用：

Он в штабе дивизии связистом.（Казакевич）

А у нашего солдата адресатом целый свет.（Твардовский）

在口语体中，常使用不带系词的五格名词性谓语，特别是用同语重复方式来表示加强语气，譬如：

Дело делом, а любовь любовью.（Казакевич）

此时，一格与五格的连用（如：зверь зверем, орел орлом, молодец молодцом 等），使独特的口语形式具有特别强调意义，或评价意义：

На корвете он казался орел орлом, особенно когда стоял на мостике.（Станюкович）

在名词性合成述谓成分中，名词部分还可以由名词的二格形式来充当，但拥有这一功能的词汇有限。这类述谓成分的特点在于，二格形式的名词必须与表示性质特征的形容词连用，常表示定性评价或内心状态：

Руки были пухлые, маленькие, но <u>безукоризненной формы</u>.(Казакевич)

Она повторяла мысли ветеринара и теперь <u>была обо всем такого же мнения</u>, как он.(Чехов)

名词二格做合成述谓成分还可以表示关系或领属意义，此时形容词不是必须的：

— Чья коляска?— <u>Моего господина</u>.(Лермонтов)

带前置词的二格名词也可以充当名词性合成述谓的角色：

А говорят—лилии <u>без запаха</u>.(Федин)

名词其他格很少用于构建合成述谓成分，如果用作述谓成分，通常总是与前置词连用的各格形式：

И у костра был сон <u>не в сон</u>.(Твартовский)——带前置词的四格形式；

Вот вода уже людям <u>по колени</u>.(Казакевич)——带前置词的三格形式；

Варя была <u>с заплаканными глазами</u>.(Чехов)——带前置词的五格形式；

Цель вовсе не <u>в нашем счастье</u>, а в чем-то более <u>разумном и великом</u>.(Чехов)——带前置词的六格形式；

Вот мой Онегин <u>на свободе</u>.(Пушкин)——带前置词的六格形式。

名词性合成述谓中的名词部分还可以是**名词型熟语词组**：

Ну, право, их затеи <u>не у места</u>!(Крылов)

Да он и <u>не без дела</u>.(Крылов)

А ты ему, кажется, не очень <u>по душе</u>.(Горький)

综上所述，合成述谓成分中的名词部分是从属性词汇形式，它与系 - 动词一起构成统一的词汇语义组合体。

（2）形容词

形容词做名词性合成述谓时，可以使用长尾形式、短尾形式和各种"级形式"（比较级、最高级）：

Я ведь здешняя, — добавила она.(Симонов)

Загадочны и потому прекрасны темные чащи лесов.(Паустовский)

Была ты всех ярче, верней и прелестней...(Блок)

形容词长尾形式可以用一格或五格形式：

Изумительный наш народ.(Эренбург)

Был я молодым, горячим, искренним, неглупым.(Чехов)

形容词长尾形式做合成述谓成分时，可以与实义的运动动词（бежать, возвращаться, приехать）和状态动词（явиться, сидеть, лежать）搭配，此时，动词具有真正的述谓意义，因而形容词只具有繁化限定意义的功能：

День вставал румяный, ладный...(Сурков)

Как часто по брегам своим бродил я тихий и туманный.(Пушкин)

Пустые стены больших домов, выходивших на пустырь, были как бронзовые.(Тихонов)

Он был в доме как чужой.(Трифонов)

（3）形动词

形动词可以与系词组成名词性合成述谓结构，此时形动词可以是长尾形式、短尾形式；可以是主动形动词形式也可以是被动形动词形式：

Чай стоял нетронутый.(Достоевский)

Брови ее были сдвинуты.(Тургенев)

Они(воды) были уже словно скованные.(Симонов)

Сейчас он(сад) стоял облетевший, озябший.(Паустовский)

形动词长尾可以用五格形式：

Стаканы с чаем стоят нетронутыми.(Салтыков-Щедрин)

（4）代词

合成述谓的名词部分还可以用各种代词来充当：人称代词、物主代词、疑问代词、指示代词、限定代词、否定代词、不定代词等。这些代词可以用一格形式，也可以用五格形式。譬如：

Вы ли это, вы ли это Рудин?(Тургенев)——人称代词；

— Она моя! — сказал он грозно.(Лермонтов)——物主代词；

А кто такой Хорь?(Тургенев)——疑问代词；

Лиза в несколько дней стала не та.(Тургенев)——指示代词；

Он ходил не как все.(Набоков)——限定代词。

代词与名词一样，可以用带前置词的各格形式来构建合成述谓成分，既可以组合任意的名词词组，也可以组合熟语性词组：

Можешь поселиться у меня, пока дом за мной.(Федин)——带前置词的五格形式；

Иногда я от него вне себя.(Фонвизин)——带前置词的二格形式。

（5）数词

合成述谓成分的名词部分也可以用数词或数词-名词词组来充当：

Оно(здание)было в два этажа.(Гоголь)

Сережка был первый, кто их увидел.(Фадеев)

Первым пришел дед.(Паустовский)

可以使用 один из 的形式：

Он был одним из товарищей моего брата Григория.(Набоков)

3. 混合型述谓成分

混合型述谓成分是指，由部分动词性合成述谓成分和部分名词性合成述谓成分混合构成的述谓结构。这类述谓形式是将动词谓语的特征和名词性合成谓语特征联合在一起。这种述谓形式可以看作是两种主要类型的述谓成分混合使用，是动词类和名词类的一种混合变异。譬如：

был учителем, стал дипломатом, считал полезным, пришел веселый 等都属于名词性合成述谓形式。

而 хотел учиться, должен учиться, мог приготовить, стал уважать 等都属于复合动词性述谓形式。

将两种述谓形式中各自的一部分重新组合在一起，譬如：情态助动词 + 名词性合成谓语，构成混合型合成述谓形式：Хотел стать дипломатом, мог считаться полезным, старался быть веселым 等。

Вы должны трудиться, стараться быть полезным. （Л.Толстой）

...Иудушка не догадался даже притвориться испуганным. （Салтыков-Щедрин）

4. 其他词类构成的述谓成分

在传统语法学中，基于功能相似的考量，副词和感叹词做述谓的情况通常都划归到名词性合成谓语的范畴中。但单纯从词法学角度，从词类的划分类型看，副词和感叹词不属于名词类范畴，尽管它们在语言使用中，构成合成谓语的形式与名词性合成谓语相似，但为了不混淆词类概念，我们将其单列出来分析。

1）副词

副词可以单独做述谓成分，也可以做合成述谓成分。性质副词和状态副词具有这一功能。

副词单独做谓语的形式常用于动词不定式做主语的句子：

Судить человека в немилости очень легко.（Л.Толстой）

Разубедить его в чем-то трудно, спорить с ним невозможно. (Чехов)

Напраслину-то терпеть кому ж приятно. (А.Островский)

副词做合成谓语时，常与系词和半系词搭配：

Ведь я ей несколько сродни. (Грибоедов)

Дверь тамбура стоит нестежь. (Федин)

Шинель была совершенно и как раз впору. (Гоголь)

副词合成谓语也可以有熟语型的：

Только ты у меня смотри: стоб все честь честью было. (Салтыков-Щедрин)

2）感叹词

感叹词做谓语的情况常见于口语中，直接表示人物的行为，或表示情感色彩的评价：

...Подальше от нас.—Нет, вы господа, ой-ой-ой! (Тургенев)

Ребята мигом на ноги — и айда. (Фурманов)

需要注意的是，感叹词作述谓结构，与感叹句不是一个概念，而感叹句与无成分句也不是一个概念。它们之间有联系，但不能混淆和等同。

二、非述谓核心成分

非述谓核心成分指传统句法中的主语，又称作主体。可见，非述谓核心成分同时得到两个层面的表述：形式层面上叫作主语，语义层面上叫作主体。但是，需要注意的是，在许多类型的句子中，逻辑语义上的主体并不等同于形式上的主语，而是以其他形式体现出来的，譬如：

Девочке грустно.

У ребенка кашель.

此时，以间接格形式体现的主体是述谓特征的承载者，但它不具有主语的地位，不能满足主谓关系必须的匹配性句法条件，因而不是形式主语，不能进入句子的述谓核心结构。

因此可以得出，非述谓核心成分的主要判据依然是看形式上是否具有主语地位。

非述谓核心成分之所以既是核心成分又不具有述谓性，是因为这一成分最典型的特征是它具有与述谓成分相互匹配、相互作用的能力，构成双向作用结构关系。句子的其他任何成分都不具备这一功能，它们与述谓成分的关系都是单向的：或者是被支配关系，或者是依附关系。只有主语成分进入句子的述谓核心单位，并依据匹配关系决定述谓成分的性、数、人称等范畴与其保持一致，构成句子的核心框架，即述谓性核心结构。在这一结构单位中，谓语被称作述谓核心成分，主语被称作非述谓核心成分。

在俄语中，非述谓核心成分可以由不同词类表示，大致可以区分为名词类和动词类。

1. 名词类非述谓核心成分

名词类非述谓核心成分是俄语中使用最广泛的主语形式，其典型标记是与谓语构成双向关系，它们既要与述谓成分保持一致的匹配关系，同时也要求述谓成分在性、数、人称等范畴与自己保持一致，也就是说这种一致是互为条件的。

1) 名词

充当非述谓核心成分最多的是名词一格形式，这是因为名词是最具概括性物体意义的一种词类，而一格形式则是名词的初始形式、独立的形式，可以表示任何一个物体、事物和现象：

Мальчик ходит.

Иван Иванович читает газету.

Пришли гости.

Звезды меркнут и гаснут.

原则上讲，任何词汇语义类别的名词都可以充当述谓性核心结构中的主语角色。然而，在词汇语义层面上对主语成分还是有某些限制的。一般来讲，充当主语的是具有实体意义的名词或被物化的抽象意义名词。而有些名词含有评价意义，如 озорник, негодник, дуралей, враль, скопидом, умник 等名词，按语义规约是不能充当主体角色的。譬如，不能说 * Молодец убирает комнату. 这类词实质上是述谓性的，做句子的谓语更符合词汇语义的功能属性。如果需要做句子主语时，在使用情景和修辞上有一定限制，譬如：

Дуралей появился только утром.

此时，可以明显感觉到这一名词做主语的非常规性，只有在特定的上下文条件下，才能体会出该名词的特指或二次称名的修辞和表现力功能。

2）代词

在俄语中，除了名词外，各种代词也常用于主语的角色：

人称代词：

Я встретил ее у своего приятеля.（Солоухин）

Он находится на своем месте.

不定代词：

Все кто-то ходит, не спит.（Пастернак）

不定代词做主语时，可以单独使用，也可以与其他词类构成语义上不可分割的整体，譬如：

По всему было видно, что со Щукарем произошло что-то неладное.（Шолохов）

... в этой женщине было нечто необычайное, беспримерное.（Гиппиус）

否定代词：

Никто не пришел.

В чертах ее лица не было ничего замечательного.（Гиппиус）

Ничто не сблизит больше нас.（Лермонтов）

疑问代词：

Кто не проклинал станционных смотрителей.（Пушкин）

指示代词：

То правда, что петух уж больше не поет.（Крылов）

Это было в семидесятых годах.（Л.Толстой）

限定代词：

Этак всякий может петь.（Чехов）

物主代词：

Пускай мое пропадает.（Л.Толстой）

3）名词化的形容词

Хорошее всегда зажигает желание лучшего.（Горький）

Произошло непоправимое.（Федин）

4）数词

（1）基数词：

Пяднадцать делится на три.

（2）集合数词：

Оба были заняты, кажется, серьезным разговором.（Лермонтов）

（3）序数词：

Один ходит, другой водит, третий песенку поет.（загадка）

5）各类固定词组

这里所说的词组是指，名词在充当非述谓核心成分时会有一些变体，这些变体通常按照一定的语法规则和语言外的逻辑关系及原则发生变化，构成句法关系固定的词组。

这类词组的特点在于，词组中主导词的词汇语义不确定或空缺，而从属词具有实体意义（щепотка чаю, килограмм сахару）。此外，这类词组多可以表示某种集合或总和的意义（мы с тобой, сосед с соседкой），并在一定程度上满足与述谓成分的一致关系。可以充当主语的词组有以下几种：

（1）具有数量意义的名词＋名词复数二格形式：

Во дворе, возле крыльца, стояла пара лошадей.（Шолохов）

在俄语中，具有数量意义及其变体的名词很多，有表示一组、一群、总和、总计意义的名词（толпа, группа, пучка, стая），以及表示集合意义的名词（большинство, меньшинство, множество）：

Наконец толпа людей в серых шинелях вывалилась в сени.（Горький）

По скатам...стелются пучки желтого пушистого ковыля.（Шолохов）

Большинство студентов уже приехали на сессию.

（2）数词、代词、形容词 + 带前置词 -из 的名词复数二格形式：

Каждый из нас мечтал стать геологом.（Чехов）

Один из мальчиков возвратился поздно вечером.（Чехов）

（3）名词或代词 + 带前置词 -с 的名词五格形式：

Пришли сосед с соседкой.

Мы с тобой, как ты говоришь, молоды, мы хорошие люди.（Тургенев）

Чук с Геком переглянулись.（Гайдал）

（4）定量数词 / 不定量数词 + 名词二格形式（четыре стула, несколько студентов, много книг, мало орехов, немного цветов, человек десять школьников, с десяток тетрадей）：

Пришли пять человек.

Не пришло ни одного человека.

В квартире обитали только два рояля, скрипка и виолончель.（Федин）

Прошло несколько недель.（Пушкин）

Однажды человек десять наших офицеров обедали в Сильвио.（Пушкин）

（5）表示模糊数量意义的词汇（около, свыше, больше, меньше 等）与名词构成的词组可以做主语。此时句子没有一格主语形式。这类词组做主语时，谓语用单数第三人称形式

或过去时中性形式:

Больше ста километров оставалось еще впереди.

Около десятка книг прочитано залпом.

（6）可以做主语的还有专有名词词组，专有名词常常用于表示：

地理位置名称：мыс Доброй надежды, Восточно-Европейская равнина, город Минеральные воды;

组织机构名称、企业名称：Организация Объединенных Наций, Государственный Исторический музей, 譬如：

Дом отдыха стоит в живописном месте.

历史时期和历史事件的名称：Римская империя, эпоха Возрождения;

著名的日期、节日的名称：День Победы, Новый год.

（7）前置词+名词词组：

От Москвы до Тулы недалеко.

（8）有典故的固定词组：

авгиевы конюшни（奥吉亚斯的牲口棚），

ариаднина нить（阿里阿德涅团线），

геркулесовы столбы（赫耳库勒斯的两大石柱），

эзопов язык（伊索语言）等。

（9）术语性词组：красная смородина, геометрическая фигура, глагольная форма

（10）语气词+名词构成的词组有时也可以充当主语成分：

Не ветер бушует над бором, ...（Некрасов）

上述各种词组均为不可拆分的固定词组，除此之外，俄语中各类非固定词组也可以充当非述谓核心成分，譬如匹配性词组、支配性词组等。这类自由搭配词组没有句法上的限制，可以遵循句法关系和语义规则任意组合。

2. 动词类非述谓核心成分

1) 动词不定式

动词不定式做主语成分最典型的特征是它与述谓成分的单向句法关系。这类句子通常可以用做描述一种理念、常识或评价。动词不定式做主语时，谓语成分只用现在时单数第三人称和中性过去时形式，试比较：

Читать книгу — это полезное дело.

Уехать для него целесообразно.

Оставаться было уже нельзя.

Любить — вот счастье!

Ходить по проезжей части опасно.

2) 名词化了的形动词

名词化形动词可以做主语，此时，它具有了类似名词的词尾形态特征，可以与谓语形式保持句法关系上的一致性，同时它具有动词的过程性语义和行为特征，可以生动地再现所述现实情景：

Танцующие теснились и толкали друг друга.（Куприн）

3) 动词的变化形式

此时，做主语的动词变化形式具有另外的功能——表示主体所述过的特定话语，使用时通常打引号""，一般要求一定的要素来强调讲话人的立场：

Наши невиннейшие «здравствуйте» и «прощайте» не имели бы никакого смысла, если бы время не было пронизано единством жизненных событий.（Пастернак）

Цветаевское «знаю» поэтически более компетентно, чем «вижу».（С.Вайман）

4) 完整的述谓结构一起做主语

偶尔会有完整的述谓结构一起做主语的情况。此时，述谓结构作为句子成分进入句子，它失去了独立句子的特征，并获得了主语展开的基本手段——可以带句子的限定成分，即定语，譬如：

Громное «благодарствуйте, батюшка Алексей Степаныч!» огласило поляну.（Аксаков）

5）独立句子作主语

独立句子作主语的情况被看作是一种紧缩的主从句形式：

Придет он или нет зависит от ряда обстоятельства.

Что он испугался не удивительно.

3. 特殊类型的非述谓核心成分

个别情况下，可以使用没有变化形态的词类（连接词、语气词、副词、感叹词等）替代名词做主语，通常用于特定上下文中。此时，主语部分需要加引号，可以带定语成分：

В разговорах детей звучит поисковое «почему».

Это «если бы», отнесенное им к прошедшему, сбылось.（Тургенев）

А это «так» для меня нож острый.（Писемский）

第 2 节　句子必须的基本结构成分

语法分析表明，所有进入最小结构模式的成分也一定进入最小称名模式，但进入最小称名模式的成分不一定都能进入最小结构模式，试比较：

Они пришли.（N_1+V_f）

（最小结构模式＝最小称名模式，即述谓性核心单位的成分与最小称名单位的成分相同）

Они находятся на площади.（N_1+V_f）≠（N_1+V_f+Npr/n）

Она уронила куклу.（N_1+V_f）≠（$N_1+V_f+N_4$）

（最小结构模式≠最小称名模式，即述谓性核心单位的成分与最小称名单位的成分不相同）

从上述的例句中可以看出，有些句子成分（譬如：на

площади, куклу）没有进入最小结构模式，在传统语法中，它们分别是状语和补语，统称作次要成分。但是，构建意义完整的句子时，它们却是不可缺少的，否则无法构成符合逻辑的句子。在现代句法学理论中，这种成分被称作句子必须的基本结构成分，也叫做句子必须的构建元素（конститутивные члены）。现代句法学理论在这一点上完全不同于传统句法理论。传统句法学认为，主语和谓语是句子的主要成分，而补语、定语、状语都是句子的次要成分，次要成分不是句子的必须建构元素。现代句法语义研究中，根据结构语义需求，补语和状语被视为最小称名单位的必须构建成分，是构成句子结构的第二个层级。这些基本结构成分与句子中具有名词一格形式的主语不同，它们不能进入述谓性核心结构，在形式上它们表现为间接格的形式，而在语义上它们可以表示主体、客体和构成句子完整意义的其他功能语义成分。句子中是否存在有基本结构成分，取决于述谓成分在完成交际任务时的语义要求。

在现代俄语中，建构句子时，通常将这些必须结构成分与述谓性核心结构成分一起，**统称做题元**（актант）。所谓的题元，是深层句法语义层面的术语，顾名思义是句子命题的必须元素，指句子所述事件的必须参与项，是句子必须的基本结构成分。由述谓成分与题元成分构成的句法单位**称作题元结构**。题元结构是对述谓成分语义配价进行必须的填充而得到的结构模式，相当于表层结构中的句子最小称名模式，题元结构中的成分是构成意义完整的句子必须的最低成分（参见第七章中关于语义配价、支配模式和题元结构部分）。

基本结构成分是指题元结构中除主谓成分之外的必须题元成分。在题元结构中以述谓成分为中心，左侧的成分称作左题元，右侧的成分称作右题元。左题元通常表征对应于深层结构的逻辑语义主体，右题元表征广义上的逻辑客体（补语、状语）。由于基本结构成分充当的句子成分不同，使用的词类和词形亦不同。按其结构成分的词汇形态特征，我们可以将句子必须的基本结构成分区分为左题元和右题元来分别描写。

一、可以充当左题元的基本结构成分

按照题元理论分类，左题元中最典型的就是主体题元。主体题元既包括主语成分，也包括不是主语但充当逻辑语义主体的其他成分。有关主语已在前一节中描述过，这里所描述的是除主语之外的左题元基本结构成分。

从题元结构的表层形式上讲，充当左题元的基本结构成分主要以带或不带前置词的名词间接格形式，充当句子中的状语成分，表示各种类型的主体关系，以补足句子的语义完整性。这些成分依据逻辑语义结构句型的不同，在句子中填充词汇的语义类别和作用亦不同，但其形式功能和语义功能是不变的。在分析句子结构成分时，通常根据句子的称名意义、动词的配价性能和支配模式、以及题元与述体在意义上的联系，来判定它们在句子中的功能和角色。

在句子逻辑语义结构类型中，必须的左题元是存在句特有的标记特征，是话语描述的出发点，是句子的基本结构成分。从基本结构成分所完成的功能看，左题元充当的是传统的状语成分；从句子逻辑语义关系看，左侧基本结构成分可以划分为主体题元和处所题元。

1. 主体题元

主体题元是句子逻辑语义分析层面的术语。在这里特指没有进入句子的述谓性核心结构，但在句子的逻辑语义上充当实际逻辑主体的成分，其典型的意义是表示事物特征和状态的承载者和领属者。从句子表层形式结构分析，主体题元一般由各类间接形式表示，传统语法中做形式状语。逻辑述体的意义和表达方式决定着主体题元的表现形式：

Вам не видать таких сражений.

Всем было интересно.

У бригады новые успехи.

С больным обморок.

在有些情况下，主体题元的句法形式会取决于讲话人本身主观情态的倾向，试比较：

У неё беда. — С ней беда.

2. 处所题元

处所题元同样是左侧基本结构成分，但它既不是直接的施事者，也不是行为特征和状态的承载者，而是述体所描述和界定内容的出发点或根据地，通常表示述体所描述的事件的时间、地点等限定意义，多用在说明句的 $V_{s3/n}$ 和 V_{pl3} 结构模式中和存在句中。这种成分与句子主要成分之间的联系是必须的，但却是不可预知的。形式上通常使用表示时间和地点的带前置词的各格形式和具有同等语义功能的部分副词：

В газетах писали о полетах в космос.

Из райкома позвонили.

Вокруг засмеялись.

Над головой загудело, завыло.

В боку колет.

В саду растут дубы.

В центре города находится памятник героев.

二、可以充当右题元的基本结构成分

句子中充当右题元的基本结构成分统称作客体题元。这里所述的客体题元是广义上的客体，通常用于说明句中补充说明行为的客体或状态。从句子的表层形式结构看，右题元的基本结构成分可以分为两种：补足说明成分或状态说明成分，传统语法中称作补语成分和状语成分。从句子结构语义的角度看，右题元的语义功能及其特征主要取决于述谓成分的语义配价潜能，以及句子交际任务的需求。根据这些成分对述谓特征的说明、限定特点及其在句中的位置，可以把它们划分成客体题元、受体题元和状态题元。

1. 客体题元

在句法结构中，客体题元位于述谓成分的右侧，其典型的意义是表示各种类型的逻辑客体意义，主要完成直接客体、间接客体（受事者）、工具、时间等补语性功能。客体题元的格形式是由述谓成分的词汇语义和支配模式决定的，通常具有"预设性"和"必须性"的特征：

Все хвалят новый <u>кинофильм</u>.（直接补语）

Она лишилась <u>работы</u>.（间接补语）

Школьники занимаются <u>спортом</u>.（间接补语）

Он покачал <u>головой</u>.（间接补语）

Она заботилась <u>о младших братьях</u>.（间接补语）

2. 受体题元

有些句子中的述谓成分所述事件具有多个参与者，而且，由于述谓成分的语义配价需求，需要几个客体成分同时出现，完成不同的形式和意义功能。受体题元是指这种情况下必须的间接客体成分，表示主体行为的接受方：

Отец подарил <u>сыну</u> часы.

Иван Иваниович рассказал об всем <u>другу</u>.

3. 状态题元

右侧基本结构成分除了可以做补语之外，还可以完成状语的功能：为了满足句子信息量的需求，从时间、地点、定性和定量的角度对述谓成分进行必须的描述，与述谓成分构成一种必须的限定关系。在句子构建中，这种关系是必须的，但是不可预设的，也就是说，根据述谓成分的语义配价可以预设，句子中必须要有这一成分，但这一成分是以什么形式出现是不确定的，可以有多种选择。状态题元成分通常用带

前置词的各格形式和具有同等语义功能的副词表示:

Мы проговорили около часа.

Они поселились за городом.

Она выглядела хорошо.

Он чувствует себя плохо.

有关题元结构、句子逻辑类型及语义差别将在后面的章节中详细描写。

第 3 节　句子非必须的结构成分

句子非必须的结构成分是指那些对构成意义完整句子相对不重要、不是必须的结构成分。维诺格拉多夫曾把这种非基本结构成分看作是句子的扩展成分。这一思想得到了广泛的认同，什维多娃把这种思想发展成为一种限定成分学说。这种学说的理论基础是：在俄语句子中有一些成分，它们的存在与否不受结构形式和词汇语义的影响；在很多情况下，它们不直接与述谓核心发生联系，而是和那些与其发生联系的成分一道来说明述谓成分，或者说明全句情景（Русская грамматика Т2:155-160）。

从句子结构模式来看，句子的非基本结构成分既不进入句子最小结构模式，也没有进入句子最小称名模式，也就是说，它们对保障句子意义最低完整性不起决定性的作用。因为它们不参与句子逻辑语义类型的构建，对它们在句子中的词序和位置也没有限定条件，因此，被称作非基本结构成分。

之所以称作非基本结构成分，是因为无论什么成分，只要它进入句子，就会在句子中充当某一成分，也就是说它是句子中的一个成分，但不是必须的基本结构成分。这种成分的取舍，既不影响句子作为述谓核心单位的形式结构，也不影响句子作为称名单位的语义结构。这样的成分本身不表示事件的参与者，但为了满足句子信息量的需求，它为述谓成分提供补充说明。它们的出现会丰富句子的信息内容，使句子的意义内容更丰满、更完整，是讲话人交际意图和交际任务的体现。例如：

На дворе соседские дети ловко лепят снеговика.

在这个句子的意义结构中，三个成分是必须的：有目的的主动行为、行为主体和客体，构成最小的称名单位：孩子们＋堆＋雪人（дети — лепят — снеговика）。至于句子中的"在院子里""邻居家的""熟练地"并不进入句子的述谓核心结构，因此，对该句形式结构 N_1V_f 模式并没有必须的作用和影响，它们同样没有进入最小称名结构 $N_1V_fN_4$ 模式，对句子的命题意义同样没有影响。

句子的非基本结构成分又叫做非必须的扩展成分。在实际言语活动中，它们可以和句子中任何一个主要的或非主要的成分组合，主要充当定语和状语成分。正是由于其组合搭配的任意性和随意性，这些扩展成分在句子中的使用最自由、最灵活，无论在形式层面还是在意义层面上，它们都未获得明显的标记特征。在现代俄语句法理论中，通常把俄语句子中的扩展成分分为两大类：展词型扩展成分（присловные распространители）和展句型扩展成分（распространители предложения）。

一、展词型扩展成分

展词型扩展成分是指，该成分对句子中的某一个词进行扩展性说明，构成广义上的展词词组。在展词型扩展成分中，根据其句法功能的差别，可以区分两种不同的成分：

1. 状语性展词成分

状语性展词成分大多具有对述谓成分进行描述或评定的语义特征，因此常常使用定量或定性副词、行为方式副词、带前置词的名词短语结构形式或动词不定式：

Они дружно работали на заводе.

По вечерам они встречались.

Он приехал сюда учиться.

状语性扩展成分与句子成分的联系是不可预设的，例如：在 работать дружно, работать хорошо, работать с утра до ночи 的组合中，任何一个副词或词组都可以与动词发生联系，选择哪一个成分要视交际意图和情景而定。

2. 定语性展词成分

定语性展词成分可以与句子中除述谓成分外的其他任何成分发生联系。定语性展词成分是扩展句子语义含量的主要手段，定语性展词成分表达形式很多，选择什么形式取决于与其发生关系的句子成分的语法特性和语义特征。按照扩展成分与主导词之间的句法关系，可以区分出两种基本类型：匹配型扩展成分和支配型扩展成分。

1）匹配型定语扩展成分

匹配型定语扩展成分是依据匹配关系构成的一致定语成分。匹配型定语扩展成分通常由形容词充当，表示物体的特征。形容词可以分为关系形容词和性质形容词，因此构成的词组除具有匹配关系的特征外，还具有词汇语义特征：

内在性特征 —— честный человек;

外在性特征 —— слабая женщина;

自然性特征 —— зеленый цвет;

评价性特征 —— хороший студент 等。

由匹配关系构成的定语词组中扩展成分是有预设性的，也就是说，是可以根据主导词的属性预先决定的，例如：在词组 красивая девушка 中，我们可以根据 девушка 的性、数、格，预先知道与其联系的扩展词应该是阴性、单数、第一格的形式。

2）支配型定语扩展成分

支配型扩展成分指依据支配关系构成的非一致定语成分，或后置定语成分，构成的展词词组称作非一致定语词组。

支配型扩展成分的表达手段主要有名词二格形式或带前置词的名词其他格形式。这类支配型扩展成分是不可预设的，其搭配自由度和任意性很大，表达的语义信息也很多，但大多具有限定意义，使所描述词组具有具体化特征。支配型定语扩展成分通常可以表示下列语义关系：

领属 —— книга отца, студенты нашего факультета, друг моего деда；

局部与整体 —— крыша дома, часть статьи；

说明特征 —— человек определенных убеждений, девушка с собакой, девушка с красивыми глазами；

行为与行为主体 —— строение рабочих, чтение студентов；

行为与行为客体 —— выполнение задачи, строительство электростанции 等。

在很多情况下，支配型定语扩展成分可以由匹配型词组充当，譬如 студенты нашего факультета 等，构成二级定语的复杂结构。

当前置词 с 与某些匹配词组连用作后置定语，表示人体的某一部分特征时，匹配词组中的扩展成分不可省略：

девушка с красивыми глазами — *девушка с глазами；

девушка с длинными ногами — *девушка с ногами；

Варя была с заплаканными глазами.（Чехов）

二、展句型扩展成分

展句型扩展成分是一种疏状限定成分，又称作情景扩展成分。这种成分对句子结构而言不是必须的，但对句子所述情景可以从时间、地点、方式等多个维度加以限定或说明，使句子传递的语义信息准确完整。这种扩展成分在句子中做状语，通常不与句子的某一成分发生直接的联系，而是与全句在语义结构上发生联系。试比较：

Они были в саду.

Они работали в саду.

在第一个句子中，в саду 这一成分进入句子的称名模式，因此是句子的基本结构成分。第二个句子中，в саду 没有进入句子的称名模式，因此是句子的非基本结构成分。

这种扩展成分不是必须的，也不具有预设性，它们的存在完全取决于交际情景和交际任务的需要，譬如：

Они гуляли.

Они гуляли около дома.

Они гуляли в парке.

Они гуляли на площадке.

这些成分与句子的述谓成分之间的关系不那么密切，它们通常与整个句子，即与"述谓核心单位+基本结构成分+展词型非基本结构成分"在整体上发生联系。情景扩展成分主要由状语副词或语义相当的带前置词的名词短语结构形式来充当：

У нас так не разговаривают друг с другом.

У окна отец читает книгу.

В министерстве уже были предупреждены о нашем приезде.

В этот год зима запоздала.

Мы простились перед обедом.

В эту минуту за его спиной раздался гудок автомобиля.

Вечером здесь бывает шумно.

Из-за дождя прогулки не было.

对于句子的纯形式结构而言，句子的非基本结构成分与句子的主要成分之间是一种非必须的关系，它们的存在是任意性的、可有可无的，不影响句子的基本称名功能。然而，从句子的意义结构和交际结构来讲，正是它们的存在才构成了内容丰富多彩、语义千差万别的句子，才能完成不同的交际任务。从这个意义上讲，它们又不是可有可无的，只是它们的使用与交际目的密切相关，具有很大的随意性。

本章小结

句子是一个多层级、多层面、多维度的句法单位。句子的形式结构分析是单纯从句子中的成分、位置和功能的角度进行的划分和分析，旨在找出话语结构模式和句子语法形式基础，找出共性的普遍规律和规则。

从形式层面看，句子从核心向边缘的依次扩展，完成从最小结构模式向称名模式，再向扩展模式的转换。其每一层级的成分也因其功能的不同而不同。概括起来，句子成分可以划分出以下四个层级：

俄语句子形式结构

第一层级：最小结构模式

——述谓性核心结构——┌ 非述谓核心成分（主语）
　　　　　　　　　　└ 述谓核心成分（谓语）

第二层级：最小称名模式

——述谓性核心结构 + 必须结构成分——┌（状语）
　　　　　　　　　　　　　　　　　└（补语）

第三层级：扩展的句子模式

——最小称名模式 + 展词型非必须结构成分——┌（定语）
　　　　　　　　　　　　　　　　　　　　└（状语）

第四层级：情景扩展模式

——扩展的句子模式 + 展句型非必须扩展成分 ——（状语）

可以看出：

1）主语和谓语只存在于第一层级；

2）状语可以存在于第二、第三和第四层级中，也就是说，状语既可以充当必须的结构成分，也可以充当非必须的扩展成分；既可以充当展词型扩展成分，也可以充当展句型扩展成分；

3）定语永远存在于第三层级，即永远是展词成分。

第六章　俄语句子的意义结构

句子的意义结构包含两部分内容：句子中词汇的称名意义和句子的形式结构意义。形式结构意义是句子结构本身传递出来的各种语法范畴意义之总和，是以抽象的、典型化的语义结构模式表现出来的。尽管句子的形式与内容的关系十分复杂，且句子的具体称名意义又是无穷尽的，但是，句子意义的构建中还是有一定规律可循的。

任何一个句子都有形式结构，根据某一形式结构模式添加词汇便可生成句子，句子传递出的全部具体内容叫做这个句子的意义结构。句子的意义结构实质上是由本质不同的各种意义组合构成的一个综合语义结构。这种综合结构不是句子各组成部分意义的简单叠加，而是句子形式意义与内容意义的一种相互配合和相互制约的有机组合，是一个承载并平衡句子各个层面意义后而得到的一个语义综合体。在传统的俄语句法学研究中，较多的注意力曾放在了句子的形式结构上，而对句子的意义部分关注比较少。只是那些与形式关系密切的部分意义才作为句法中的意义内容得到了不同程度的研究，譬如，

同一种意义的不同语法形式：

Он болеет. — Он болен. — Ему больно.

同一个动词的不同形式表达在意义上的差别：

Он работает. — Ему работать.

对句子语义的研究方法很多，各种方法的角度不同、对象不同、侧重不同，其中最有成就的应是整合性研究方法。这种方法不是孤立地去研究句子中的词汇，孤立地研究结构

语法规则，而是把词汇意义和语法规则作为一个相互配合和相互制约的有机整体，进行综合性考量和整合性研究。在俄语句法理论中，对句子意义研究的一个特点就是多角度、多方法。其中比较有代表性的有：

1）从句子的形式组织到意义结构的研究：这种方法的重点是研究由句子的结构模式构成的语义结构，其代表人物是什维多娃；

2）命题结构意义研究：这种方法把句子中的事件、情景的结构作为句子的称名来研究，关注的重点是句子反映出来的现实情景和片段及其语义模式——命题，其代表人物是洛姆捷夫；

3）句子的逻辑语义结构分析：这种方法在分析句子时采用表征理论的思想，重点研究句子是如何反映人对世界的认识和思维，任务就是要找出句子的逻辑结构关系的"源头"，代表人物是 Н.Д.阿鲁玖诺娃（Н.Д.Арутюнова）。

句子的意义结构是句子的内容层面，这些内容由句子的形式结构以一种概括的类型化的形式，以一种能代表意义各个组成部分的形式表现出来。换言之，现实句子的意义含量是各种各样的，有的多一些，有的少一些，但都必须有主观内容和客观内容之分。句子内容中的主客观之分决定了它们在表达方式上的差异。现代句法语义学的任务之一就是研究这些内容的组合规律和体现形式，其最终目的就是要解释句子的整体语义问题。

客观内容表示由词汇称名意义表现出来的外部世界的客观存在，主观内容则表示由思维主体——讲话人对句子所描述的客观存在的态度。例如：

Он поедет на юг.（对事实的陈述）

Я пологаю, что он поедет на юг.（讲话人认为会发生的事实）

Я хочу, чтобы он поехал на юг.（讲话人希望发生的事实）

显然，对于"他去南方"这一现实，不同的句式传递出不同的语用信息和结构意义，这些信息是作为句子意义的一部分，必须进入句子的意义结构层面的。

与词或词组不同，句子的意义不仅仅限于表达客观现实——关于外部世界的信息和认识，还必须反映由思维主体对句子所述客观内容做出的反应行为——讲话人的立场：讲话人的意向、情感、评价等。句子的意义结构包含两种不同类型的内容——客观内容和主观内容。客观内容表示外部客观现实，主观内容指讲话人对这一现实的态度。瑞士语言学家 Ш. 巴利（Ш. Балли）用术语 диктум 和 модус 准确地阐释并界定了这一思想原则：диктум——句子的客观意义；модус——句子的主观意义（Балли 1955：43-48）。

本章将从现代句法学理论的视角，运用整合性分析和描写的方法，分别研究句子意义结构中的客观意义和主观意义。

第 1 节　句子意义结构中的客观意义

句子的客观意义又叫做句子的指称意义，表示现实中客观存在——关于世界和对世界认识的信息。这样的信息不允许表达上的含蓄和模糊，因此，需要借助词汇手段来完成，其载体主要是实义词。在句子表达方式中，词汇使用的最低限度是用于省略句和单成分句的情况，但即使在这些情况下至少也要有一个实义词。特殊的情况是，在交际话轮中确定或否定对方信息的情景，如：

Иван Иванович приехал?
— Да.（Нет, вероятно）.

在这样的句子中，客观内容隐含在简化的肯定或否定中，因为完整的回答应该是：Да. Он приехал. 或者 Нет. Он не приехал.

原则上讲，句子意义的客观层面与词或词组没有本质上的区别，区别仅在于词或词组指称的是具体的事物、物体、现象、事件，而句子指称的是事件、现象或状态的过程、变化等事态。阿鲁玖诺娃认为，句子在这方面的特殊性在于，"原则上，句子不可以用来指称被称之为"东西"的具体物体，句子只能表示某种"事态"（положение дел）（Арутюнова 1972：309）。试比较，сад, домик, беседка, цветник 等名词的称名分别对应一个物体；而与由名词按照 Cop_fN_1 模式构建的句子分别对应一种事态：— Опрятный домик. Сад с плодами. Беседка, грядки, цветники... И все возделывали сами мои соседи — старики. 称名句的意义大于词的相应形式意义，除了指称物体之外，其中包含"存在""有"的意义，在时间上与外部世界有了对应和勾连，描绘出此时的外部世界的一个片段，一幅图景。称名句的意义是事件性意义。众所周知，句法规则在句子中是通过词汇的形式变化来实现的。因此，在研究句子的意义结构时，首先关注的是进入句子的词位，特别是进入述谓核心的词位，因为每一个词位都是以最合适的形式进入句子，承载着满足交际意图和任务的某一指称意义。同时，还应关注到，句子的客观意义不是词汇称名意义的堆砌，而是通过词汇的形式变化相互有机结合而形成的句子命题语义。

一、句子客观意义中的结构模式语义

句子结构语义就是句子的形式结构模式所传递出来的共性意义元素，用概括的类型化形式表现出来的句子内容。这种方法是从句子的形式结构模式出发，对句子在形式上和意义上的组织结构进行分析，找出按同一模式生成的句子的共性结构语义。这种结构语义属于句子客观意义的一部分，因为它是句子类型固定在其结构模式中的，不以讲话人的意志为转移，是语言内部机制决定的。

自然语言中存在各种不同类型的句子结构模式，不同的结构模式具有不同的结构语义，结构模式之间的语义区别在于其语义潜能不同:1. 对句子意义的解释能力:如何表示句子反映出来的客观内容;2. 句子结构模式对内容的限制性:每一种模式能表示什么,即它们能表达出什么样的客观内容。

1. 句子结构语义的解释能力

句子结构语义的第一潜能在句子意义结构的解释层面,这一层面是学者们长期以来一直关注的问题。句法学家们研究发现,不同类型的句子表现出的现实意义是不同的,并据此确定了能区分出句子类型的意义成分。这些发现奠定了对句子结构模式解释性能进行现代描述的基础。学者们认为,句子结构模式就是句子客观内容在语法形式上的投射。正如什维多娃指出,"形式和意义是一个不可分割的整体","在形成某种语言意义时,形式是无条件的、最基本的参与者","形式上的微小差别总是会引起意义上的差异,这些意义上的差异有时可能只是局部的,有时甚至是很难察觉的,但是,在任何情况下,语言形式本身都具有意义"(Шведова 2005:9)。任何一种类型的句子结构模式,都是按自己的方式去阐释句子所表达的事态,从某一个角度来表现这种事态的特征。句子的这种结构语义 + 进入句子的词汇的语义,便构成了句子意义结构中完整的客观意义部分。因此可以确定,每一个句子结构模式都有自己独特的语义要素,这种语义本身就是该句子意义结构中一个至关重要的因素,无论填充什么样的具体词汇,都不会改变这些因素的基本特征。所以,句子结构模式的语义就成了句子语义结构中最基本最稳定的语义成分,是某一种句子类型共有的语义构架。

下面对俄语中最常用的几种句子结构模式的结构语义的解释力进行分析和描述。

1)句子结构模式 N_1V_f

该模式的表层结构语义是:"讲话人确信并通过这种陈述句模式告知听话人,某人(物)正在做某事(或处于某一状态)",其深层的结构语义是以抽象化的形式表现出来的一种逻辑语义信息内容:"行为或状态特征的主体与过程性特征在某一特定时间轴线上构成某种相互关系",这种内容所揭示的是固定在语言系统中的各种典型意义成分之间的相互关系,不以词汇意义为转移,试比较:

Иванов приехал из Москвы.

Студенты занимаются в библиотеке.

Урок русского языка идет.

从以上的三个句子中可以看出,句子表达的除了词汇所传递的称名信息和形式结构传递出的句法信息外,这种句子结构模式本身还传递出深层语义信息——句子本身的结构语义:"行为或状态特征的主体与过程特征在讲话时刻构成的相互关系"。

2)句子结构模式 $V_{s3/n}$

$V_{s3/n}$ 模式是无人称句的一种,无人称句的基本意义是行为本身的独立特征,与行为者没有对应关系。该模式给这一句型表述添加了"无行为主体"这样一个语义特征,即句子中行为的无目的性、无意识性,与人的有意识行为没有关系:

Его носило по свету.

Лужи во дворе морщило и рябило от дождя.

$V_{s3/n}$ 模式无人称句的这种语义是由句子的主要成分传递出来的,深层语义转换成典型形式标记就是句子无人称主语:谓语用单数第三人称和用于无人称意义的中性过去时形式。试比较:

Его носило по свету.

Рассветает.

Хлестало в стекла дождиком косым.(Тушнова)

Долго, уныло и томительно гудело и щелкало в трубке.(Николаев)

3)句子结构模式 V_{pl3}

该模式属于不定人称句的结构模式,其结构语义特征在于，虽然表层结构中没有指明人称，但深层逻辑语义恰恰传递出"有意识的、有目的的行为"的信息，因此，行为的发出者一定是人。但讲话人为了某种交际目的，有意回避行为的具体施为者，通常把"人"称置于描述"画面"之外：

В Сибири не любят горячку и спешку.(Сурков)

Рассказывали, что украли полмиллиона.(Л.Толстой)

在这种句式的深层结构语义中，还隐含着"不确定"的语义——行为的主体，对于这种"不确定"，讲话人或许知道，或许根本就不知道：

За стеной поют.

А в ворота все стучали и стучали.

4）句子结构模式 Inf

该模式的深层语义同样表示与主体没有直接对应关系的独立行为。不同的是，该模式对句子的客观内容不做特别的注释，而是表示希望的、可能的、应该的、必须的等潜在行为，由于这些特别宽泛的、笼统的情态意义使得句子的意义复杂化。该结构模式可以淡化情态意义，而侧重于表示出一种规律、规则和真理等共性语义特征。譬如：

Молодости не воротить.

Тучам солнца не скрыть, войне мир не победить. (пословица)

Не расти траве после осени.(Кольцов)

不定式结构模式表现出来的不是行为的过程，而是行为的概念表征。该结构模式的这一语义特性，是不定式动词特有的超时间性决定的，因此，不定式句子结构中没有时间形式。在特定的条件下，不定式句子结构可以表示比较具体的情态意义：

Ему доклад готовить.

С кем ты разговариваешь? Молчать!(Чехов)

2. 句子结构语义的限制能力

句子结构语义的第二潜能在句子意义结构另一个层面——对句子所述内容的限制，对于按照同一结构模式构建的句子而言，内容的限制与第一个层面有密切关系并依赖于第一个层面。在俄语中，并不是任何"事态"都能用任意一种方式来注释的。某一句子结构模式的深层语义决定了按照该模式构建的句子只能够表现某些情景，而不能用来表现另一些情景，譬如，N_1V_f 模式是典型的说明句的结构模式，因此不能用于存在句结构类型。句子结构模式的深层语义不仅决定了逻辑语义结构类型的选择，进而还决定了对进入该模式的词汇语义类型的选择，以及这些词汇应该充填模式的位置。在选择词汇时，首先是选择填充述谓核心位置的词汇。

什维多娃认为，对具有不同语义结构的句子的划分，应由句子的语法特征来检验和校正。没有任何一种语义类型能够仅仅根据一个特征——词汇的称名语义来确定（Шведова 1973：483）。她的这一思想在分析不同结构模式的句子时也得到了证实：不同的句子结构模式的句子生成能力亦不同。

1）N_1V_f 模式

N_1V_f 模式的句子生成能力最大。按照这一模式构建的句子可以传递完全不同的"事态"，并可以与按照其他模式构建的句子构成同义关系。

（1）N_1V_f 模式是说明句的基本结构模式，也是同义模式变体的基础。按照这一模式建构的句子模式是纯主谓结构模式，因此该模式的深层语义结构中隐含着主语和谓语的全部属性和特征，譬如，主语：是句子的结构-语义要素，可以进入句子的结构模式，表征话语的对象（思维的主体），含有已知信息；作为结构上独立的成分，多以名词一格形式，占据述谓成分之前的位置，匹配并支配述谓成分。谓语：是句子的结构-语义要素，可以进入句子的结构模式，在情态-时间范畴上对话语对象予以界定和说明，表征其行为或特征，含有未知的新信息；通常由动词变位形式或名词形式，占据主语之后的位置，在结构上遵守与主语的匹配关系。主语与谓语的所有这些特征决定了 N_1V_f 模式在结构与意义上的独立性和广泛的适用性。但是，这一模式对述谓成分的词汇语义类别有着严格的限制，换句话说，并不是所有的动词都可以满足上述结构－语义要求的。譬如：

Мальчик уже ходит.

Они работают.

Синий колокольчик спит в тени берез.(Брюсов)

可以看出，填充该模式的述谓动词的语义自足性较强，多是一价动词。动词这一语义性能决定，只要与主语搭配就可构成意义完整的句子。

（2）$N_1V_f + N_4$ 模式

$N_1V_f\ N_4$ 模式是 N_1V_f 模式的变体形式，该模式是在 N_1V_f 模式基础上添加扩展成分——补语构成的。该模式的表层结构语义是"讲话人确信并通过这种陈述句模式告知听话人，某人（物）正在从事某一行为（或处于某一状态），该行为涉及某一物体"，隐含的深层结构语义是"行为主体进行的某一行为涉及某一直接客体"。该模式同样主要用于说明句，但这一模式必须满足下列条件：

述谓成分必须是及物动词；

补语成分只能是不带前置词的第四格形式，表示行为的直接客体：

Мы не узнали его.

Я открыл дверь.

（3）$N_1V_f\ N_{2\ldots pr}$

该模式的表层结构语义和深层逻辑语义解释能力与前一个模式基本相同，但在限制层面的潜能不同，主要表现为作为补语的扩展成分的表达方式不同，通常是带或不带前置词的间接格形式：

Витька посмотрел на него каким-то странным, не детским взглядом.(Антонов)

Мать тосковала по сыновьям.

2）$V_{s3/n}$ 模式

在 $V_{s3/n}$ 模式中蕴涵着"行为的无主体性"这一语义特征，因此，这一模式可以用于表示那些含有这一语义特征的情景：

（1）与人的行为完全无关的自然情景：

Рассвело.

Вечереет.

Темнеет...В воздухе свежо.(Цветаева)

（2）与某种自然力或不明外力的行为有关的情景：

Зажгло грозою дерево.

Машину трясло и подбрасывало.

（3）与人的状态有关的情景：

У него в боку колет.

Мне взгрустнулось.

Мне не спится.

但是，这一结构模式不能用于表示人的有意识的积极行为，因此，不能按照这一模式构建出类似"*рисовало"，"*Спешило на автобус"，"*Хвалило фильм"之类的句子。

3）V_{pl3} 模式旨在表示人完成有目的、有意识的行为：

В палате спали.(Чехов)

Эту песенку любили, с этой песней в бой ходили.(Сурков)

按照该模式构建的句子不能表示那些与人的活动无关的情景，譬如，V_{pl3} 模式不允许在该模式的述谓核心的位置上使用类似 годиться, зазеленеть, отразиться, случаться, состоять из 这类动词，它们表示与人的行为无关的情景与状态。因此，这类动词不能用来充填 V_{pl3} 模式。

二、句子客观意义中的命题模式语义

现代语言学研究中，对句子的客观内容的描写采用了不同的概念，更多地关注事件、情景的结构，把客观内容看做是句子的称名意义，由此提出了句子的"命题"（пропозиция）概念。

1. 关于命题

俄语的语言学百科词典对 пропозиция 一词的解释是："话语中所描述的现实的或可能的事态，是句子中能够获得真值意义的客观、稳定的语义成分，它包括两个要素：述谓和题元"（Лингвистический энциклопедический словарь 1990:401）。在汉语语言学术语中尚未有能够与 пропозиция 在语义上完全等同的术语，目前语言学界多译作"命题"。

在现代俄语句法学中，还常用 пропозиция 表示句子的称名与句子结构模式间的关系。对于 пропозиция 的定义和解释很多，主要有：

1）句子的客观内容，指句子中报道的客观信息；

2）句子意义中表示事态本身意义的部分，即话语的主题；

3）句子或句子的变体中共有的不变体，即在排除任何伴随的主观意义和句子任何形式结构表现出来的语法意义和结构特征之后，句子中突显出来的那部分客观指称意义。

在句子的逻辑语义分析中，把句子看作是对一个事件、一个现象的称名，命题可以理解为是句子所述事态的逻辑结构，是句子客观内容的意义结构模式。

2. 句子客观意义的命题模式类型

任何一个句子，无论是表示现实客观事件，还是表示心理思维过程，只要赋予它称名功能，它就一定要反映客观现实存在中的某一个瞬间片段，某一个情景，或者说是某一种事态（положение дел），实际上，任何句子都是在描述一种事实（现实的或可能的）：

1）讲话人自身以外现实世界发生的

Идет дождь.

Проехал автобус.

В лавке продают мороженое.

这些句子描述的现象是一种客观存在，是讲话人身外的自然存在，讲话人既没有参与其中，也没有心理感受过程。

2）讲话人参与的事件

Я иду в университет.

Мне подарили цветы.

Сосед нечаянно толкнул меня.

这种类型的句子是指讲话人或者以主体的形式，或者以受体的形式参与了所述事态。

3）讲话人的思维活动

对所描述现象和事物的特征进行评定、称名。这类句子不仅表示外部客观世界的信息和对外部世界的认知，句子一定要表达一种有思维主体对句子客观内容进行相关的评价、判断、质疑，表达一定的情态、意愿等。如：

Море сегодня спокоино.

Вы взволнованы.

Это дерево — сосна.

Здесь хорошо.

这些句子表现的是讲话人的内心体验。在这些句子中除了客观事实外，还能体现出观察者的角度，无论是描述外部世界的现象、事件，还是讲话人本身所参与的事件，讲话人都是以观察者的身份来组建句子的。讲话人说出这些话，描述的是客观事实，传递的是讲话人的感受、体验和评价。

这种观察现实世界并生成句子的过程是人进行认知思维活动的语言情景记录。人们在观察到某一事物时，人的大脑会进行快速反应,在储存的知识框架中激活相关信息,选择恰当的范畴、概念、词汇,构成完整的逻辑意义,并选择合适句子结构,用句子表现出来。这一过程是在瞬间完成的,并且是几个程序同时进行的,人们在得到信息的同时对其进行了分类处理,因此才能生成合乎逻辑的句子。这种思维活动就是话语的生成过程,并外化表现为作为交际单位的话语体现。从句子客观意义的类型看,常见的命题语义范畴有:

(1)事物的特征:

Эта книга интересная.

(2)事物的分类:

Я студент.

(3)事物的称名:

Это дерево — дуб.

(4)等同化判断:

Мой отец — учитель.

Девушка в малиновом платье была наша соседка.

命题是句子这一语言单位特有的概念。命题不包含句子内容中所有具有修饰客观意义的注释意义、情态意义和表现力意义,命题是从句子各种意义的组合中抽象出来的纯客观意义,又叫做真值意义。既然句子的客观内容在命题这一概念中是指不含任何主观内容、不含句子形式结构承载的语法因素,而完全是由词汇意义构成的句子内容的真值部分,即完全等同于现实的那部分客观内容模式,那么命题的内容的表达手段应该是纯语言的。

3. 命题意义的表达手段

句子客观命题意义主要由实义词的称名意义的组合构成。述谓性核心结构是命题的主要表达手段。而这一结构取决于述谓动词的支配模式,因为述谓成分承载着事态性叙事本质:事物的特征或事物之间的关系,述谓成分的语义配价可以表明事态参与者的地位、数量和作用。在研究句子命题意义时，首要的是研究句子的述谓结构，研究述谓成分的词汇意义、与其搭配的词汇语义类别及其语义特征。所有这些都是述谓结构的组成要素，亦称作动词的配价模式。

在述谓动词中，零价动词可以用来表示周围环境、自然现象、状态：

Светает.

Вечереет.

Заря.

Морозно.

由一价动词，通常只有一个表示主体意义的题元项，构成的句子主要表示状态和特征：

Маша умная.

Он тревожится.

Люди голодают.

一价动词还可以表示不改变行为情景状态意义的积极行为：

Дети бегают.

Все работают.

能表示改变行为情景状态的是多价（两个以上）述谓动词，命题意义的构成是述谓动词与题元成分的词汇语义组合：

Мы сажали капусту.

Я взял у соседа книгу.

句子命题内容的述谓结构表达手段是其最基本的表达方式。因为在这种情况下表现出来的内容形式和结构形式都是最简单的。如果句子所含的命题内容与语法结构都是最简单的形式——单述谓-单命题，那么这种句子的形式结构与意义内容是对称的。然而，在现实的语言交际中，句子的形式与内容常常是不对称的。这种不对称会有以下两种情形：1）同一个命题有多种表达方式；2）一个述谓性核心结构表示多个命题。

1）同一个命题的多种表达方式

句子的命题内容，即句子的真值意义是从句子成分意义的组合中抽象出来的纯客观意义，不包含句子内容中修饰客观意义的任何注释意义、情态意义和表现力意义。因此，命题意义的所指具有很宽泛的外延适应性。一个命题可以有多种表达方式，例如：在表示"关于他工作"这样一个抽象命题时，可以使用不同的结构模式，得到下列不同的句子：

N_1V_f —— Он работает.

V_{pl3} —— Работают.

Inf —— Ему работать.

Cop_fN_1 —— У него работа.

需要指出的是，在这些句子中都可以抽象出"关于他工作"这一命题。但在实际话语交际中，单纯命题内容是不可能参与交际的，因为任何讲话人都不可能不带任何情态意义而纯粹表达一种命题意义。因此，任何一个命题，只要构成了句子，它就同时获得了主观意义，即讲话人的评价态度。例如上述句子中，虽然都含有"关于他工作"这一命题，但在交际意图和表现力色彩方面是各有差别的，每一个句子都表现出自己独特的主观内容，即讲话人不同的情态意义：

Он работает. 表示讲话时刻"他"正在进行的行为（他正在工作）。

Работают. 表示包括"他"在内的许多人在讲话时刻正在进行的行为（有人正在工作）。

Ему работать. 表示一种概念，讲话人认为"他"应该进行的行为（他该／需要工作）。

У него работа. 表示一种状态，讲话人确信"他进行工作"这一命题是事实（他有工作／他正在工作）。

一种命题有多种表达方式的情况很多。例如：

Он летяк. —— Он ленивый.

Морозит. —— Морозно. —— Мороз.

Вокруг тихо. —— Вокруг тишина.

2）一个述谓性核心结构表示多个命题意义（多主题的简单句）

多主题的简单句是指具有一个述谓性核心结构的简单句可以表示多个命题或多个事态，在传统句法学中通常叫做复杂简单句。从句子的表层句法结构来看，多命题简单句主要以述谓核心为基础，并借助于其他句法手段组合构成。句子的命题结构常常取决于述谓成分的支配模式（модель управления），支配模式取决于动词的语义配价，而价位的多少取决于动词的语义含量及特征。

就其意义结构而言，多命题简单句更像复合句——表示的不是一个事态，而是相互之间以某种形式联系在一起的几个事态：

Мы опоздали из-за дождя. — Мы опоздали. Был дождь. — Мы опоздали, потому что был дождь.

После отъезда Ивана Ивановича мы переселились в другой дом.

— Уехал Иван Иванович. Мы переселились в другой дом.

— После того как уехал Иван Иванович, мы переселились в другой дом.

例句中的每一个事态都与述谓核心发生某种句法联系，通常表示时间、目的、原因、让步等意义。

这种多命题结构通常借助于下列句法手段表示：

（1）副动词：Помолчав, рассказчик заговорил снова.

（2）动词不定式：Все уговорили её петь.

（3）形容词做独立成分：Остроумный, он был отличным рассказчиком.

（4）形动词：Многое повидавший, он был отличным начальником.

（5）动名词：Его размышление вызвало большой интерес

у интеллигентов.

（6）名词性结构（前置词词组）：

По окончанию университета он поехал работать на Дальний Восток.

После смерти отца он вынужден покинуть школу и пошел на работу.

По вечерам бабушка рассказывает сказки.

在多命题的简单句结构中，有时几个命题具有同一个行为主体，如例句（1）、（3）和（4），共同的行为主体是构成这类句式的必须条件。

在有些情况下，几个事态具有不同的主体，如例句（2），在这个句子中同一个成分在第一个事态中作行为的客体，同时作第二个事态的主体；例（6）为带前置词词组的名词性多主题句，其结构比较复杂，既有第一种情况，也有第二种情况，应根据句子的具体意义来分析。

第2节　句子意义结构中的主观意义

在句子的意义结构层面上，主观意义是相对于客观意义而言的意义内容，换句话说，是句子意义建构中除去客观意义后剩余的意义部分。所谓句子的主观意义，就是句子所含的具有各种主观色彩和情态意义的内容。句子意义与词和词组意义的不同就在于，句子不仅仅限于反映客观现实，以及关于世界和对世界的认识，句子还必须反映出思维主体对句子客观内容所持的立场和态度，反映出讲话人进行的一系列相关的思维活动：对客观内容的评价、自己的情感、交际意愿、目的和态度等。因此可以说，任何句子除了含有客观意义外，都具有主观意义。

需要强调指出的是，句子意义中存在着两个层面的主观意义，一个是源于讲话人方面的主观态度，另一个是源自于句子中行为主体方面的主观态度。源于讲话人的主观态度在每个句子中都是存在的，而源于句子中行为和思维主体的主观态度并非每一个句子中都会有。试比较：

Статья полезна. —— 表达了讲话人的思维结果，即讲话人认为文章是有益的。

По-твоему статья полезна. —— 表示讲话人对所述内容的态度，即讲话人确信，谈话对方认为"文章是有益的"，这是句中行为主体的思维结果。

Статья представляется рецензенту полезной. —— 表示讲话人对所述内容的态度，即讲话人确认是其他人（评审人）思维的结果，即评审人认为"文章是有益的"。再如：

Это событие имеет большое значение. —— 讲话人通过思维做出的评价和判断。

Иван Петрович высоко оценивает это событие. —— 讲话人描述 Иван Петрович 通过思维对事件做出的评价和判断。

这样的思维活动可以由讲话人来进行，也可以由谈话对方或其他人进行，因此，这些句子所表达的主观意义各不相同，但无论是观察者，还是事件的参与者，无论是讲话人本人进行思维活动的结果，还是其他人思维活动的结果，一旦经讲话人说出来，就形成了他对句子所述思维活动的主观描述，当讲话人用语句把它表达出来时，总会反映出讲话人与这个句子所述的内容之间所具有某种特定的关系。

现代句法理论将这种关系确定为句子所含的一种主观意义，又称作客观情态。这种主观意义之所以称作客观情态，是因为它表示一种客观立场，这种客观立场在于它不把讲话人的态度与话语情景混为一谈，而是客观地通过句子本身反映出讲话人对所述事实的态度。

从上述例句中可以看出，句子主观意义本身是由多种情态意义构成的，就情态意义本身而言，可以区分出两种不同的情态意义——主观情态和客观情态。具体意义的不同，其语法表达手段也不同：

1）词汇手段，常用具有语法化意义的词（半系词、情态动词、代词、情态词等）表达句子中的主观意义，这种表达手段通常表达句中行为主体的情态或意愿等；在句法语义研究中将这类主观意义称作主观情态；

2）语法手段：词的形式、词序、标记符号等，这些语法手段融合于各种句式中，构成了句子的各种述谓性表达，客观地表现出讲话人的态度、立场。这类主观意义称作客观情态。为了避免与逻辑学中的情态意义混淆，本书将尝试将句子所含的主观意义区分为主观情态和客观情态。

一、主观情态

主观意义是每一个句子的意义结构中都有的语义成分，而主观情态并非在每一个句子中都有。这种主观情态通常是借助于词汇手段表现出来的，这些词汇参与句子命题内容的构建，可以构成情态句，表示句子所述事件的参与者对事件的态度，传递句子意义中的主观情态信息。在这种情况下，主语表示主体，谓语动词表示所述内容的情态指向：

Я хочу, чтобы они приехали.

Он утверждает, что это не правильно.

Мы надеемся, что все будет хорошо.

概括地讲，来自于讲话人的态度是客观情态，来自于事件参与者（句子行为主体）的态度是主观情态。试比较：

1）Иван Иванович приехал.（伊万·伊万诺维奇来了）——讲话人对现实事件的陈述；

2）Вот бы Иван Иванович приехал.（伊万·伊万诺维奇来了就好了）——讲话人期望实现所述事件的态度；

3）Иван Иванович хочет приехать.（伊万·伊万诺维奇想来）——"想来"的愿望是句中行为主体发出的，讲话人只是对这一现实事件进行陈述；

4）Вот бы Иван Иванович захотел приехать.（如果伊万·伊万诺维奇想来就好了）——这里有两个情态：一个是句中行为主体发出的"想来"的愿望，一个是讲话人表示希望句中行为主体能有"想来"这一愿望。

在这四个句子中，句子的客观意义都是一样的：关于伊万·伊万诺维奇到来的事，但句子的主观意义却各不相同。从对句子的深层语义分析可以看出，除了句子的真值意义外，还有句子的情态意义：1）、3）句是现实句，而2）、4）句是非现实句。但从句子的整体意义看，可以把这四个句子分为两组：

第一组句子中，例1）和2）句子的客观内容，即句子的真值意义是相同的。在主观意义层面上，两个句子都在表明来自讲话人的主观态度。不同的是，例1）句子是确认事件的现实句，例2）句子是表示愿望的非现实句。

在第二组句子中，句子的客观内容与前两个句子一样，但主观意义要复杂得多。例3）句子除了表示讲话人对所述内容的态度外，还表示事件参与者对所述事件的态度，希望付诸实施句子中描述的事件。整个句子内容，包括讲话人对事件参与者愿望的评述都是现实存在的客观事实。例4）句子是把事件参与者的愿望和讲话人的愿望结合在一起，表示一种非现实的愿望。第二组句子内容的复杂性在于，句子中除了由词汇意义表示的客观内容，除了由句子本身传递出来的表示讲话人态度的客观情态外，添加了由词汇表示出来的事件参与者主观情态的成分。

有时候讲话人与事件的参与者是同一个主体，他既参与了事件，也参与了话语行为，所以讲话人对所述内容的态度与事件参与者的态度是相同的。例如：

<u>Я хочу</u>, чтобы пошел большой снег.

<u>Я знаю</u>, что на улице идет большой снег.

能够表示主观情态意义的主要是词汇手段，常用的词汇

有：

1）情态动词：хотеть, хотеться, следовать, нравиться, любить, требовать 等。

Я люблю заниматься спортом.

Я требую, чтобы ты уехал.

2）短尾形容词：должен, должна, должно, должны 等。

Я должен быть в городе.

Река должна быть за этим лесом.

3）谓语副词：нужно, надо, можно, необходимо 等。

Мне необходимо уехать в Москву.

4）构词手段也可以完成表示主观情态意义的功能，常用的是指小、指大、表爱的构词手段。试比较：

На улице идет большой снег.

Ну и снежище идет!

二、客观情态

所谓的**客观情态**，是指讲话人对所述内容与现实存在之间关系的态度、立场。之所以称之为客观情态，是因为这种情态意义是句子结构本身所承载的语法范畴意义，是每一个句子都必须具有的意义内容，构成句子意义结构中必不可少的组成部分。句子本身的语法范畴和形式决定了：句子必须要表达来自于讲话人的某些主观态度，传递他对在句子中所描述的实际内容的态度。讲话人不可能创造出一个没有讲话人立场的句子，讲话人也不可能只作为一个一般的思维主体，他是话语的主人，因此，他一开口就必须确定自己对所述内容的态度，给自己一个定位：я-здесь-сейчас，即在每一个句子中都暗含着"此时此刻有我在场"这样的深层语法意义。这样一来，句子意义中除了作为其结构成分的词汇称名意义构成的客观内容外，还包含有反映讲话人态度的主观内容。试比较下列句子：

1）Петя уезжает.

2）Петя уезжает?

3）Уезжай, Петя.

4）Уехал бы Петя.

5）Если бы уехал Петя.

6）Разве Петя уезжает?

7）Петя-то уезжает.

首先，排除各个句子结构本身传递的信息，从各个句子中抽象出它们的真值内容：«отъезд Пети»"别嘉要走"这样一个情景。虽然这些句子的真值意义是相同的，但在上述的句子中，每一个都有自己独特的情态指向。这是因为句子在表达词汇称名意义的同时，获得了句子结构赋予它们的能表现讲话人不同评价情态的主观意义：

句子1）表示讲话人确信别嘉要走了，并希望把这一信息传递给听者；

句子2）表示讲话人不知道别嘉是否要走，并希望对方告诉他准确信息；

句子3）表示讲话人以命令的口气，希望别嘉离开；

句子4）表示讲话人一种非现实的愿望，希望别嘉离开；

句子5）表示讲话人的一种非现实的条件，"如果别嘉离开就好了"；

句子6）表示讲话人不确定别嘉是否要离开，并表示惊奇；

句子7）表示讲话人的一种判断语气，"连别嘉都要离开了"；这个句子中含有更多的语用意义。

从这些句子可以看出，客观情态通过句子本身的句法关系和语法形式表现出来。句子的语法形式是指通过专门的语法手段形成的句式变化形式，表达出客观情态。句子的客观情态包括：

1. 句子的述谓性（现实性 / 非现实性）

述谓性是一个多种意义要素的综合体。主要包括句法时间、句法人称和句法情态。根据句子述谓性自身特性而实现的时间意义，即时间的计算点（基准点）——是讲话时刻"此时"；根据形式主语的词类确定的句法人称（我）；由讲话人决定的句子内容与客观现实的关系，即按照讲话人观察的情景把它描绘成现实的，还是讲话人根据自己的期望创造出来的非现实的内容，就是述谓性中重要的情态范畴。试比较下列句子：

Ночь была темная.

Была бы ночь темная.

Пусть ночь была бы темная!

Вот бы ночь была темная.

在这一组句子中，句子所表示的客观内容，也就是句子的真值意义是相同的，区别在于句子的述谓性不同，也就是句子的现实性 / 非现实性与时间性的不同结合，构成了句子情态复杂的语义范畴结构，表现出了句子的不同主观意义。任何一个句子只要它是意义完整的称名单位，它就必须具有述谓性特征的性质，或者是现实句，或者是非现实句，必择其一。在自然语言中不可能存在既不是现实句也不是非现实句的现象。

在现实性 / 非现实性这一对情态范畴中，现实句是无标记句式，非现实句是有标记的句式。非现实句的**标记特征**是句子中有表示非现实意义的语气词 бы，构成各种虚拟语气的非现实句，表示愿望、希求、祈使等意义；现实句的**典型特征就是没有标记**，即没有表示非现实意义的语气词 бы，是一般现实陈述句。在俄语自然语言中，无标记的陈述句是多数，是常态，而有标记的非现实句是少数，用于虚拟语气句式。

2. 句子的目的性（疑问/陈述）

句子的目的性反映了讲话人的交际意图和任务：他是想向谈话对方传递句子的客观信息，还是想要了解，对方会对得到的信息做出何种反应，或者想从对方得到相关信息，简言之，是要通过陈述句传递某种信息，还是要通过疑问句的征询获得某种信息。这是交际的宏观目的和任务，是在没有考虑句子真值内容的情况下就已确定了的，且是通过句式的选择来完成的。例如，句子 Поезд пришел. — Поезд пришел? 之间的意义差别，可以通过外延的方法改变成下列句子，得到的深层语义是：

Я знаю и говорю, что поезд пришел.（我确切知道，所以我说"火车到了"）

Я не знаю и спрашиваю, пришел ли поезд.（我不知道，所以我问"火车到了没有？"）

在实际的话语交际中，任何一个句子或者表示第一种意义，把信息传递给对方；或者表示第二种意义，从对方获取相关信息。也就是说任何一个句子都必须具有目的性。按照交际任务来划分句子类型的话，可以分为三大类，陈述句、疑问句和感叹句，只要我们开口说话，就面临着交际任务的选择。这些目的性的表示手段很多，表示信息传递的是一般陈述句；表示疑问的句子可以借助于疑问代词、语调，也可以借助特殊虚词或来完成，感叹句借助于感叹词、语气词和特殊的语调来实现。

在交际目的性这一范畴中，疑问句和感叹句为有标记特征的句子，陈述句为无标记特征句。

3. 句子的确信度（确定/不确定）

句子的确信度是讲话人对句子所述客观内容的可信度的评价，即从讲话人的角度对自己所描述的客观事实的一种态度，同时隐含有关于所述内容的评价、信息来源等。这种评价不是通过词汇手段表达出来的，而是蕴涵在句子的结构中，由句子结构本身的语法信息传递出讲话人的态度。试比较：

Дождь идет. —— 讲话人的确定判断。

Кажется, дождь идет. —— 讲话人的感觉，不确定的判断。

Так душно, может быть, дождь скоро будет. —— 讲话人凭着自己的感觉做出的一种不确定的推测。

По радио передали, дождь идет. —— 讲话人表明了信息来源。

由此可见，句子的可信度程度的差异反映出对句子确定性/非确定性的评价意义。

确定性意义是无标记特征的内涵意义。凡是陈述式句子，其结构本身就是其表现特征：任何一个陈述句，其本身就传递出这样的结构信息：讲话人对所述内容是确信的，并把此信息告知谈话对方。在形式上，任何一个陈述式句，如果没有表示不确信意义的插入语成分，就是确定句。也就是说，没有表示不确信意义的词汇做句子的插入语成分，本身就是确信度的标志。在具体的语言交际环境中，有时为了表示讲话人的确信度强度，也可以借助于强调语气的插入语结构，常用作插入语结构的词汇有：действительно, конечно, безусловно, несомненно, в самом деле, разумеется 等。这些词汇的使用不会给句子的确信度带来本质性改变，而只是增强了其确信的程度和表现力色彩——讲话人对所述句子的信息确信无疑并给出明确的评价：

Доклад уже начался. — Конечно, доклад уже начался. — Доклад, действительно, начался.

非确信意义是有标记的，它总是会有外在的形式表现：有特殊的结构标志—— 不确定插入语成分。充当不确信句的插入语成分的词汇或结构通常有：вероятно, наверное, наверно, возможно, должно быть, может быть, вряд ли, едва ли, разве, неужели, говорят, по-видимому, пожалуй, очевидно 等。这些词汇以插入语形式在句子中的出现，标志着句子具有不确信意义，因此是不确定句。试比较：

Доклад уже начался.

Пожалуй, доклад уже начался.

Доклад, наверно, уже начался.

Говорят, доклад уже начался.

需要注意的是，由于充当插入语的词汇本身的语义区别，构成的不确定句所表现的不确信程度也有所不同，同时也表现出讲话人所持不同的细微评价色彩。

任何一个句子中都必须存在有来自于讲话人的主观立场和态度、交际意图和目的。讲话人根据交际意图和任务所作的必择其一的选择，构成句子的主观内容，进而在一定程度上构成句子语义结构的必须成分要素。这些要素具有在不同句式中完成不同组合的潜能，它们之间相互配合，组成各种意义不同的句子，从而完成各种不同类型的交际任务。上述的三对主观意义范畴，构成了三对相对应的句式：

现实句 ——非现实句

陈述句 ——疑问句

确定句 ——非确定句

在这六种句式中，现实句、陈述句和确定句是相互匹配，或者说是相互重叠的；它们与非现实句、疑问句和非确定句之间的对应并不是完全自由的、没有限制的，而是有选择的。这种选择是受句子结构固有的情态意义的制约。例如：

1）表示希望的非现实意义和祈使意义不能用于疑问句式。因为这两种类型的意义在深层语义上是相悖的：表示希望和祈使意义的句子含义是，讲话人想让谈话对方做某事或进行某种行为，这种句式结构本身具有了这种意义，讲话人的交际意图和目的明确，因此不能与表示疑问的成分搭配。

2）由疑问代词表示的疑问意义不能与不确信判断意义匹

配，因为一个是希望从对方得到相关信息，一个是对自己所述的信息不确定，意义上是相悖的，它们要求不同的句式和结构。因此，不能说：

*Кто, пожалуй, пришел?

*Куда, может быть, ты ?

*Куда, наверно, пойдешь?

3）同理，由疑问代词表示的疑问意义不能与加强语气的确定插入成分连用：

*Кто, конечно, пришёл?

*Куда, разумеется, ты?

需要指出的是，在没有疑问代词的疑问句中，可以使用表示确定或不确定意义的插入语。试比较：

Он пришел? — Возможно, Иван Иванович пришел?

— Кажется, Иван Иванович пришел?

— Конечно, Иван Иванович пришел?

在这种情况下，疑问的成分减弱，表示一种复杂的假设验证关系意义，讲话人意在验证所获信息的可信度。

本章小结

以上分析可以看出，句子语义结构中的主观意义要素是句子本身所固有的，不以人的主观意志为转移，不受词汇语义的干扰和限制，因此，通常称作客观情态。需要指出的是，在句法学中使用的术语，如主观意义、主观内容和客观情态等，指的都是句子意义中除去词汇意义外，由句式结构表现出来的那部分主观意义，只是在不同的情景中与不同的术语搭配时会有选择上的不同侧重。

句子的意义是语言中最不确定、最不具有稳定恒久性的因素，也是语言中变化最多的部分，任何一个句子，无论形式结构模式如何，每一个讲话人都会因交际意图的不同而赋予其独特的意义特征。因此，本章对意义结构的分析和研究具有高度的概括性和宽泛性，只是提供句子意义分析的基本方法和视角，无法涵盖每一种意义。对于单个的句子只能放在具体的词汇和句法结构的情景中去分析个别的细微语义类型和差别。

句子的意义结构

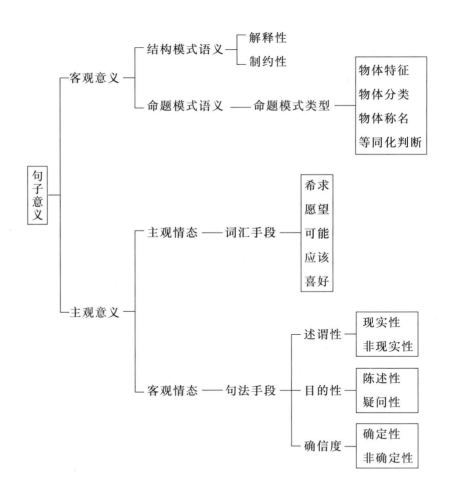

第七章　俄语句子的逻辑语义结构

关于句子的逻辑语义研究，最早是由索绪尔的学生、《普通语言学教程》的编者之一 A. 薛施蔼（Альбер Сеше）在 1926 年出版的《句子的逻辑结构概论》中提出来的。在 19 世纪末 20 世纪初，日内瓦学派的语言学研究更注重语音学或形态学研究，而有关句法学研究的论著在当时是非常少的。即便是在纯粹的句法学研究中，那个时代的语言学家们所热衷的依然是研究历史句法，基于对历史发展中形成的某些句法形式的归纳总结。而关注语言共时研究的语言学也在研究句法形式、句子的形式类型等问题。然而，这些都不是薛施蔼所关注的问题。薛施蔼从一开始就宣布："我们会把形式方面的语法问题搁置一旁，只研究与概念相关的问题，也就是句子的逻辑和心理问题"（Сеше 2003：19）。用更现代的术语表述，这位瑞士语言学者研究的不是句法结构的形式方面，而是逻辑语义与逻辑形式方面的问题，即逻辑语义结构问题。

关注句子的逻辑语义结构与类型学意义，区分句子的语义成分与句子结构成分，可以使我们更有依据地划分简单句的结构语义类型和句子成分，区分出具有混合语义的过渡性特征，并在分析句子时厘清混合语义的含量，确定句子和句子成分的话语分类类型，揭示这些成分的语义修辞特色，进而准确把握讲话人的话语意图，更好地完成交际任务。

显然，句子的逻辑语义结构类型研究是对句子语义进行抽象化处理不同阶段上的任务。关于句子的类型意义，Г.А. 佐洛托娃（Г.А.Золотова）界定的非常严格："类型意义体现为同一模式的大量句子的共性意义"（Золотова 1973：25）。逻辑结构意义是指，在句子语义研究的基础上，对句子的命题内容进行的抽象和概括，用高度抽象的逻辑语义概念来表征某一类句子，统称句子的逻辑语义结构类型。句子的形式结构和语义结构分析表明，按照某一称名模式构建的句子，会有各种各样的命题形式和逻辑语义内容。语言学家们试图把大量的句子命题结构归纳概括成数量有限的逻辑语义结构类型。

在区分句子逻辑语义结构类型和句子语义时，要区分构成句子语义结构的词位语义成分与句子结构语义成分：词位语义成分表现的是语言外现实中真实世界的典型化元素；句子结构语义成分是指句子语义中的逻辑主体、逻辑述体、逻辑客体等要素；句子逻辑语义结构是指它们之间的逻辑关系、特征和状态。

句子结构语义成分常常与句子成分相对应：逻辑主体——主语，逻辑述体——谓语，逻辑客体——补语，逻辑特征——定语，逻辑状态——状语。譬如，句子 Рабочие строят дом 中，逻辑主体是由主语表示的，形式上是名词一格形式，词汇语义类别是指称人物的动物名词；而逻辑客体是由补语表示的，形式上为名词四格，词汇语义类别是指称物体的非动物名词。但是，这种对应并非句子类型的全部：逻辑主体有时可以由间接格形式来表示，而逻辑客体则可以由一格形式来表示。譬如，句子 Дом строится рабочими. 句中的逻辑主体由第五格的词形表示，充当句子的补足成分；而逻辑客体由句子的主语表示。当把句子成分作为句子的结构语义成分来研究时，发现句子成分与语义成分有不对应的情况，甚至有些词汇形式显现有混合语义的情况。句子逻辑语义结构的各种类型意义是相互关联的，这些意义与句子结构模式的成分及其充填的词汇的形态特性有紧密关系。譬如，存在语义和命名语义是每一个句子都固有的意义，只是在一类句子中，这些语义以清晰的、非繁化的形式体现了出来，而在另一类句子中，以背景的形式伴随着主要意义。

句子的逻辑语义结构与句子的形式结构模式、语义结构类型没有直接的、单一的对应关系。句子命题内容的情态框架和形式表述上不同，逻辑语义结构类型亦不同。逻辑语义结构类型的划分，主要是根据命题意向如何在句子中形成和发展来确定的。

第1节 相关理论与概念

薛施蔼认为，句子的语义结构并不是单纯代表某些形式语法特征的形式概念，而是一个逻辑概念，一个心理学概念。句子意义结构中有两个核心：主体和述体，也就是在表层语法结构中的主语和谓语。这种划分与传统语法中的单成分句和双成分句的划分很相似。从人的认知和思维的角度看，任何句子的命题都与这两个核心紧密相关：只有当主体存在时，一个句子才有了传递思想的起始点，而且思想的"运动"一定是沿着从主体向述体这样一个方向进行。他还强调指出，无论如何也不能把主体和述体的关系划归为主从关系，这种关系是完全特殊的一种关系，同时也是非常重要的一种关系（Сеше 2003: 12-37）。

显然，句子意义层面的研究，特别是逻辑语义层面的研究被推到了语言学研究的重要位置。这一剧烈变化的结果就是后来被称之为句子语义研究的浪潮。随着句子结构语义研究的深入，句子的逻辑语义结构类型分析成了句法语义学研究的一个重要组成部分。

清晰地把握构建句子命题的思维过程是划分逻辑语义结构类型的关键。为此，我们首先讨论与此相关的一些基本理论概念。

一、词汇的所指及所指关系

现代语言学创始人索绪尔指出："……词汇是一种始终

反映在我们头脑中的东西,是语言机制中的一种核心单位"(Соссюр 1977：113)。词汇作为语言符号的基本单位,其主要功能是称名。在现代语言学中,能指和所指的概念和理论已经得到广泛的认同和应用。词作为能指的符号单位与词所指的语言外实际内容,构成能指和所指的概念,通过称名功能形成所指关系。

所指关系(referent)一词源于拉丁语 refere,表示"通知、通报"的意思。随着语义学研究的深入,所指关系被广泛应用于词汇语义学领域。语义研究证实,一个实义名词可以对应几种语言外现实所指,也就是说一个词可以与外部现实构成多种对应关系,这种对应关系就是这个词的所指关系。词汇的所指关系是构成命题内容的重要考量因素,因而确定所指关系是研究句子命题内容的先决条件之一。

在语言实践中,一个称名单位常常对应不同的语言外情景,有时可以表示具体物体,有时表示抽象概念,有时表示范畴性称名,有时表示集合性称名。例如:

Этот дуб был посажен еще в прошлом веке.(具体所指)

Есть у нас в парке один дуб. Он был посажен еще в прошлом веке.(具体所指)

Это дерево — дуб.(范畴性称名)

Дуб растет очень медленно.(集合性称名)

分析上述句子可以看出,дуб 一词在不同的句子中的所指关系是不同的：

第一个句子中的 дуб 指的是一个具体的物体,这一物体是讲话人和听话人都知道或讲话时刻俩人都看得到的物体。

第二个句子中的 дуб 同样是指具体的一个物体,不同的是,这个物体只有讲话人知道,而听话人不知道。

第三个句子中的 дуб 指的是对物体类别的划分,是对一类物体的统称,是一个范畴概念。

第四个句子中的 дуб 是一类物体的集合称名,表示这一类物体的特征。

从上述例子可以看出，一个名词所指称的物体实际上可以表达不同的深层语义，表达不同的所指关系。一个词的概括性所指意义可以通过词典的释义来了解和认识，但具体所指仅仅借助于词典就不够了，还必须找出该词与语言外实际的对应关系的指示特征，才能阐述该词的具体所指关系。在研究所指关系时，重要的是区分具体所指关系和概括性所指关系。

1. 具体所指关系

具体所指关系是指，词（通常是名词）应该表示语言外严格限定的实际具体物体。在语言中，一个名词可以表示一个具体的现实物体（человек, велосипед, яблоко, машина, дом, здание）等，如果在话语中要表示出这种具体所指关系，那么，在语用上，必须满足"在讲话时刻谈话双方都已知该物体或是共同的话题"的预设条件，在语言手段上，要有一定的指示性标记，也就是说，对该物体有一定的指示和限定标记。要使一个名词拥有具体所指关系，就必须使这一名词与实际中的某一具体物体等同起来，对应起来。表示具体所指关系的方法有：

1）专有名词：语言中存在的一类名词，专门用来与某些实际物体对应。换句话说，某一名词是其所指实际物体的唯一的称名，故叫做专有名词：

ООН, Пекин, Китай, Россия, Станция «университет»：

2）使用指示代词 этот, эта, это, эти：

Этот дом старинный.

Этот человек — мой учитель.

3）用永久性和非永久性的典型特征来把词汇的所指与实际事物关联起来：

седой человек,

человек с голубыми глазами,

человек в сером костюме,

человек с бокалом в руках 等；

4）用物体的处所特征使词汇与其实际事物构成相关性联系：

человек в кресле,

стол у окна,

яблоня у забора 等；

5）用从属句表示某一特征，限定和修饰某一物体：

человек, который сидит в кресле；

человек, который только что вошёл；

在语言实际使用中可以用一个特征，也可以用几个相互并无联系的特征来限定一个具体的所指：

Сидящий на диване седой человек в черном костюме с бокалом в руке — знаменитый ученый.（那个穿黑西装、手拿酒杯、坐在沙发上、花白头发的人是一位知名的学者）

上述方法使词与它所指称的实际具体物体勾连起来，以便使讲话人和听话人都明白所指的是什么。在实际交际中，这种具体所指通常是在讲话人和听话人直接参与的场合下进行的，这时候具体所指关系很简单：当走过一座老房子时，讲话人可以指着它对听话人讲：

Этот дом построен в начале 19 века.（这座房子建于19世纪初）

2. 概括性所指关系

概括性所指关系是对语言外现实进行范畴概括和逻辑抽象的结果，它与语言外的具体事物没有对应关系，而是与对现实的思维对象所属范畴的认知具有对应关系。

Это судно — рудовоз.

Рудовоз 在这里指的不是一般的船，也不是一艘具体的矿砂船，而是一艘不同于其他类型的船，它具有区别于世界上所有其他类型船舶的一种船舶类型特征。这种概括性所指关系具有集合特征和范畴特征，通常指一类物体具有的共性特征或特点。概括性所指可以有限定成分，其功能是缩小概念的范围：

растение — тропическое растение,

растение — кустарниковое растение,

概括性所指关系是一种词汇语义关系，其典型的语言使用环境是等同句和确定说明句。在这类语境中，具有概括性所指关系的词汇的使用要受到词序的限制，且具有一定的形式标记和典型特征：

1) 表示概括性所指关系的词汇不能与指示代词 это 搭配：

Это растение — тропическое растение.

在这个句子中，тропическое растение（热带植物）是具有概括性所指关系的词组，表示植物中的一个类别。指示代词是讲话时刻把某一物体具体化的标示手段，因此，在这个句子中，тропическое растение 之前不能添加 это, тот 等指示词。

2) 在概括性所指关系词汇适用的典型句型——确定句和等同句中，这些句式在词序上有特定的规约：具有概括性所指关系的词汇通常位于句尾，做合成谓语部分：

Это растение — тропическое растение.（这种植物是<u>热带植物</u>）

综上，所指关系是词汇逻辑语义结构分类的一个重要概念和区别特征。在语言的使用中，词汇的所指关系不同，完成的叙述功能不同，构建出的句子的深层逻辑结构也不同。

二、动词的语义配价、支配模式与句子题元结构

词汇的句法搭配能力是词汇与语法相互作用的一个领域。相互作用的基础是某些共性的规则，其中最主要的是语言单位的句法联系手段和语义搭配性能，决定句子句法结构

的正是进入句子的词位的语法性能和语义特征。这些规则表现在词汇和语法的交叉层面上，形成了词汇（述谓动词）语义配价、支配模式和句子题元结构等理论概念。

1. 动词的语义配价

配价理论是现代语义学研究中的一个重要理论，是词汇语义分析层面的重要指标和参数。动词的语义配价是指满足该动词词汇语义完整性所必须的语义要素。其原理如同化学分子式的配价模式：要满足一个分子的存在与平衡，其原子成分的价位必须保持相应的数量。譬如：CO_2，OH_2 等。同理，一个动词的语义结构中的义素成分也必须满足词汇意义的需求。譬如：俄语动词 читать 要表达"读"的意义必须满足两个义项：一个是有"读"这一行为能力的主体，另一个是满足动词行为要求的语义配项，即可读的物体（书、杂志、报纸等）：

Он читает книгу.

再如：

Иван Иванович едет из Москвы в Петербург.

在句子中，动词 едет 将主体的位移运动与表示地点的两个城市名称联系在一起，揭示运动动词语义配价特性，即运动动词必须的语义配价——"起点"与"终点"，此外，该动词的语义配价中还含有"乘坐交通工具"的语义成分。这些语义要素通过动词的"体""时"和"态"等语法范畴体现出 Иван Иванович 与两点（这两个城市）之间运动的现实关系：表示"当下（讲话时刻他正从（из）一地到（в）另一地"的深层语义关系。动词词汇语义决定动词的配价能力，配价能力决定该动词的支配模式，进而决定句子的形式结构模式。

2. 动词的支配模式

支配模式是词汇－语法层面的概念。动词的支配模式是动词语义配价在句法层面的体现形式。动词的支配能力在逻辑语义结构模式的形成中起着决定性作用。这种支配能力是由动词的词汇语义配价类型决定的,词汇语义配价类型的基础逻辑概念决定了动词的支配模式类型。

动词支配模式是一个词的词义中关于结构语义搭配信息的语法形式体现。词汇的结构搭配性能,首先是指其积极的语义配价,即它联合结构上对它有依赖关系的词汇的能力。词汇支配模式注释中的变量对应于该词语义配价,称作结构语义角色。**满足一个词词义自足所必须的结构语义角色的组合就构成了该词的支配模式**。只有知道动词的语义配价和基本支配模式,才能正确诠释出它的词汇意义和语法意义。譬如,我们要想正确理解动词 покупать 的词义,就必须了解它的语义配价、支配关系和模式等要素,这些语义要素包括:主体角色(кто——买方)、客体角色(что——东西)、契约方角色(у кого——卖方)、第二客体角色(за сколько——多少钱)等,没有这些成分就无法解释 покупать 词义的语义特征。譬如,在句子 Я купил у соседа книгу за тридцать рублей 中共有四个结构语义角色,只有这四个成分共同存在并有机组合在一起才能表示出"买"的词义,如果去掉 за сколько 这一价格角色就无法区别"买"(покупать)和"拿"(взять)的区别;而去掉卖方这一角色,则买卖的行为就无法实现,因为没有"卖"就无法进行"买"的行为了。

当动词语义配价转换成其支配模式时,并非所有的语义配价要素都被选入支配模式,而是依据动词行为的主要范畴特征,选择可支配的必须义素构成该动词的支配模式。以 покупать 为例,它的支配模式是(主语)+动词谓语+补语(что)主体+述体+客体的模式:S+P+O 的逻辑语义结构模式。进入支配模式的所有配价成分在转换成表层结构时都应该进入称名结构模式,构成句子的 $N_1+V_f+N_4$ 的称名结构模式,因为在脱离上下文的情况下,该支配模式尽最大可能给句子提供了满足信息完整所必须的语义角色成分。而其他义素潜伏在该述体的语义结构中,并根据讲话人实际交际意图的需要，在句子中全部或部分地实现出来。

3. 句子题元与题元结构

句子题元结构是句法结构层面的概念。是指构成句子命题所需要的元素，这些元素是由动词语义配价通过支配模式的语义角色转换而来。也就是说，在句子中，拥有一个或几个语义配价的词位叫作述谓词，该词位语义层面的配价要素，转换成语法形式就变成为支配模式中的结构语义角色，进入句子后这些语义角色就转换成构成句子的命题元素，故称作题元。由这些题元构成的句子结构称作题元结构。

句子是交际的产物，句子的命题受制于交际意图，由交际任务所决定，因此，题元结构是动态的、变化的结构。题元结构既不等同于语义配价，也不等同于支配模式。例如，动词арендовать（租赁）必须包括下列语义配价：租赁主体（тот, кто арендует）、租赁的第一客体（то, что арендуют）、契约人（тот, у кого аредуют）、租赁的第二客体（то, за что аредуют）和期限（то, на сколько арендуют）。这些语义配价对于诠释арендовать词汇语义是必须的也是足够的，全面体现了"租赁"这一行为的完整情景。在保持词汇意义独立完整的条件下，其语义成分和数量上的任何改变都会使"租赁"的情景转变为其他的情景。例如，保留其他语义配价不变，去掉关于期限的成分，那么"租赁"就变成了"买卖"，如果去掉第二个客体（价格），"租赁"就变成了"借用"，如果把期限和价格都去掉，那么，"租赁"就变成了"赠给"。因此这五个语义角色就是租赁这一动词的语义配价，这些配价都是从该动词的词汇意义中厘析出来的。

当我们说"A租赁了C"这样一句话时，表层结构上它构成了最小称名模式：$N_1V_f+N_4$的形式；逻辑语义结构上构成主体＋述体＋客体的模式：$S+P+O$的形式；句子交际层面上构成了满足句子命题意义的题元结构。虽然这句话中没有说出动词语义配价中的全部要素，但这句话本身就暗含着下列信息:"某人 A 用一定的补偿方式(租金)D 从另一个人 B 那里获得到对 C 的使用权多长期限 T"。在实际话语活动中,讲话人可以根据交际情景和交际任务,在最小称名模式的基础上任意使用该动词语义配价中的任一其他要素,构成不同的题元结构,例如:

Он арендовал квартиру.(最小称名模式,2 位题元结构)

Он арендовал квартиру <u>на месяц</u>.(添加了期限,3 位题元结构)

Он арендовал квартиру на месяц <u>за 500 долларов</u>.(添加了价格,4 位题元结构)

Он арендовал <u>у знакомого</u> квартиру на месяц за 500 долларов.(添加了出租方,5 位题元结构)

4. 句子的变元及其功能

在语言现实中,句子的交际内容远远大于最小结构模式和最小称名模式,句子中除了进入动词支配模式的那些语义配价成分外,还有可以表示其他交际内容和其他情景的参数,这些扩展成分可以补充时间、地点、条件等许多要素,这些要素被统称作变元。例如:

Он <u>вчера</u> купил у нее книгу.

时间状语 вчера 不进入动词语义配价和支配模式,因为在注释 купить 词汇意义时,没有时间这一语义特征,故这一扩展成分不能进入题元结构,它只是句子的一个变元。再如:

Арендовал <u>прошлым летом</u> <u>под Москвой</u> садовый участок.

Арендовали клуб <u>для проведения собрания</u>.

这两个句子中,动词 арендовать 的语义配价并没有全部实现,而是根据交际意图的需要,添加了其他变元成分。可以看出,语义配价要素并未完全体现出来,而是潜存在动词的词汇语义结构中,这并不影响句子的意义完整性和结构完整性,不影响对句子意义的理解。

显然，并非句子的所有情景参数都可以转换成句子的题元。题元与变元的不同在于，题元是动词语义配价要素转换而来的，可以构成句子的题元结构，可以进入表层结构的称名模式；变元不是由动词语义配价转换而来的，而是讲话人根据交际任务而选择的、题元结构之外的扩展成分，是传统语法中称作次要成分的要素。譬如：

Он разрубил мясо топором на три куска.

上述基本理论和概念是句子的逻辑语义结构类型研究的基础理论。

目前，在现代语言学研究中，对句子的逻辑语义结构类型的研究尚在起步阶段。学界对该领域的研究尚没有统一的分类标准和公认的判据，有些学者将俄语简单句划分为四大逻辑语义结构类型，有些学者则划分出五大类。其中有交叉和重复的部分，也有各自不同的划分考量和依据。主要的不同还是在于对句子类型进行概括和抽象的程度和标准不同。

本书依据句子交际意图和任务、句子中词汇的所指关系、句中述谓性特征等重要判据，本着尽最大可能用最少逻辑结构类型涵盖绝大多数句子的宗旨，将句子逻辑结构类型划分为四大类：说明句、存在句、命名句和等同句。

第 2 节　说明句

在现代俄语语言中，说明句（предложение характеризации）是最积极、最基础的逻辑语义结构类型，是陈述句的基本形式，俄语中大部分句子都是说明句句式。

说明句又称作描述句，评述句。主要用于描述具体物体、事件、现象、概念等的行为、特征、状态、关系等信息：

Петя — брат Сережи.

Иван Иванович поехал в Петербург.

Этот город очень старый.

Его соображение на этот счет интересно.

按照说明句的形式结构模式可以生成深层逻辑语义结构各不相同的句子。根据句子中主体与述体之间的逻辑语义关系，以及句子深层结构的语义特征，可以把说明句划分成三个分类型：

叙述说明句（реляционные предложения）
确定说明句（предложения определенной характеризации）
状态说明句（предложения обстоятельственной характеризации）

一、叙述说明句

叙述说明句是说明句中的主要类型。这一逻辑语义结构句型的主旨功能是对主体进行描述。概括地说，对主体的说明描述，就是句子所要表达的某种现实逻辑关系的语言体现。即句子中主体通过述体，将那些与其有联系的某种现实关联起来，使词汇相互之间建立起某种符合现实的逻辑语义关系，并通过句法形式表现出来。譬如：

Он рисует берёзу.

在这个句子中，动词 рисует 用一个行为动作将主体 он（行为的发出者）与客体 берёзу（行为的结果）联系起来，并通过句式的形式句法手段，表明他们之间的逻辑语义关系和结构功能。

在叙述说明句中，动词的作用和功能是十分重要的。从词汇—句法结构模式看，在说明句中，叙述说明句是最基本的、数量最多的句式，而在叙述说明句中，动词句是该类句子中的主要类型。

1. 叙述说明句的逻辑语义结构

构成叙述说明句表层结构的主要结构模式是 N_1V_f 及其各种扩展模式。在这一结构模式的基础上可以发展出不同的称名结构模式，其功能就是把那些能代表现实中实际情景和状态的语言单位联系在一起，并在这些语言单位之间建立起各种不同类型的逻辑结构关系，建构成满足交际意图的句子。

在叙述说明句主要类型 N_1V_f 模式及其扩展模式中，主体 N_1 是句子的出发点和起始点，是被说明成分（характеризуемый），述体 V_f 是由动词变化形式充当的谓语，是说明成分（характеризующий）。根据述谓动词的配价能力和支配模式构成的句子，在深层语义结构层面体现为句子题元结构。

根据叙述说明句词汇语义特点及功能，对以 N_1V_f 模式为基础的叙述说明句的语义类型进行抽象分析和归纳，发现该句式的现实逻辑关系大多可以确定为事件性关系，在句子逻辑语义层面上，表现为基本逻辑语义结构是 S + P + O 模式，即主体 + 述体 + 客体的逻辑语义关系。

1.1 逻辑主体

从句子的逻辑语义结构看，主体总是句子线性思维和叙述的起始点和出发点，是句子中的已知信息。在动词叙述说明句的支配模式中，位于动词之前的名词一格形式，在传统形式语法层面称作主语；在句子的结构语义分析中，在逻辑语义层面充当行为主体角色；从题元结构看，主体总是位于述体的左侧，通常规约为动词的左题元，又称作主体题元。在双成分句中，主体题元是构成述谓性核心结构的成分之一。

在叙述说明句的逻辑语义结构中，主体可以由各种不同词类和不同语义类别的词汇充当。一般情况下，表主体的词汇所指关系比较具体，这是叙述说明句的典型语境，在这种情况下，主体是由表示具体所指关系的名词来表示：

Мой сын учится в институте.

Приятели завидуют его успеху.

Студенты поехали на практику.

主体可以不是动物名词或人称代词，而由一般的具体名词或抽象名词充当，主体的概念获得更大的外延，可以泛指位于述体左侧的形式主语。通常情况下，充当这类句子主语的名词具有具体所指关系，常常带有指示代词 это：

Этот музей пользуется большой популярностью в нашем городе.

Это научное направление кажется весьма перспективным.

Эта задача решается всем городом.

有时，抽象的主体角色也可以由功能性名词充当，所谓功能性名词多指动名词，其本身具有支配和管辖能力：

Любовь к природе — вот и счастье.

Занятие спортом помогает ему выздороветь.

1.2 逻辑述体

在叙述说明句的逻辑语义结构中，述体是句子的逻辑核心，是对主体行为的描述和说明，是句子的重要信息部分。从题元结构看，述体是该结构的核心元，具有支配和管辖左右题元的功能和能力。

在现代俄语句法学研究中，特别是在动词类叙述说明句的研究中，"动词中心论"原则是有效研究方法。在动词类叙述说明句子中，充当述体的动词是句子核心，除承载着诸多语法范畴意义外，动词本身的语义也决定着句子的结构。由于动词本身语义范畴和类别极其宽泛，可以用来说明或描述主体的各种行为、关系、状态、特点等，就动词类叙述说明句本身而言，其逻辑语义结构的内涵较少，故其外延非常大。受动词词汇语义的影响，该句式涵盖的言语逻辑语义类型比较多。因此，研究动词叙述说明句的逻辑语义结构及其变体，必须由研究动词的词汇语义配价开始。本书在此不作类型学分类的研究，仅从动词的逻辑语义类别和配价能力来描述该类句式结构模式特点（见叙述说明句的实现模式一节）。

1.3 逻辑客体

在叙述说明句中所描述的客体是广义上的客体，指主体行为所涉及的对象或行为的后果产品。从题元结构看，客体总是位于述体的右侧。在动词右侧的成分，在传统语法中是受动词支配的从属成分，常视作各种补语成分和状语成分；

在句子语义层面称作客体及其扩展成分，逻辑语义结构研究中常统称为述体动词的右题元，又称作客体题元。

在叙述说明句式中，动词的右侧扩展成分通常是由名词或各类词组以带或不带前置词的各间接格形式、动词不定式、副词等形式充当：

Он рисует берёзу.

Памятник находится в центре города.

由于客体题元总是受动词的支配和管辖，所有动词本身的语义类别是不可忽视的因素。有些动词，譬如动词 видеть/увидеть 的语义要求主体和客体都只能是具有具体所指关系的名词：

Он увидел озеро.

"看见"这一动词的语义配价特性要求，客体必须是在主体的视野范围内的具体物体。试比较：

Я знаю озеро Байкал.

Я суйчас уже вижу озеро Байкал.

所以，在动词 видеть/увидеть 的语义域内，不能用抽象名词，也不能用动词不定式做逻辑客体。

在有些情况下，右题元表示客体与某一处所或方位的关系：

Он позвал его на дачу.

在这类句子中，右侧题元除直接客体外，还有一个表示地点意义的成分，这不是一般意义上的状语，而是动词语义要求的另一个扩展成分，表示对该动词所述行为的补足，"客体应出现在某一地点"：

Они пригласили его к себе.

Мать отправила сына в лагерь.

这种情况是动词本身语义配价要求的，述体右侧题元的数量是由动词语义配价和支配模式决定的。研究时必须考虑述谓动词的配价及其相关问题。

2. 叙述说明句的实现模式

动词语义配价通过动词支配模式在句子中得以实现，动词的语义类别决定了其语义配价的数量，并通过结构语义角色以最直接的方式转换成题元结构，影响叙述说明句的结构模式及其语义变体形式。因此，根据动词语义配价数量，可以把叙述说明句细分为：

1）一价述体叙述说明句

这种说明句型结构模式是最小结构模式：N_1V_f。

通常描述行为主体的有意识或无意识的行为，如：

Старушка дремлет.

Лампа горит.

Сад цветет.

从这些例句可以看出，一价动词构成的说明句与最小结构模式完全吻合，也就是说，这类动词只要求匹配主体词位即可满足句子的命题需求，构成语义完整且符合句法规则的句子。

充当句子主体成分的可以是不同的词类和不同的语义类别：代词、表示人物名词、具体名词、集合名词、抽象名词等。

2）二价述体叙述说明句

这种说明句型的结构模式是最小称名结构模式：$N_1V_f + N_4/N_{pr}$。

这种说明句的典型句式主要是由及物动词构成，表示行为主体发出的行为所及客体：

Студент читает книгу.

根据动词语义的不同，部分二价动词可以用带或不带前置词的各种名词间接格形式描述客观现实意义：

Я возненавидел его.

Он учится математике.

Иванов заведует сектором.

Этот лингвист владеет многими языками мира.

Отец беспокоится о сыне.

Она отвыкла от курения.

3）三价述体叙述说明句

这种说明句型的结构模式是扩展的称名结构模式：$N_1V_f + N_4/n + N_3/N_{pr}$。

三价述体是指，在动词的语义配价中除了表示主体的义项外，还必须有两个客体义项，通常可以表示行为客体和与该行为参与者之间的某种联系，代表这种句式的典型动词是 дать：

Он дал приятелю книгу.（кто-кому-что）

而当表示从某人（处）拿走、没收、剥夺物体时，某人用 у кого 表示：

Он взял у приятеля книгу.（кто - у кого - что）

从例句可以看出，作为行为参与者无论其语法形式如何，在深层逻辑语义中都隐含着与句中直接客体的关系：在前一个句子中，由于主体的行为结果，行为参与者对客体的关系发生了变化，即从"不拥有变为拥有"；而在后一个句子中，由于使用动词的不同，句子语义发生反向的变化，参与者与客体的关系随之变化，即从"拥有变成了不拥有"。

在三价述体的实际使用中，下列动词的用法要给予特别的关注：

Она послал ему письмо.（кто-кому-что）

Он учит его иностранному языку.（кто-кого-чему）

动词 послать 的用法与动词 дать 相同，第三格表示行为的参与者，第四格表示直接客体。而动词 учить 则把行为的参与者作为直接客体，把行为涉及的对象用作第三格的间接补语形式。显然，这两个句子的句法结构是不同的，这种不同除了动词本身的语义要求外，补语和间接补语成分的所指关系也是重要的因素。

动词词汇语义决定该动词的语义配价能力，因而赋予了该动词选择进入动词支配模式的词汇类型及其题元搭配的能力和可能性。例如，动词 дать 受其语义类别和范畴的限制，通常要求配价中一定要有一个行为参与者（受体），而表示直接客体名词具有具体所指关系，主体、受体和客体三者之间的逻辑关系构成动词 дать 语义配价，这种语义配价进入表层句法结构，常常表征为该动词的支配模式，对支配模式的语义角色填充，构成句子的题元结构。

而动词 учить 语义配价和动词 дать 语义配价都是三价，但对其配价成分的所指关系的要求不同：动词 учить 的行为主体可以是具体的物体名称（人、物），也可以是抽象名词；而行为的直接客体通常为动物名词，间接客体通常是集合名词或抽象名词，也可以用动词不定式：

Он учит его математике.

（主体 кто —— 人称代词；直接客体 кого —— 人称代词；间接客体 чему —— 集合名词）

Он учит нас доброте.

（主体 кто —— 人称代词；直接客体 кого —— 人称代词；间接客体 чему —— 抽象名词）

Эта повесть учит нас доброте.

（主体 что —— 具体名词；直接客体 кого —— 人称代词；间接客体 чему —— 抽象名词）

Жизнь учит нас доброте.

（主体 что —— 抽象名词；直接客体 кого —— 人称代词；间接客体 чему —— 抽象名词）

Учить 在表示传授知识，使获得某种技能、特质等能力时，可支配动词不定式形式：

Литература учит нас быть мудрыми.

（主体 что —— 抽象名词；直接客体 кого —— 人称代词；间接客体 —— 动词不定式 + 抽象名词）

Он учит его читать.

（主体 кто — 人称代词；直接客体 кого — 人称代词；间接客体 — 动词不定式）

叙述说明句的最大特点就是，描述作为主体的人（物）是如何通过某种形式与外部世界发生联系的情景，以此来确定内部语言（人脑内部的认知世界）的各种关系，以及事物间的各种抽象关系。因此，叙述说明句的主体大多是表示人的称名名词 Иван, Сергей, учитель, студент, врач 等，或人称代词 он, она, мы, вы 等：

Иван Иванович строит дачу.

Студенты идут в кино.

Она плакала.

在叙述说明句中，可以使用具体物体名词和抽象名词，也可以使用具有事件性意义的成分（动名词或动词不定式 + 一个词形或组词）做补语成分，表示客体。在有些情况下，句子表示的关系比较复杂，常常是多命题之间的关系，这样的句子构成了复杂简单句 —— 从结构上讲是简单句，从语义上讲是复杂句，通常叫作多命题简单句。试比较：

Он читает книгу.（一般简单句）

Он приглашает меня в поездку по Волге на теплоходе.（多命题简单句）

关于叙述说明句的成分构成可参见"句子的结构成分"一章。

3. 叙述说明句的同义转换

同义转换是句子的一种特殊变异或改造，主要指在意义不变的情况下句子的形态发生改变，这是因为句子中主要成分的词汇类别或形式发生改变而致。在叙述说明句中，并非所有的句式都可以进行这种改造，实现同义转换通常必须满足以下几个条件：

1）两个句子动词支配模式具有相同的题元成分；

2）这些成分是由词汇语义相同的词汇表示的；

3）同一词位在不同的支配模式中充当不同的角色。

满足这些条件才能完成叙述说明句的转换和改造，譬如：

3.1　主动态 — 被动态的转换：

Математика увлекает его. —— Он увлекается математикой.

Она читает лекцию. —— Лекция читается ей.

3.2　多命题简单句中，动词不定式及其词组 ——动名词词组也可以进行同义形式转换：

Он приглашает меня <u>поехать по Волге на теплоходе</u>.

Он приглашает меня <u>в поездку по Волге на теплоходе</u>.

3.3　多命题叙述说明句 ——同义复合句的转换：

Он просил меня помочь ему. ——

Он просил меня, чтобы я помог ему.

在这种叙述说明句的语义结构变体中，表示状语意义的名词词组或副词通常叫作功能地点，即可以完成某种功能的地点。譬如 лагерь— место для отдыха，功能是暗含在地点的称名中的。这种隐含的意义也可以用显性的形式表示出来：

Мать отправила сына <u>отдыхать в лагерь</u>.

Мать отправила сына <u>в лагерь на отдых</u>.

但是，有些学者认为，在这种情况下，不能认为叙述说明句是三位述体，因为表示地点意义的名词可能是由动词不定式或动名词支配的。

二、确定说明句

确定说明句是一种特殊的说明句式，其常用的称名结构模式为 N_1+N_1 和 $N_1+Cop_f+N_{1/5}$，Adj 等形式，确定说明主体与某人（某事）之间的状态或关系等。这种句式中充当述体的成分通常是名词类词汇，故又称作名词性说明句，通常的结构模式为最小结构模式。

对主体的描述可以有不同的表现形式，概括起来可抽象为句子成分间某种逻辑语义关系的确定。任何词汇语义类别都可以充当确定说明句的成分，语义不同的主体与述体搭配构成并决定着确定说明句的逻辑语义结构。这类说明句可以是单命题的，也可以是多命题的，确定说明句在不同句式中的表现亦不同。

根据句子逻辑语义结构特征的不同，确定说明句可以区分为：

特征确定句（характеризация по признаку）；

状态确定句（характеризация по состоянию）；

类别确定句（классифицирующая характеризация）。

1. 特征确定句

特征确定句的一个普遍性特点就是根据一个或几个特征对主体进行确定性描述，其主要结构模式是 N_1+Adj：

Он умный.

特征确定句是指主体具有某一特征，且这一特征是主体固有的或相对固定的特征。因此，在这种句式中表示一种常态，不能带有时间、地点等状语成分，因为相对固定的特征是不能用时间来修饰的，譬如不能说：

*Он сегодня умный.

在这类句子中，主体词汇的语义不同，所承载的特征亦不同。根据主体词汇语义特征和所指关系，可以分以下三种情况来描述特征说明句的子类型：

1.1 具体主体的特征确定句

具体主体是指由具体所指关系词汇充当主体的情况。根据句子的语法语义特征判断，具体主体特征确定句属于静态句，在语言中可以用专门的词类——形容词表示这类特征，形容词多用长尾，有时也可以用短尾：

Дом высокий. — Дом высок.

Он умный — Он умен.

这种句式中的主体可以是动物名词也可以是一般具体名词，但都可以具有一个不变的或相对稳定的特征。

在具体主体的特征确定句中，根据主体词汇语义类别和语法范畴还可以分出两组：

1.1.1　动物性名词为主体

主体由表示人的具体名称或人称代词充当的特征说明句。在这类特征说明句中，述语多是静态名词，主要描述人的下列特征：

1）身体上和生理上的特征：

Он сильный.

Она уродливая.

Он слишком толстый.

Он совсем седой.

2）心智上的特征：

Он умный.

Она добрая.

当代词做主体时，在表示特征的形容词后面常常会出现 человек, мужчина, женщина, мальчик, девушка 等：

Она симпатичная девушка.

Он умный человек.

3）道德伦理方面的特征：

Он отлично воспитан.

Она образованная.

1.1.2　非动物性名词做主体

非动物性名词做主体时，句子述谓成分可以表示下列特征：

1）外在的特征：

Розы были алые.

Река совершенно пустая.

2）对物体功能的评价：

Кресло было удобным.

Этот станок — с повышенной производительностью.

3）限制物体的用途：

Это кресло — для отдыха.

Этот столик — телевизионный.

1.2 抽象主体的特征确定句

具有抽象主体的特征确定句中，述体通常表示新事物、逻辑性、真理等抽象思维。这种句式的结构模式 $N_1+Adj_{1/5}$，表示思维结果：

Эта работа весьма перспективная.

Идея интересная.

Это мировозрение было весьма прогрессивным.

Его гипотеза кажется смелой и обоснованной.

Лесть отвратительна.

在表示对具有抽象主体的生理、心理或其他现实现象进行确定的特征说明句中，述体通常表示一种评价，在这种情况下常用的结构模式是 N_1+Adv：

Ложь — это всегда плохо.

这种句式的一个典型特点是，当表示抽象意义的主体与副词性述体搭配时，通常使用语气词 это：

Точность — это всегда хорошо.

1.3 事件性主体的特征确定句

这种句式的主要特征是主体本身表示事件或行为，多由动名词表示。主体的事件性语义决定了句子的多命题特点。事件性主体可以由动名词表示，也可以由动词不定式表示。构成的结构模式有：

$N_1+Adj_{1/5}$：Прогулка была приятной.

Бег полезен для здоровья.

Женитьба — шаг серьёзный.

N_1+Adv：Авария — это страшно.

Inf+Adv：Кататься на конгах было весело.

在事件性主体的特征确定句中，述体可以表示下列特征：

1）事件的外部特征，首先是时间特征：

Собрание было коротким.

Прения были долгими.

2）事件的强烈程度：

Дождь был сильный.

Собрание было бурным.

3）如果主体所表示的事件是指有人自觉或不自觉参与的事件，则述体也可以表示事件对人的影响：

Бегать — полезно.

这里暗含着谁跑步，谁就会受益的意思。

2. 状态确定句

状态确定句表示某种不稳定的、暂时的状况，即讲话时发生或存在的状况、状态和事态。与特征说明句一样，状态确定句也是根据某一特征对句子主体进行描述的，主体同样具有某一特征，但不同的是这一特征是暂时的、有时间性的、不稳定的。因此，在句子中，可以用 вчера, сегодня, сейчас 等时间副词。试比较：

Он болен — Он сегодня болен.

状态确定句的主要形式结构模式有：

N_1+Adj_{fsn}：Он болен.

N_1+$Prat_{fsn}$：Она возмущена.

$N_1 V_f$：Дети играют.

$V_{s3/n}$：Светает.

Adv：Темно.

从这些形式结构模式看，状态确定说明句有动态和静态之分。动词句按动词模式生成，静词句按名词性模式生成。与此同时，这些模式中也有双成分句和单成分句之分。

1)静词句的主要形式结构模式有:N_1+Adj_{fsn}, N_1+Part_{fsn}, Adv。从表层形式结构看,其中有双成分句:

Он сейчас занят.

也有单成分句:

Ему тяжело.

需要说明的是,形容词可以表示持久的、稳定的特征,也可以表示暂时的不稳定的特征。通常情况下,长尾形容词表示稳定的特征,短尾表示暂时的特征。因此在静词性状态确定句中:形容词只能用短尾形式。试比较:

Он больной(человек).(特征说明句)

Он болен.(状况说明句)

在单成分的静词句中,表示自然环境状态的句子中通常可以使用方位词 на дворе, на улице, в комнате 等,替代了状态的承载主体:На улице холодно. 在汉语中,这种情况下要有一个模糊的描述主体对象,譬如:

На улице было уже темно. 在汉语中说 "外面已经很黑了"。(泛指房子以外)

2)动词句的主要形式结构模式有:N_1+V_f, $V_{s3/n}$。如果说动词都有支配模式,那么,只有当动词不带有右侧扩展成分时,即满足最小结构模式时才能构成状态确定句,试比较:

Он думает над решением этой задачи.(叙述说明句)

Он сейчас сидит и думает.(状态确定句)

根据动词左侧有无扩展成分这一特征,动词性状态确定句可以分为双成分句和单成分句。

双成分句通常又叫人称句,指句子的主体是某种状态的主动载体,例如:

Он сейчас занимается.

Мы смутились.(Пушкин)

Накануне решительного дня Марья Гавриловна не спала всю ночь.(Пушкин)

Девушка тяжело дышала и улыбалась.（Атаров）

Она была ошеломлена, согнулась, съежилась и точно состарилась сразу на десять лет.（Чехов）

双成分的状态确定句还可以表示习惯技巧、能力等特征：

Он поет.

Она уже плавает.

Она прекрасно рисовала, писала стихи, говорила на пяти иностранных языках, пела.（Чехов）

在这种情况下，动词用来描述主体相对稳定的状态。在这种句式中，通常用动词未完成体、现在时，一般不带扩展成分，表示主体的能力、习惯、技能等：

Он рисует.（他会画画）

Она уже читает.（她已经会读书了）

Он много читает.（他读书很多）

在双成分句中，充当主语一格的可以是非动物名词，但通常是人体的一部分，或人的活动的一部分：

Сердце у него билось и лицо горело.（Чехов）

Сознание его затуманилось.（Чехов）

单成分状态确定句是指，句子中只有一种以述体形式表示的某种状况或状态。在这种单成分句式中，动词型单成分句式是比较活跃的一种，表示下列情况：

（1）在交际中，表示不以主体意志为转移的状态，通常表示一种病态的、不正常的状况：

Ему не читается..

Мне не спиться.

В эту ночь мне не спалось.（Атаров）

Ему что-то мерещится.

Его мучит.

Меня знобит.

（2）表示自然界的某些变化或状态，这些状态不以人的

意志为转移而独立存在。在俄语中没有词汇能准确表示"围绕在我们周围的环境"这样一种意思,譬如表示:

Похолодалось.(天变冷了);

Смеркается.(天开始黑了);

Темнеет.(天暗了下来);

Светает.(天亮了)

对于这样一些自然状态,不同语言的表达方式是有差别的。汉语中说"天亮了"中的"天",在俄语中是没有相对应词汇的,Похолодалось.是无人称句,其动词词汇语义中本身就隐含有天气的义素在其中(天变冷了),所以是不需要突出主体的。这一点与汉语恰恰相反,汉语中要说明这样一种状态,必须要加一个主体:譬如:"天亮了",如果我们只说"亮了",恐怕没有谁明白,是什么亮了。因此,如果要表示Светает 的意思,必须把主体"天"字加上,说"天亮了"。

需要注意的是,在单成分的状态确定句中,静词句和动词句的结构模式和语义特征是不同的:在单成分的静词句中,表示自然环境状态的句子中通常要使用方位词 на дворе, на улице, в комнате 等,表示状态的大致范围:На улице холодно.而在单成分的动词句中,通常不带表示地点方位的成分。这主要是由动词本身的词汇语义所致:在俄语中,这类动词常表示一个变化过程:Темнеет(天变黑了),Похолодалось(天变冷了),而俄语中没有能准确表示这样一些自然状态的主体词,也不需要确定该状态的范围。

3. 类别确定句

类别确定句是指,主体具有一系列特征,这些特征联合成一个概念。这种概念具有评定、划分等级等功能和色彩,例如:

Она умница.

在特征说明句和状态说明句中,每个句子会表达一个特征,而确定类别的说明句将一组特征联合在一起,形成一个具有评价色彩的概念，用来说明主体，换句话说，确定一个概念用来给主体一个评价，或将其划归为某一类别。譬如，умница（聪明人）包含很多特征信息：聪明、好学、反应快、会处理事等许多特征汇聚在一起才能构成"聪明人"的语义概念。

类别确定句与特征确定句一样，都是具有固定和相对固定的特征，不同的是，特征确定句中主体的特征通常用形容词来表示，而类别确定句中主体特征的集合概念通常是由名词表达的。

类别确定句又可细分为评定性确定句（квалифицирующие предложения）、关系性确定句（реляционные предложения）和解释性确定句（экспликативные предложения）。

3.1 评定性确定句

评定性确定句的形式结构模式主要是 N_1+N_1 的形式，充当谓语成分的通常是具有评价色彩的名词：

Он отличник.

这种句型可以由系动词 являться 构成的句子替换，其结构模式为 $N_1+Cop_{s3}+N_5$：

Он является отличником.

在评定性确定句中，时而也有 N_1+V_f 模式构成的动词双成分句，但使用的动词非常有限。比较典型的动词是 принадлежать：

Он принадлежит к числу подающих надежды.

由于主体的所指关系不同，评定性确定句可以表示不同的语义信息：

1）表示一个人属于某一类型或群体，这一群体或类型是根据某些生理或情态特征划分的，譬如：

Он силач.

Она умница.

Алексей — молодец.

Иван Иванович — чудак.

这样的句子同样也是描述一个人的特征，评定性确定句与其他确定句不同的是，这种评定性确定句表达的是对一组特征的综合概括，是以一个概念的形式体现出来的；特征确定句描述的是一个特征，一种性质；状态确定句表示一个暂时的不稳定的特征。试比较：

Он умница.（评定确定句，表示由一组特征概括出来的一个概念）

Он умен.（状态确定句，表示一个暂时的、不稳定的特征）

Он умный.（特征确定句，表示一个稳定的、相对恒久的特征）

2）主体是由非动物性具体名词表示时，述体通常使用范畴化词汇，表示主体属于该范畴，且是具有许多典型性综合特征的物体。例如：

Это дерево — тополь.（表示这棵树具有这一类树特有的叶子、枝干）

Этот камень — гранит.（表示这块石头具有此类石头特有的综合性特征）

3）在评价性确定句中，主体使用事件性名词和抽象名词的情况不多。这是因为事件性名词，特别是抽象名词本身就已经具有一定概括意义，或经过抽象获得概括意义了，因此很难再与表示概念的述体搭配。很难想象类似 мысль, идея, сознание, 以及 прогулка, чтение 这样的词与什么样的抽象概念组合。但是，这并不是说，事件性名词和抽象名词完全不能构成确定说明句。有一类表示人的心智活动的产品，或文学创作产品的名词可以与一些具有分类或鉴定性色彩的述体搭配。譬如：

Это собрание — конференция.

Эта книга — коллективная монография.

Это произведение — роман в стихах.

Эта пьеса — трагикомедия.

3.2 关系性确定句

确定关系的说明句是确定句中的一种，其基本结构模式为 N_1+N_1 形式及其变体形式。

1) 用于说明主体与其他人或事的关系，主语常用人称代词，构成如 Pron+N_1 模式：

Она внучка Ольги Александровны.

在这种句型中，由于句子逻辑结构和语义的限制，充当谓语的名词本身并不能单独使用，譬如，没有上下文时不能说：

*Он сын.

*Она внучка.

这是因为这类确定句本身的主旨功能并不是描述主体本身做什么，也不是描述主体本身的状态和特征，而是确定主体与另外一个人物的身份关系，譬如：Он сын Петрова. 因此，在这类句子中，充当谓语的名词后面必须有限定成分，表示领属特性，说明主体与他人的关系。

需要注意的是，这种关系句式不同于 Он инженер. 这类职业性确定句。在这类句中，谓语名词可以不用任何修饰限定成分独立存在：Она учительница. Он инженер. 而 Он сын Петрова 这样的确定说明句描述的重点不在于"他是儿子"，而在于他是"谁的儿子"，因此就必须有表示领属关系的限定成分。这两种句子分别属于说明句中的不同逻辑语义结构子类型，其述谓成分的词汇语义有一定的制约。

2) 用于表示领属关系，常用的结构模式为 Pron+N_1 模式，指示代词 это 充当主语，构成 это 句型：

Это ручка его, а это моя.

Это его дача.

Это дача нашего директора.

3.3 解释性确定句

解释性确定句与评定确定句不同，这类句式具有进一步解释说明的语义内涵。在这种句式中主体和述体都是表示概念的名词，通常都属一个范畴领域，主体的概念相对具体些，范围较窄些；述体的概念要宽泛些，因此主体的概念包含在述体的概念之中。换句话说，主体与述体的概念是"类"与"种"的关系，通常回答"谁是谁""什么是什么"的问题。

譬如：

Тигр — хищное животное.

这是因为在这类句子中，主体的语义所指较比述体的要具体些，тигр 表示的范畴概念与 хищное животное 相比要小一些，具体一些。从词汇语义类别上看，тигр 和 хищное животное 是上下义的关系，хищное животное 是上义词，тигр 是下义词：世界上凶猛的动物有很多，老虎仅是其中之一。

解释性确定句的主要形式结构模式有：

1）N_1+N_1 模式：

Метро — это самый удобный вид транспорта.

Сосна — хвойное дерево.

这种静态的名词性句子模式也可以转换成动词句，经常由动词 являться, относиться 等充当半系词功能，同时保留着动词原本的词汇语义特点：

Сосна является хвойным деревом.

Сосна относится к хвойному дереву.

所有类型的名词——具体物体名词、抽象名词、事件性名词都可以用于解释性确定句：

Пальма — вечнозеленое растение.

Революция — важное историческое событие в жизни любой страны.

Авария — всегда непредвиденное событие.

表示事件的动名词做主体与相同语义的动词不定式作主

体的功能是相同的，可以相互置换：

Улучшение качества продукции — важная экономическая задача.

Улучшать качество продукции — важная экономическая задача.

2）Pron+N_1 模式：

Она учительница.

解释确定句语义上的差别与不同是由主体和述体语义决定的。在这种确定句中，如果句子的主体是人称代词，则述语通常可以表示一种职业，这一个群体的专业等，譬如：

Он рабочий.

Он врач.

Она учительница.

这种表示人的职业的静词句常常可以变成由动词 работать 构成动词句：

Он работает врачом.

Она работает учительницей.

Иван Иванович работает инженером.

Мая сестра работает машинисткой.

3）Inf+N_1 模式：

Заниматься любимым делом — это большая радость.

Повысить производительность труда — это задача.

4）Inf + cop +Inf 模式：

Любить свой город — значит беречь его природу.

Улучшать качество продукции — значит решать важнейшую задачу современной экономики.

5）N_1+N_2 模式：

Она необыкновенной красоты.

在解释性说明句中，有一类特殊的句子，其结构模式为 $N_1 + N_2$...pr 及其变体，例如：

Он из Москвы.

Она из деревни.

这类句子应与状态说明句区分开来。虽然这类句子中有表示地点的词，但句子不回答表示人物的位置处所的问题（Откуда он?），而是回答确定说明句（Кто он?）的问题，这类句子就意义而言显然与确定说明句 Он москвич. Она деревенская.（Она деревенский житель）相似。

$N_1 + N_2...pr$ 模式还可以用于非动物名词做主语的情景，描述物体的材料来源：

Портфель из кожи.

三、状态说明句

状态说明句通常是指必须有状语成分参与构成句子称名模式的说明句式。换句话说，状态说明成分常常做说明句称名模式中必须的扩展成分，其主要结构模式为：$N_1V_f + N_4...pr$

Он поехал в Москву.

就状态说明句的结构语义特点而言，状态说明句可以分为三种类型：

地点说明句（предложения о местоположении）；

时间说明句（предложения о времени）；

数量说明句（предложения о количестве）；

1. 地点说明句

地点说明句在整个说明句中和在状态说明句中都占有特殊的位置。地点说明句的结构模式是在 N_1V_f 模式上生成的称名模式：$N_1V_f + N_4/ N_6...pr$ 形式。带前置词的名词格形式是地点说明句的主要扩展成分。从句子结构模式的角度看，这种扩展成分是必须的结构成分（见前文）。根据动词语义配价和支配模式的差异，地点说明句大致分为两类：1）表示处所位置，回答在哪里（где）的问题；2）表示位置移动的去向，回答去哪里（куда）的问题，以及表示位置移动的出发点，回答从哪里来（откуда）的问题。

1）处所意义

单从逻辑语义句式来说，地点说明句是在存在句的逻辑结构句型上转换而成的，其证据就在于存在句和地点说明句中都可以使用单纯的存在动词 быть 的各种形式，不同的是，这两种句式的词序是不同的，因此动词 быть 表达的意义不同。借助于实义切分，可以清晰地看出，存在句和地点说明句的主位和述位恰好是相反的，这是因为，构成句子的出发点是不同的，即句子的已知信息点是不同的。试比较：

В саду / была беседка. 公园里有一个凉亭。（存在句）

Беседка находится / в саду. 凉亭位于公园里面。（地点说明句）

在这两个句子中，前者的话语出发点是公园（сад），对于讲话人而言，公园是双方都已经知道的信息，故是主位，句子的重点是要告知对方，公园里有什么，这是新信息，回答"有什么"的问题，因此是存在句；而在后一个句子中，谈话双方都知道有一个凉亭（беседка），它是话语的出发点，但重点是向对方描述它所处位置，回答"在哪里"的问题，因此是地点说明句。

除了存在动词，地点说明句还常使用动词 находиться, располагаться, стоять, лежать 等。

Чемодан лежит на полке.

从完成交际任务和实现交际意图的角度看，地点说明句的主体既可以用于表示具体的物体，也可以表示事件：

Новый ресторан находится на пятом километре шоссе.

抽象概念一般不会存在于空间之中，而是存在于人的头脑中，存在于人的思维活动的产品中。因此，抽象概念的地点说明句实质上是指明该概念的表现方式或创作者，例如：

Перспективные соображения были только в сообщении Петрова.

2）运动方向

运动动词是典型的三价述体动词，在其语义配价中三个必须的要素是：行为者（运动者）、运动出发点和终点。譬如 идти, двигаться, следовать 等行走运动动词的语义中都含有这三个语义配价。一般情况下，在这些运动动词构成的句子中，主体成分和终点（目的地）成分是必须的要素，分别构成句子的左题元和右题元。其他要素无论是否全部实现，在句子语义层面上都包含有出发点的语义。对 ехать, летать, плавать 等表示借助运动工具的动词来讲，语义配价中还应有一个成分——运动方式，这样，这些动词就变成了四价动词：行为者（运动者）、运动出发点、终点和运动方式。在实际语言交际中，这些扩展成分并不一定都需要体现出来，而是根据讲话人的交际意图，有时会突显出其中的某一个或几个成分，其他的成分可以忽略，构成的句子在语法和语义上都不会产生歧义。试比较：

Он едет в Петербург.

Он едет из Москвы в Петербург.

Он едет из Москвы в Петербург поездом.

2. 时间说明句

时间说明句是指，时间状语成分在句子中充当必须的结构成分的句子，其结构模式为：$N_1V_f + N_2...pr/ Adv$ 形式。带前置词的名词格形式（4格）和时间副词是时间说明句的主要扩展成分。

时间说明句也是在存在句的逻辑结构句型上转换而成的，不同的是，在时间说明句中可以使用单纯的存在动词 быть 的各种形式，而时间存在句是一种隐喻性用法，表示在某一时间点或时间段有什么事件。两者的词序不同，表示的逻辑语义不同，前者回答在什么时间（когда?）的问题，后者回答在某一时间点上有什么（что будет?）的问题，试比较：

Собрание будет / в пять часов. — В пять часов / будет собрание.

在时间说明句中，只有表示事件称名的词汇可以充当句子的主体，因为只有事件具有过程性，可以由时间轴上的度量来表示事件发生的时间点或时间段：

Гроза была <u>утром</u>.

Беседа будет <u>в полдень</u>.

Встреча будет <u>в 10 часов утра</u>.

在时间说明句中，可以使用阶段动词来替代动词 быть 的各种时间形式。这是因为事件的阶段性语义本身就与时间定位紧密联系在一起：

Собрание <u>началось</u> в пять часов.

Дождь <u>кончился</u> только утром.

需要注意的是，像 Великая китайская стена вечна 这样的句子不是时间说明句，因为这样的句子描述的是某种具体物体的固有的一种特性，属特征确定句。

3. 数量说明句

俄语中表示数量的句子是相对比较复杂的句式，其数词对名词的变格形式有着复杂而严格的要求。数量说明句的主要结构模式是 N_2+N_{1quant} 和 N_2+Adv_{quant} 形式。这两种模式都是俄语中典型单成分句之一，即无主语的句式。句子中的逻辑主体由不带前置词的名词二格表示：

Их было пятеро.

Окон в квартире было пять.

Докторов наук в ученом совете всего шесть человек.

Воды было много.

在第二种模式的基础上可以生成具有表现力色彩的数量

说明句变体——不带前置词的独立名词二格，其结构模式为 N_2 形式。这样的用法必须伴有感叹性语调和标点符号：

Народу!

Грибов в этом году!

说明句是俄语中形式最多、内容最丰富、使用最广泛的句式。说明句又可细分为三种：叙述说明句、确定说明句和状态说明句。

叙述说明句多以动词句为主，是说明句的主要类型，外延非常大；辨别叙述说明句的一个标记是，看句子中的客体是否有具体的所指关系，有的是叙述说明句：

Он читает сегодня лекцию.（叙述说明句）

确定说明句多以名词类句式为主，按照句子的词汇语义和结构语义，可以细分出若干子类别。确定特征说明句的特点是动词可以使用否定语气词 не，譬如：

Она уже учится. — Она еще не учится.

Он курит. — Он не курит.

而状态说明句则是特指，在构成的称名模式结构中，会有状语成分做必须的结构成分。根据状语成分的不同，可以划分出若干子类别。

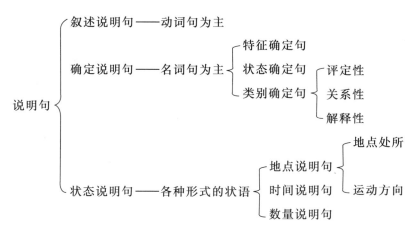

句子逻辑语义类型之说明句

第3节 存在句

存在句(бытийные предложения)是俄语语言特有的一种逻辑语义结构类型,是俄罗斯民族世界图景的独特语言体现。这种句式的重要特性在于,具有一个与现实存在有关的特殊语言思维模式和话语模式。和说明句一样,存在句是一种积极的逻辑语义结构类型。在俄罗斯民族的语言意识中,对物体、事件、现象存在的确定,先于对所存在的物体、事件和现象的描述,这是俄语语言逻辑思维的顺序。"存在"这一语义通过确定或否定现实中物体、现象等的存在来补充或加确说明句的述谓性或述谓关系。因此,在说明句的语义中隐含着对存在句的预设,换句话说,在俄语中,说明句之前总隐含有一个存在句,譬如:

Яблоня у нас еще не плодоносит = Есть у нас в саду яблоня. Она еще не плодоносит.

在语言实践中,某种语言外的真实情况往往并不一定需要通过存在句表示出来,而是通过联想,或通过语言本身的语义预设隐性表示出来。但是,即便是在这种情况下,在说明句前面也总是有可以添加一个存在句的预设,例如:

Мой сын учится в Московском университете. 这个句子在语义里暗含着"我有儿子"这样的语义，因此，可以对这一说明句做如下转换：

У меня есть сын. Он учится в Московском университете.

在俄语中，存在句表述的是物体存在关系，主要指明物体、事件、现象在某一时间、空间内的存在或不存在：

В парке есть детский городок.

В мире есть много интересного.

在其他一些语言中，譬如罗曼语、德语和西欧的一些语言中，这样的关系是按说明句模式构成的，汉语中也是按说明句的逻辑与语义结构模式构建的：

我有兄弟。

这种句式在俄语中是不能用的，譬如不能说 *я имею брата，俄语中有专门的存在句型 У меня есть брат. 存在句在俄语中是很重要的一种逻辑语义结构句型。存在句与说明句可以在一起使用：

Две первые комнаты были темны, в третьей был огонь.

存在句逻辑语义结构的建构遵循一个基本原则：方位词通常由具体所指关系的词汇充当，而存在物体由具有概念性所指意义名词充当。所指关系的这种分布的最有利的证据是：代词 этот (это, эта) 可以用于标定方位词，而不能用于指示限定存在物体名词。试比较：

В саду есть клубника. —

В этом саду есть клубника. 但不能说：

*В саду есть эта клубника.

一、存在句的结构模式

存在句可以是双成分句，也可以是单成分句。

1. 双成分存在句

双成分存在句的主要结构模式是 N_1+V_f 的变体扩展模式：

У него есть машина.

需要指出的是，在说明句中，结构模式中的名词一格对应的是主体，而在存在句中，名词一格的功能是表示存在的物体，在形式语法结构中充当主语成分，但在逻辑语义结构中，该成分不能充当句子的逻辑主体。就其本质特性而言，该成分与说明句中的客体相近，但不表示具体所指关系。

根据存在句方位词类型的不同，这一模式可以分为两种称名模式：

1）$Adv/N_{Lak..pr} + V_f N_1$（方位词 + 存在动词 + 存在名词）：

Впереди — море с китовыми спинами скалистых островов. (Л.Жуховицкий)

В этом оперном театре есть хорошие солисты.

如果与说明句做一个比较，就很容易理解有方位词的存在句中的逻辑结构、组织功能和结构语义。在说明句中，语法形式上的主语表示具有典型具体所指关系的主体，而在存在句中，语法形式上的主语具有概念性所指关系，表示存在物体的名称。如上所述，在存在句中具有具体所指关系的是方位词。

2）$N_{clas\cdots pr} + V_f N_1$（人 / 物体类别名词 + 存在动词 + 存在名词）

物体类别是根据词汇语义类别加以区分的。在这种存在句中，物体类别词汇的作用与方位词相似，同样常位于句子的开头部分。

Среди моих друзей есть спортсмены.

这种物体类别意义也可以不用这种专门的方式表示，而是通过表示存在物体的名词词组的意义来暗指：

Есть такие люди, с которыми сразу находишь общий язык.

В нашем крае есть такие реки, которые летом пересыхают.

Среди рек нашего края есть такие, которые летом пересыхают.

2. 单成分存在句

单成分存在句的结构模式以 N_1 形式为主,在传统句法学中称之为单成分句或称名句。这种没有方位词的存在句在修辞上具有特殊的结构功能,在使用上有一定的限制,通常多用于文学作品和诗歌作品中:

Славная осень. Морозные ночи. Тихие ясные дни. (Некрасов)

Уж вечер. Жидкой позолотой закат обрызгал серые поля.(С. Есенин)

Зима. Пахнул в лицо мне воздух чистый...(А.Апухтин)

3. 否定存在句

否定存在句是存在句的一种变体形式,主要结构模式是 $N_{Lak..pr}$+HET+N_2(方位词 + 动词否定形式 + 名词二格)。存在动词的否定形式:

现在时:нет

过去时:не было

将来时:не будет

否定存在句是常用的句式,表示"……没有什么",例如:

У мальчика нет матери.

В саду не было малины.

二、存在句成分的语义类别及结构特征

从句子的成分看,存在句中必须有三个成分要素,在句子中的词序分别是地点状语(方位词)、谓语(存在动词)和主语(存在名词)。由于充当这些成分的词汇的语义类别不同,存在句呈现出不同的结构特性及其形式变体。

1. 方位词

在句子的逻辑语义结构分类中，存在句是俄语中特有的一种逻辑语义结构，在这一结构中，方位词永远在句首，在存在动词的左侧，这是表征存在句逻辑语义结构的特有标记特征。方位词在句子中的位置决定了存在句的逻辑结构，而存在句成分的语义特征决定存在句的逻辑语义功能。因此，方位词是指称存在物体得以存在和定位的那些方位和空间，通常由带前置词的名词间接格或副词表示。而前置词—名词词组是其中的主要表达方式，常用的前置词有：на, в, у, вокруг, около, среди, между 等。

根据充当方位词的词汇语义类别和特征，以及词汇所指关系的不同，方位词可以分为空间方位词和人称方位词。

1.1 空间方位词

人们在日常的交往中常常需要确认或否定各种物体、现象、事件的存在，即这些物体、现象、事件定位于各种不同的空间和位置上。因此，带有空间方位词的存在句是使用最广泛的一种，也是存在句中语义含量最丰富的一种，是存在句的主要类型。空间方位词是指，表示现实世界中的事件、现象、物体等在空间的定位，也可以表示抽象的不是很清晰界定的地点和位置。因此，空间方位词在语义上具有开放的意义体系，在形式上通常由带前置词的名词间接格或副词表示。譬如：

<u>В этом микрорайоне города</u> есть дома улучшенной планировки.

<u>Вокруг города</u> леса.

就其空间方位词的语义特征而言，这类空间存在句可以表示三种主要意义：世界的一部分或一个物体的具体存在；整体世界和宇宙的宏观存在；抽象概念意象的心理存在。据此，可以将方位词划分为**具体方位词**、**集合方位词**和**抽象方位词**。

1.1.1 具体方位词

具体方位词指称存在物体可以定位的那些空间和方位。具体空间方位词通常使用表示实际地点、处所、空间名称等空间意义的词汇，与前置词 на, в, у, вокруг, около 连用，分别表示"在……之上""在……之内""在……附近/旁边"等空间意义：

В этом городе есть пруд.

В этой реке есть рыба.

У дома большой сад.

На юге есть диковинные цветы.

1.1.2 集合方位词

在具有表示整个世界空间的存在句中，通常用集合性方位词。由于句子语义的限制，这类方位词具有专有性和集合性语义特征，一般由相对固定的前置词-名词词组的相应形式表示：во Вселенной, в жизни, в природе, на земле, на свете, на земном шаре 等。

На земле есть много удивительного, На свете счастья нет, но есть покой и воля.（Пушкин）

В природе есть много таинственного и непонятного.（Чехов）

Во Вселенной постоянное движение планет.

在表示整个世界意义的方位词中，副词 везде, всюду 表现非常积极：

Всюду есть жизнь.

Сейчас везде происходят интересные события.

在这类句子中不使用方位词也属于常规现象。在这种情况下，表示概括意义的方位词可以用表示存在物体种类意义的词来代替，对存在物体做进一步明确的限定：

Да что вы! — воскликнул Балаганов. — Есть очень богатые люди.（Ильф, Петров）

Есть <u>непорочная краса</u>. Когда под небом опочила вся степь — и кровли, и леса.（Фет）

<u>Толпы</u> в нашем смысле, в каком она есть теперь, этого зла тогда не будет.（Чехов）

1.1.3　抽象方位词

抽象方位词指称的是这样一些词汇，在该词的一般理解中没有具体地点和空间的意义，而是指称某些抽象空间，把某些抽象概念视作为想象的容器和空间：

<u>В музыке</u> Бетховена — вера в силу человеческого духа.

<u>В его суждении</u> есть рациональное зерно.

抽象方位词的这种使用通常表达两种基本意义：

1）表示人的心智活动的空间，而"存在物体—概念"代表这一空间的内部成分：

<u>В этой концепции</u> много неясностей.

<u>У романа</u> необычная композиция.

2）表示抽象的事件、现象、状态，而存在物体揭示其内部本质：

<u>В шуме волн</u> есть что-то успокаивающее.

<u>В звуке его голоса</u> была таинственная сила.

1.2　人称方位词

1）人称方位词可以使用人称代词，也可以使用名词指称人或动物，通常与前置词 у 连用，表示"在谁那里"：

<u>У него</u> сын.

<u>У меня</u> есть велосипед.

<u>У Ивана Ивановича</u> есть дочь.

2）借助于前置词 среди 接名词二格形式，偶尔也用前置词 между 和名词五格的形式，表示"在……之中"：

<u>Среди моих учеников</u> есть очень способные ребята.

<u>Между нашими товарищами</u> были замечательные люди.

3）在人称方位词存在句中，常用集合性词汇与前置词构

成词组：

У каждого человека есть свое детство.

У каждого есть свой отдельный, чуждый для другого мир.（Толстой）

4）人称方位词与空间方位词连用，表示拥有、掌控某一物体，或对某一物体拥有支配权：

У него в банке тысяч сто и есть родовое имение, которое он отдает в аренду.（Чехов）

В руках у нее были темные еловые ветки.（Паустовский）

2. 存在动词

在俄语中，鉴于存在句的逻辑结构语义"在什么地方有什么"的基本特点，单纯表示存在意义的动词非常有限。根据存在句中动词的语义类型和特征，俄语存在动词可以分为纯存在动词和准存在动词。

2.1 纯存在动词

在俄语中，只有 быть, иметься, находиться, существовать 等几个存在动词，其词义比较单纯，只表示存在意义，称作纯存在动词。在这些动词中，动词 быть 占据核心地位，与 быть 相比，动词 существовать, иметься, находиться 在存在句中的使用受一定的限制。

1）存在动词 быть

存在动词 быть 是存在句式中使用最多的动词，其基本语义表示"存在""有"。在使用 быть 时，名词没有具体所指关系，这与存在句中存在物体的状态特征相一致。Быть 在存在句中的使用有下列特点：

（1）存在动词 быть 在存在句中只使用第三人称的单复数形式，第一、二人称不用：

В этом микрорайоне города есть дома улучшенной планировки.

Вокруг города леса.（零位形式）

（2）在陈述式的存在句中，现在时经常使用 есть 的形式和使用零位形式。这两种形式具有相同的功效，修辞色彩上略有差异，可以相互交替使用：

У нас в саду яблони. — У нас в саду есть яблони.

У меня брат и сестра. — У меня есть брат и сестра.

（3）在俄语中，动词 быть 除表示"有"的意义外，还表示"位于、在"的意义，在这个意义上，动词 быть 构成的句式是说明句，主语位于居首，各种人称变化形式均可使用，过去时和将来时均有外显的语言形式，但现在时语境只能用零位形式，且不能用 есть 替换：

Я буду дома.

Мы были дома.

但 Я дома. — * Я есть дома.

（4）быть 除了作为存在动词外，还可以作为系词表示"是"的意思，用于现在时的语境时，быть 的这两种意义都有零位形式，但存在动词 быть 的零位形式与系词 быть 的零位形式是有区别的：

存在动词 быть 的现在时形式可以交替使用零位形式与 есть 的形式：

Среди нас есть студенты. — Среди нас студенты.（存在动词）

而系词 быть 意义"是"的现在时只能用零位形式表示，而不能用 есть 的形式表示陈述句现在时：

Он — студент. Он был студент. Он будет студент. 而不能说 *Он есть студент（系词）。

2）动词 существовать

动词 существовать 经常与抽象存在物体名词连用，同时也可以使用具有所指关系的名词，该动词常用于书面语体：

Кроме смены явлений существует изменение их значения.

Между Лучковым и ею существует какое-то недоразумение.

3）动词 иметься

动词 иметься 与具有所指关系的名词不搭配，而且在存在句中用得也比较少，主要用于公文语体：

В деле имеются новые свидетельния показания.

4）动词 находиться

动词 находиться 经常用于表示方位关系，但也可以用于存在句。动词 находиться 通常与表示建筑的名词、各类空间，包括地理名称的词连用，也可与具有所指关系的名词连用。与动词 находиться 搭配的名词通常指称那些具有唯一性的物体：

Около этого леса находятся самые, может быть, лучшис места для дачи в целом уезде.（Тургенев）句子中的 самые лучшие 就是一种唯一性。

一般情况下，上述存在动词在存在句中可以与动词 быть 替换，在语义上没有任何丢失。试比较：

Существуют определенные нормы нравственности. — Есть определенные нормы нравственности.

За садом находится пруд. — За садом есть пруд.

2.2　准存在动词

准存在动词是指，在动词的语义中潜含着存在的意义，在具体的语境中，这种潜在的意义会突显出来，而其他的语义隐退到该语义的后面。这些动词又叫作去词义化的存在动词。所谓去词义化是指特殊的语义条件抑制了动词的描述性成分，使其完成存在动词的功能。与纯存在动词相比，准存在动词在使用上受到的限制更多一些。这些限制既来自于动词本身的语义，也来自存在物体名词的语义和所指关系。

2.2.1　表示空间存在状态的动词

俄语中表示空间存在状态意义的准存在动词有：стоять, лежать, сидеть, висеть, дуть 等。

这类动词多用于双成分结构模式：

У моего окна стоит молоденький клен.

В центре Экваториальной Африки лежит величайшее озеро.

А в заречье, куда свалилась туча, уже висела над синими лесами оранжевая радуга.（Носов）

Немного подальше, в самой глуши заброшенного и одичалого малинника, стояло беседка.（Тургенев）

На траве лежала черпалка из бересты, оставленная прохожими на пользу общую.（Тургенев）

На дверях столовой «Бывший друг желудка» висел большой замок.（Ильф, Петров）

А в городских садах, где темными проталинами чернеет земля, на голых, но уже покрасневших от наливающихся почек деревьях сидят черные долгоносые грачи.（Огнев）

　　从例句中可以看出，这些动词除了表示存在物体在空间的位置外，还在语义上给出了各自的存在方式。

　　动词去词义化的语义条件是由存在句中其他成分的语义决定的，确切地说，存在句中存在物体的名词词汇语义和方位词的词序位置限定了动词的描述功能，进而使其隐含的存在语义突显出来。试比较：

　　（1）Он долго стоял под ее окном. 这是一个由动词стоял构成的一般说明句。在这个句子中，说明性述谓成分стоял表明某一个人在讲话时刻的行为状态，他不是坐着，也不是在行走，而是在某人的窗下站着。在这个意义上，动词стоять可以与其他状态词构成语义对举：стоять — сидеть, стоять — лежать, стоять — ходить,"人"可以与其中任意一个词搭配，表示不同行为状态。

　　（2）На окраине города стоит телебашня.（在城边有一个电视塔）

　　这是一个准存在动词стоять构成的存在句。在这个句子中，动词 стоять 的意义受存在物体名词语义的限制，失去了说明和描述功能，突显出存在的语义。此时动词 стоять 已经超出了 стоять—сидеть, стоять—лежать, стоять—ходить 语义对举的范围，变成了准存在动词。这是因为名词所指称的物体就其逻辑语义本质而言既不能躺倒，也不能行走。虽然在这个句子中动词仍然描述存在物体的纵向的垂直状态，但因为 телебашня 本身就是这样一个只能竖直站立的物体，因此没有必要特别强调这一点。在特殊体裁的文本翻译中可以使用"矗立着"等带有修辞色彩的表述，但这并不影响它用于存在句的逻辑语义理解。

（3）Стоял мороз.（天气寒冷）

抽象名词 мороз 表示自然现象，其本身无形无态，所以并不能站着或坐着，因此，动词 стоял 在这里表示单纯的存在意义。

从上述句子还可以看出，在交际中，思维的出发点不同，句子中选用的搭配词汇不同，动词突显出的语义成分亦不同。第一个句子中，主语是句子描述事件的出发点，由人称代词充当，句中述谓动词完整表现出实体意义，构成叙述说明句；第二个句子中，充当主语的成分是存在物体，述谓动词的意义发生去词义的变化，表示物体呈矗立的形式存在，构成的句子是存在句。第三个句子中没有方位词，只是描述了一种自然现象的存在，述谓动词完全失去了表示站立的形象意义，在这个意义上构成的存在句相当于称名句的意义。虽然三个句子使用同一个动词，但它充当的角色和完成的功能却不同，因而构成的逻辑结构句型亦是不同。

当动词的说明性特征完全失去的时候，动词的去词义化功能就显得特别清晰：

На справке стоит круглая печать.

在这个句子中，存在物体没有任何区别特征表示它一定要站着，因此也不可能解释图章为什么是站着，而不是坐着或躺着。在这里动词 стоять 仅表示一种存在:"有"的意思。在这种情况下,去词义化存在动词和纯存在动词的替换,不会造成句子意义的改变:

На берегу озера стоит беседка. — На берегу озера есть беседка.

尽管去词义化的存在动词在表达存在意义时可以与存在动词替换使用,但在实际的语言使用中还是有一些修辞或语体上的细微差别,因此还是有一定的限制的:

1)去词义化的存在动词只能用于具有空间意义方位词的存在句,使用具有物体类别意义的词做方位词时不能使用去词义化的存在动词。譬如:

可以说 В нашем городе стоят высокие дома.

但不能说 *Среди домов нашего города стоят высокие дома.

2)去词义化的存在动词的选择受存在物体名词的限制。在俄语中,有一些名词表示这样一些存在物体,无论在什么地方它都只能保持一种状态。这种状态恰好是去词义化的存在动词表示的状态。譬如房子、电视塔、凉亭等只能是竖立状态,这些状态恰好是动词 стоять 描述的状态。而有些物品,如纸张,无论在什么地方,他的惯常状态总是平放着的,这种状态恰好是动词 лежать 描述的状态。试比较:

На окране города стоят новые дома.

Около аэродрома стоят дома для летчиков.

На столе лежит бумага.

В полке лежит открытая книга.

3)去词义化的存在动词的选择受方位词语义的影响。在俄语中有些方位词表示这样一些地方和处所,在这里无论存在物体有多少种,都只能处于同一种状态,这种状态恰好是去词义化的存在动词表示的状态。譬如,在旅行箱里任何物品的状态都只能用"躺着""平放着"来描述:

В чемодане лежали костюм, бритва, рукопись книги.

В сундуке лежал меч, который носил дедушка в войне.

4）去词义化的存在动词的选择同时受存在物体名词的语义和方位词语义的作用。在俄语中，有一些存在物体，它们在不同的地方或处所会有不同的状态，这些状态必须由去词义化的存在动词来表示。譬如，同样是衣物，在衣柜中的状态和在晾衣绳上的状态是不同的，因此选择的动词也不同：

На веревке висит белье.

В шкафе лежит чистое белье.

У пристани стоит теплоход.

По реке идет теплоход.

На аллеях лежали темные листья.

Кое-где на липах висят последние золотистые листья.（Тургенев）

2.2.2 表示生存、生活等意义的动词

在具有具体物体语义的存在句中，除了存在动词外，还可以使用下列类型的动词：

жить, обитать, водиться 等，表示"生存"的意义。

这类动词主要用于与动物名词搭配，但对其语义类别也有严格的限定。譬如，在表示人的生存或生活时多用 жить，有时也用 обитать：

В кемпинге живут иностранные туристы.

В одной из отдаленных улиц Москвы, в сером доме с белыми колоннами, антресолью и покривившимся балконом жила некогда барыня, окруженная многочисленной дворней.（Тургенев）

Никто, кроме нее, не обращал внимания на нас, живших в подвале, — никто, хотя в доме обитали десятки людей.（Горький）

而对于野生动物来说，如果动物生存的必须空间范围是

由方位词来界定的，上述的几个动词都可以使用：

В пустыне живут большие вараны.

В лесах Подмосковья водятся косули.

В этом лесу обитали дикие коты.（Гоголь）

В саду и роще водились малиновки, иволги, чижи и щеглы.（Гончаров）

如果动物或鸟类生存的地点是由方位词 нора, берлога, гнездо 等表示的，则只能用 жить，偶尔也可使用 обитать：

В дупле живет белка.

В этой норе живут лисы.

Над нашими окнами под крышей обитают воробьи.

对于家畜和家禽，甚至对在非自然环境中生活的野生动物都不能使用 водиться。在这种情况下最常用的是纯存在动词 быть，有时也用 жить：

В нашем доме есть много породистых собак.

На соседней даче есть сибирская кошка.

В сарае куры.

В соседней квартире живет красавец-кот.

В этом зоопарке живут пингвины.

但不能说 *В этом зоопарке водятся пингвины.（зоопарк 是非自然环境）

而 В Антарктике водятся пингвины 是可以的。（Антарктика 是自然环境）

在存在句的使用中，还有一些实义动词也可能发生去词义化的使用。但在其表达的句子意义中会或多或少地保留有动词实义的某些色彩，在后面的存在句语义结构中再做描述。

3. 存在物体名词

存在物体名词是指存在句中指称存在物体的名词，下文中简称为存在名词。

在存在句中，存在名词是未知的信息。对听话人而言，该信息是没有所指关系的，听话人得到的只是关于该物体的概念。在正常情况下，只要知道该词汇的词典意义就可以正确理解这个存在物体的意义了。

存在名词经常单独使用，也可以带各种限定成分：

На реке прохлада.

В парке памятник писателя.

当存在名词带有限定成分时，则限定成分的功能或者是缩小名词的范畴概念，或者是对存在物体进行具体化描述：

У меня есть велосипед. —— У меня есть красивый синий велосипед.

Среди наших ребят есть шахматисты. —— Среди наших ребят есть талантливые шахматисты.

这类句子形式主要表示对世界存在的事物性能、结构、物质内容、外部特征等的判断，揭示人是如何理解和认识世界的。存在名词的语义是千差万别的，因此，存在名词可以表示的词汇语义类别很宽泛繁杂。概括起来大致有以下几个基本类别：

1）表示具体物体：

На дворе слякоть, лужи, мокрые галки. (Чехов)

2）表示具体的生物体（人或动物）：

Среди нас были и выдающиеся спортсмены.

В этой берлоге зимой жил медведь.

3）表示抽象概念：

У него вполне здравые суждения на этот счет.

У Каломейцева было хорошее состояние, были связи. (Тургенев)

4）表示事件：

Через две минуты уж в сакле был ужасный гвалт. (Лермонтов)

У прилавка моховского магазина — давка, толкотня. (Шолохов)

上述类型的划分是最概括、最抽象的类别，每一个类别都可以细分出若干个子类别。在语言的实际使用中还会出现语义的各种变体用法。

三、存在句的逻辑语义类型及结构特征

如上所述，存在句各成分在使用词汇上有很多的选择，不同词汇的组合在这类句子中形成了不同的语义结构和语义类别。分析表明，在存在句的语义结构中，最活跃的是事件性语义、具体事物语义和各种抽象语义。

1. 具有事件性语义的存在句

具有事件性语义的存在句是指存在名词是事件性名词，主要指称事件、现象。这类句子是存在句中的一种特殊的类型，无论在句子的形式结构还是语义结构上都显示出独有的特征：

1.1 事件性存在句的形式结构

表示事件性语义的存在句有一个重要特征：存在物体是用动名词充当的。这类存在句中称作人称方位词的成分是事件的主体，可以指在主体身上发生的事件，也可以指人主动参与的事件：

У нее концерт.

У нас сегодня собрание.

Завтра у вас экзамен в театральном учильще.

Она уезжала в гости куда-нибудь на завод или к соседям-помещикам, и там игра в карты, танцы, фанты, ужин. (Чехов)

Высыпали мы на улицу, а уже там гонка машин с беженцами. (Федин)

Рядом бессвязно скачущий разговор. (Шолохов)

从词汇语义的层面研究，这类词汇的此种用法具有转喻

的效果：行为—行为地点；行为—行为对象；行为—行为结果。试比较：

Потом был последний вечер, последний граммофон, последнее втроем, последний уход — в последний рассвет. (Цветаева).(последний граммофон ——最后一次放留声机)

Там очень скоро один из воспитателей обнаружил у Данилова недурной слух, и способного мальчика, худенького и робкого, взяли в музыкальную школу-интернат. Потом была консерватория; потом оркестр на радио, потом театр. (Вл. Орлов)(консерватория —— 在音乐学院学习；оркестр —— 在乐队工作；театр —— 进了剧院)

有一些去词义化的动词作为准存在动词，只能用于人称事件存在句。最典型的例子是动词 состояться：

В минувшую субботу и воскресенье состоялось несколько международных регат.

В середине июля в «Олимпийском» состоятся соревнования.

В актовом зале состоится просмотр нового кинофильма.

В порту состоялся спуск на воду очередного судна.

1.2 事件性存在句的时间语义特征

事件性存在名词的一个显著的语义特征是，它所表示的事件中含有时间性语义成分：或随时间发展，或定位于时间轴的某一点上。因此，事件性存在句不仅在空间定位，而且在时间上定位。这种时间上的定位表现在存在句中的时间指示词上：

По воскресеньям на площади бывает торг. (Чехов)

Сегодня в большом «Спартак». (В большом театре болеет «Спартак»)

В городе в последние годы большое строительство.

С утра до четырех часов в нашем Дворце спорта тренировки

фигуристов, вечером — соревнования или концерты.

在这种事件性存在句中，时间性指示词甚至比方位词更重要，有时候句中可以没有方位词而只有时间性指示词：

Каждый день — опасность.（Лермонтов）

И вдруг — стук.（Цветаева）

И немного погодя опять тот же крик, грубый и протяжный, точно из-под земли.（Чехов）

Завтра будет хорошая погода.

特别需要指出的是，在事件性存在句中，除了句中通用的表示空间意义的方位词外，还可以用事件性名词做方位词，表示时间意义，也就是说，用一个事件来参照另一个事件，表示在事件过程中有或没有另一个事件：

Во время прогулки начался дождь.

В период экзаменов не бывает заседаний ученого совета.

1.3 事件性存在句的事件语义类型

这种句式之所以称作事件性存在句，是因为句中的存在名称是动名词，表示动态的事件意义。表示事件的发生和存在的动名词称作事件性名词。这种名词的显著特点是在其语义结构中含有事件性参数——时间参数：事件可以有一定的时间跨度，也可以定位在时间轴的某一点上。根据这一词汇语义特征，可以将事件性存在名词分为过程性事件和瞬间事件。

1）过程性事件

过程性事件指随时间轴发展的事件，通常有一定的时间长度，因此又称做持续性事件，譬如：собрание, дождь, война, митинг, урок, экзамен, занятие 等。

В комнатах уборка.

В консерватории сегодня концерт зарубежных вокалистов.

В зале заседание ученого совета.

В стране предвыборная кампания.

持续性事件名词语义中所含的时间性成分决定了它们除了与存在动词搭配外，还可以与表示过程意义的动词搭配，这类句式的存在意义相对较弱。这类词有：происходить — произойти, идти — пойти, проходить — пройти, состояться, совершаться — совершиться 等，如果表示事件正在发展中，正在进行中，这种情况常用的是未完成体动词：

В природе сейчас совершаются необратимые изменения.

Тут в подвале идет ожесточенный спор.（Вересаев）

На фронте шли тяжелые незатухающие бои.（Полевой）

在使用未完成体动词表示时间的持续性时，通常可以使用表示时间长度的副词 долго, недолго, давно 等。带有这些副词的存在句与说明句十分相近。试比较：

В прибалтике давно идут дожди.

В зале уже очень долго шло какое-то собрание.

过程性事件也包括已经完成的事件，即事件结果延续的过程，但在动词的搭配上有所不同，这种情况要求使用完成体动词：

В доме произошли некоторые перемены.（Тургенев）

Там произошла сцена ревности.（Гиляровский）

На реконструированном стадионе пройдут матчи футбольного турнира.

На Охте пошла молва о раскрытии заговора.（Петров-Водкин）

В послевоенные годы в науке совершился подлинный переворот.

2）瞬间性事件

瞬间事件是指在时间轴的某一点上发生的没有延续性的事件。瞬间事件不能表示时间延续性，这一语义特征决定了这些名词既不能搭配未完成体动词，也不能使用阶段性动词

（譬如不能说：*На шоссе происходит авария. 也不能说：*На шоссе началась авария.）。在确认或否定这一唯一事件时，必须使用完成体动词。在这种条件下，动词不能带表示事件长度的状语。最常用的动词是去词义化的动词 произойти, случиться. 譬如：

На дороге авария.

На шоссе случилась авария.

На шоссе произошла авария.

Он понял: сейчас произойдет катастрофа, случится крушение, сейчас конец всему, что он видел.

На одном из участков железной дороги произошло столкновение двух поезда.

动词 случиться 在与瞬间事件名词连用表示某种存在时，有其自己独特的语义解释。一般情况下，该动词用于表示不可预见的事件，这样的事件大多是自然现象、突发事件等。因为在瞬间事件中，有很大一部分并不是主体有意愿主动参与的事件，这一部分事件也属于不可预见事件。过程性事件也可以是不可预见的，可以用 случиться 来表示：

В деревне случился пожар.

В городе случилось происшествие.

在这种情况下，无论是过程性事件，还是瞬间事件，动词 случиться 都可以用 произойти 替换：

В деревне произошел пожар.

这些动词的未完成体形式可以用来表示周期性发生的、重复的事件。这时候存在名词要用复数：

На этом участке шоссе постоянно происходят аварии.

В районе загадочного Бермудского треугольника часто происходят кораблекрушения.

瞬间事件的重复性意义可以用存在动词 бывать 来表示：

На этом шоссе бывают аварии.

表示重复性瞬间事件意义的句子可以带有表示周期性意义的扩展成分 часто, постоянно：

На этом шоссе часто бывают аварии.

Здесь постоянно случаются катастрофы.

2. 具有状态性语义的存在句

具有状态性语义的存在句是存在句中的基础类型之一，其内涵特征并不多，但外延范围很大。归纳起来，具有状态性语义的存在句大致分为两类：自然状态和人的状态。

2.1 自然状态

自然状态是指没有人主动参与的事态，多指环境状态、自然现象、时间等情景。表示状态语义的存在句是在 N_1 的结构模式上生成的称名句：

Тишина.

Зима.

Мороз.

Темнота.

表示状态语义的存在句大多都是单成分句，有些句子可以看作是称名句模式的变体形式，即可以还原成具有方位词的存在句：

Тишина. — Вокруг тишина.

Зима. — У нас зима.

Мороз . — На улице мороз.

Темнота. — В комнате темнота.

Теперь у нас зима.（Есенин）

А по окраинам простор, безлюдье, тишина.（Бунин）

На дворе и впрямь полдень.（Бунин）

这类句子的典型特征是，现在时形式只能是零位形式，不能使用 есть 的形式，试比较：

За окном дождь.（表示状态）

В саду есть клубника.（表示领属关系）

2.2 人的状态

表示人的状态的存在句是指，句中有人称代词做方位词，表示逻辑主体。人的状态又分为人的生理状态和人的心理状态。

1）表示人的生理状态

在这种存在句中，方位词既可以用带前置词 у 的名词二格形式，也可以用前置词 с+ 名词第五格：

У него обморок. — С ним обморок.

У него какое-то нервное заболевание. — С ним какое-то нервное заболевание.

Со мной что-то странное. — У меня слабость.

2）表示人的心理状态

这种句式中的存在名词具有十分广泛的意义，可以表示各种各样的心理状态：特性、行为、观点、爱好、想象、生活经验、想法和主意、过渡性心理状态和其他状态等。因此，在方位词的使用上也非常多样灵活：除了前置词 у+ 名词第二格外，还可以使用 во ком, для кого 的形式：

У деда был большой жизненный опыт.

У нее хороший вкус.

У тебя странное представление о жизни.

И то же в вас очарованье.（Тютсев）

Я не могу сердиться, для меня теперь нет дурного, есть только жалкое и забавное.（Толстой）

去词义化动词 лежать 与 на ком 连用，也表示人的某种心理状态：

На нем лежит тяжелый грех.

На нем лежит ответственность за проведение конференции.

На нем лежит обязанность заботиться о детях.

此外，在表示人的内心世界的存在句中，方位限定成分还可以由下列名词的相应形式表示：в сердце, на сердце, в груди, в душе, в характере, в голосе, на лице, в глазах, во взгляде, в выражении лица：

В твоем голосе, что бы ты ни говорил, есть власть непобедимая.（Лермонтов）

... В одежде ее, в спутанных волосах, в манере говорить было что-то неуловимое, московское...（Казаков）

在表示人的内心世界的存在句中，经常用某些动词来表示存在意义。此时动词实义成分发生了去词义化转移，在表示存在意义的同时，动词原来的意义作为辅助性语义手段，表示行为方式：出现、隐藏、感受、假设、发现等细微的语义差别。常用的这类动词有：скрываться, таиться, крыться, прятаться, выражаться, изображаться, отражаться, сказываться, обнаруживаться, замечаться, ощущаться, чувствоваться 等，例如：

Но в ней таилась слабая искра того огня, который так ярко пылал в душе Вавилия Ивановича.（Тургенев）

На лице Нежданова изобразилось нечто странное, нечто вроде испуга, тоски.（Тургенев）

В обращении их замечалась непринужденная веселость.（Тургенев）

3. 具有关系性语义的存在句：

3.1 领属关系

领属关系的基本语义特征是"在什么地方有什么""在谁哪里有什么"。

У меня есть машина.

Во мне есть инструмент, хороший рояль, струны натянуты.（Блок）

3.2 亲属关系

У нее есть родственники.

У Пети есть невеста.

У Валентины Михайловны было несколько женихов.

Но у нее была бездна разных отдаленных родственников.（Достоевский）

3.3　人际关系

表示人的生活中的外部环境和关系。在这种情况下，使用的存在名词多是指称人的名词。

А между тем у нас была одна самая невинная, милая… болтовня.（Достоевский）

Среди людей（вообще）есть такие люди, с которыми сразу находишь общий язык.

4. 具有表示特征性语义的存在句

这种特征存在句的变体在语义上是多种多样的，主要有以下几种：

1）表示人的体能和相貌特征

在这类句子中，存在名词通常指称人身体的某一部分：

У него было цыганское удалое лицо.（Тургенев）

Но и при луне было видно, что у него поблекшее, обветренное лицо.（Бунин）

У нее такие торжествующие глаза.（Леонов）

在这种情况下，名词通常要带定语一起使用：

У нее длиный нос.

У него курчавые волосы.

У нее внешность красавицы.

2）表示人的身外物质特征

这种句子描述人穿戴什么衣物饰品，手里拿着什么物件等。这种句子中的方位词可以由人体的某一部位与表示空间意义的前置词构成：

Голова закутана женской шалью, на левой руке лукошко, в правой высокая палка.（Бунин）

Посмотрите, какое на мне платье.（Салтыков-Щедрин）

На нем было старое, довольно невзрачное пальто.（Тургенев）

5. 具有不确定语义的存在句

具有不确定语义的存在句是指，存在的物体不确定，或者讲话人不能或不想直接说出来。在这种情况下，在存在名词的位置上可以使用不定代词 кто-то, что-то, кто-нибудь 等：

В комнате кто-то есть.

В сарае явно кто-то был.

В комнате есть кто-нибудь?

不定代词 что-то 既可以表征物体范畴，也可以表征非物体范畴。表征非物体意义的代词 что-то 具有"很难确定物体特征"的含义。试比较：

В кармане у него что-то было.

В шкафе что-то есть.

У него что-то есть за пазухой.

У нее есть что-то на уме.

Между ними что-то случилось.

不定代词 что-то 经常用于表示艺术作品、理论、科学构想、思想等，在这种情况下，句子 В этом что-то есть 通常指正在进行的话题的内容。不定代词 что-то 常可以带限定成分，使不确定程度发生改变，试比较：

В этом что-то есть.

В этом есть что-то необъяснимое.

Во всем этом есть что-то подозрительное.

在存在名词的位置上还可以使用疑问代词+动词不定式：

Есть что сказать.

Есть у кого спросить.

Было с кем посоведоваться.

Есть о чем спорить.

在这种情形中，疑问代词的格取决于后面的动词，即疑问代词的形式受动词支配模式管辖。

6. 具有否定性语义的存在句

在具有否定语义的存在句中，存在动词 быть 有下列几种否定形式：

现在时：нет

过去时：не было

将来时：не будет

在否定存在句中，被否定的存在名词用第二格形式。使用动词 быть 否定形式的存在句是无人称句，在修辞色彩上呈中性态，譬如：

У них нет детей.

Завтра дождя не будет.

У него никогда нет денег.

На свете нет ничего долговременного. (Гоголь)

Нет у него в сердце признательности, — сказал он, — нет, нет и нет. (Салтыков-Щедрин)

除此之外，在俄语中，动词 отсутствовать 专门表示不存在的意义。与存在动词 быть 的否定形式用法不同，不存在名词用一格形式，做形式主语，此时的存在句为人称句。动词 отсутствовать 主要用于科技语体和公文语体：

В этой школе раньше отсутствовал интерес ребят к учебе.

В докладе, который он сделал перед населением, совершенно отсутсвовала месная жизнь.

在否定句中，被否定的不定代词用 никого, ничего

Там никого нет.

В этом нет ничего страшного.

У меня ничего такого и в мыслях не было.

В Инсарове нет ничего прозаического.（Тургенев）

在副词 везде, всюду 做方位词时，其否定形式则使用нигде：

Нигде ни звука.

Нигде ни души.

语义分析表明，通过对存在句否定形式的语义变体形式转换，对具体物体、物体类型、某些事件和事件等级做出最高评价，譬如：

Нет в мире человека, над корорым прошедшее приобретало бы такую власть, как надо мною.（Лермонтов）

Нет ничего лучше Невского проспекта, по крайней мере в Петербурге.（Гоголь）

Нет столь великой вещи, которую не превзошла бы величиною еще большая. Нет вещи столь малой, в которую не вмещалась бы еще меньшая.（Прутков）

在这种变体形式的存在句中，暗含着对某些物体、现象、概念、物体类型等的判断和评价。汉语中常用"没有比……更……的"的结构，俄语中常用形容词或副词比较级来表示。譬如：

Нет человека, который был бы более хвастлив и лжив, чем Хлестаков. = Хлестаков — самый лживый и хвастливый человек на свете.

Нет драматурга более великого, чем Шекспир. = Шекспир — самый великий среди драматургов.

存在句可以用否定形式来描述事物性质特征的变化，在这种语境下，物体可以用具有所指关系名词表示：

Художнику надлежит знать, что <u>той России</u>, которая была, нет и никогда не будет; <u>Европы</u>, которая была, нет и не будет.（Блок）

这个句子表示的不是从此不再有俄罗斯和欧洲存在，而仅仅是指出所发生的变化（过去的俄罗斯和欧洲已不复存在了）。

第4节 命名句和等同句

从句子的形式结构看，命名句和等同句都属特殊的俄语语言表达方式，使用的范围相对比较窄。在俄语句子逻辑语义结构类型中，命名句和等同句的数量有限。

一、命名句（предложения именования）

命名语义和存在语义一样，是每一个句子都固有的语义，因为就句子的本质而言，就是对事件和情景的指称。但命名句是一种独特的逻辑语义结构，特指文中所述的某一物体从此以后将以某一特定符号作为其称名。这种句子的特殊逻辑语义决定了命名的独一无二性，对于每一个物体而言，其名字都是独有的。因此，命名句中常用的是以 называться 为核心的动词词汇语义群，命名的名称属专有名词。

命名句的主要结构模式：

1）V_{pl3} —— 单成分动词模式，一般用不定人称句：

Её звали Наташей.

Меня зовут Антон.

2）$N_1+V_{s3}/n\ N_{1/5}$

在这类句子中，动词多用动词反身形式，即带 -ся 动词 зваться, называться 等，及其由被动态变体形式 назван（о, а, ы）。在使用动词的这些形式时，其后的称名代码可以用第五格形式，也可以用第一格形式：

Эта вершина называется Казбек.

Итак, она звалась Татьяной.

Этот циклон назван Марта.

在这种双成分命名句中，被命名的成分在句子中做形式主语或补语，逻辑主体是事实上的命名主体（施事者），语言使用中可以省略也可以外显出来。命名的名称是主语所获得的符号代码——名称。主语具有具体的所指关系，而称名符号没有所指关系，因为它只承载有关主语的相关称名信息。

3）$N_1V_f + N_4 + N_5$

命名句也可以根据 N_1+V_f 的结构扩展模式构成：

Обозначим прямую латинской буквой С.

命名句最典型的特点是句子内容与具体情景有相关性，从现实存在的所指关系理论来看，这一特点是这类句子的重要特性。

二、等同句（предложения тождества）

等同句是指句子中的两个成分说明的是同一事物或概念。通常表示这样一种情景：讲话人将某人或某物具有的性能、特征或事实，与他所拥有的相关经验和知识相比较，使其产生类比或等同，这样的句子就称作等同句。这种句子的基本逻辑语义是"谁是什么人，什么是什么"。与其他三种逻辑结构句型不同，等同句中的两个成分——主体和述体具有一个同指成分，具有一个共同的现实所指，其深层语义是"主体和述体指称的是同一个人或物"。这种逻辑内核是区分等同句与解释性确定说明句的唯一标准。

1. 等同句的结构模式

在满足最小结构模式的句子中，等同句是为数有限的名词句之一。等同句的结构模式为 $N_1 + N_1$ 模式：

Пушкин — автор «Евгения Онегина».

Иван Иванович — инженер.

Моя сестра машинистка.

在等同句中的第一个成分是句子的主语——逻辑主体，第二个成分是谓语——逻辑述体，又叫做同指成分。

两个成分都是一格时，可以变成五格的成分是谓语：

Пушкин был автором «Евгения Онегина».

在有名词五格的句子中，五格名词与系词一起做谓语，其结构模式为 $N_1+Cop_{s3}+ N_5$ 形式：

Моим лучшим другом был Иван Иванович.

在破折号后面由语气词 это 引导出的成分通常是述谓成分：

Пешков — это Горький.

这种逻辑结构句型潜在的问题是"Кто это?"，"Кто он?"，讲话人使用等同句的交际目的在于通报，"谁是已知信息的承载者"。例如：

Автор «Война и мир» — Толстой.

Этот учитель — мой отец.

Лев Толстой — выдающийся писатель.

2. 等同句的等同关系类型

不同形式结构的等同句在等同语义上是有差别的，这主要取决于形成等同关系的成分的词汇语义类别和特性。根据这一特点，构成四种不同的等同关系：

1）名称等同句

在俄语中，有些人或物体有两个名称。这些名称之间的差别可能是由于它们源于不同的语言、方言或俗语体系，或者源于不同的历史发展时期。名称等同句是指等同关系建立在同一个物体的两个名称之间：

Флексия — это то же, что и окончание.

Вертолет — это русский эквивалент слова геликоптер.

这种等同关系句中可以加入动词 значит：

Ланиты — значит щеки.

2）所指等同句

所指等同句是指物体本身可以由不同的称名来描述，这些不同的称名表征不同的特点和性能，但所指的都是一个人或一件事，构成同一事物与其所指的等同：

Первым в мире космонавтом был гражданин Советского Союза.

Основоположник метода социалистического реализма — Максим Горький.

Его отец писатель.

这种等同句中不可以加入动词 значит，而是使用动词 быть。它不仅表示时、态等语法范畴，而且传递等同的意义"是"。

3）概念等同句

概念等同句是在两个概念之间建立等同关系，这种句式多用于科学定义。例如：

Шлак — это расплав окислов.

Багровый — это темно-красный.

Растворимые в воде основания суть щелочи.

4）命名等同句

命名等同句中的等同关系是所指与名称之间的等同：

Имя этого человека — Антон.

在这四种等同关系中，除第三种外，其余的都有一个重要的特征：进入句子成分的名词都有所指关系。所指关系表现最突出的是专有名词。

3. 等同句的词序与词汇语义类别

等同句的基本语义判据是同指，也就是说，在现实世界中有一个存在（人或物），可以用不同的名称、从不同的角度来指称，其基本结构模式是 $N_1 + N_1$ 模式。在等同句中两个成分均是名词的情况下，句子成分的判定主要依赖词序。通常位于句首的是主语，位于句尾的是谓语。例如：

Основоположник метода социалистического реализма — Максим Горький.

但是，在所指等同句中，对主语和谓语的词汇语义类别是有要求的，并不是任何词汇都可以充当，且有时不能互换。通常情况下，位于句首的主语表示具体语义特征，而谓语成分多由专有名词或范畴名词来充当。譬如，在上述这个句子中，主语 Основоположник 带有的限定成分将其具体化，特指"某一流派的奠基人"，这个人应该是唯一，由专有名称 Максим Горький 来表示。

另一种情况，句子中的两个成分都是名词，例如：

Мой брат — учитель.

这个句子是典型的等同句。在这个句子中，主体必须是具有具体所指的名词，而述体是概括典型特征的范畴名词，表示职务、职称、专业类别等。现实中的关系可以确定为具体所指与集合所指之间的关系，前者是后者中的之一，譬如：

Этот юноша спортсмен.

Его отец — писатель.

Моя сестра — машинистка.

在这种情况下，词序就显得非常重要，不能互换，譬如，不能说 *учитель — мой брат. 这样的句子出现的问题在于逻辑语义不符合实际，不能说"老师是我哥哥"。

但如果给 учитель 添加指示词 этот，使其特指"这位老师"，可以构成符合逻辑的等同句：

Этот учитель — мой брат.（"这位老师"和"哥哥"都是

具指关系）

由此可以看出，当句子中两个成分都是具指时，可以构成符合逻辑的等同句：

Этот человек — тот человек, который сидел вчера рядом с тобой в театре.（带有一个定语从句的等同句）

当集合名词作主语成分时，必须添加限定成分，使其具体化：

Вот тот человек в синем пальто — брат моей жены.

Человек, который сидел вчера рядом с тобой в театре, — директор завода.（定语从句使主语获得具指意义）

在等同句的边缘区域，即在等同句、命名句与确定说明句的交叉区还有一种句型是由это+N（专有名词）的模式构成的，回答 Кто(Что) это? 的问题，譬如：

Это Вера.

之所以说，这种句式位于三种逻辑语义结构类型的交叉区域，是因为不同学者将之划入上述三种不同的类型。研究考证表明，当 N 为专有名词，且在句中充当谓语时，该句式是等同句。因为在这种语境下，Это 的所指和专有称名 Вера 的所指是同一个人，具有唯一性。同理：

Это Иван Иванович Быков.（Тот, кто передо мной, именно Иван Иванович Быков）

Кто был это? Должно быть, Петруша.（И. Тургенев）

无论形式结构怎样变化，受句子逻辑语义的限制，这种句式可使用范围有限。需要注意将做主语的指示代词 это 与在述位前的语气词 это 区分开。述位前的语气词 это 在句子中可以去掉：

Шлак —（это）расплав окислов.

而做指示代词的 это 在这里充当句子成分，是不能省掉的：

Это шлак (то, что перед нами — шлак).

这里容易发生混淆的情况是：

Это / был он.

Это наш преподаватель русского языка.

我们认为，这两类句子都不能划入等同句类型：第一个句子中主语和谓语都是代词，这种情景在没有上下文的语境下很难出现。而且，无论是指示代词，还是人称代词均没有具体所指，无法构成同指关系。第二个句子是类别确定说明句，而不是等同句，因为谓语成分不是专有名词，构不成唯一性同指关系。

需要指出的是，目前，等同句尚属有争议的一种逻辑语义结构类型，划分的标准和类型还没有最后确定，边界也不十分清晰，还有与其他类型的交叉区存在。所有这些问题还需要在不断考证语料的基础上去研究，去完善。本章只把最具典型特征的等同句做了梳理和归类。

本章小结

综上研究不难看出，句子的逻辑结构语义，与结构模式成分及其填充词汇的形态特性和意义紧密相关。譬如，存在句的典型情景与双成分句中充当谓语的存在动词群联系在一起。当然，最纯粹的存在意义也可以由单成分称名存在句表现出来。命名句的意义主要取决于双成分句结构模式中填充词汇的意义。说明句的语义首先与句子中动词的类型相关，同时与名词的语义所指关系有关。

近年来，句法学研究在注重句子的述谓性整体意义研究的同时，开始关注句子的逻辑结构意义和类型学意义。显然，这是语言学研究中新开发的领域，这些意义的研究目前还远没有达到系统性和完整性。目前，学者们对句子逻辑语义结构类型的划分尚未达成一致的观点，分类标准尚不统一，研究中遵循的原则和方法还没有完全厘清，且现有的分类体系中尚有交叉和混淆。所有这些问题还有待于运用语言学的规则和深层语义规则去探究。在对句子及其变体进行分类和类型学研究时，进一步区分和考察这些方面是十分必要的。

第八章　俄语句子的交际结构

语言除了具有称名功能以外，还有一个非常重要的功能——交际功能，语言是人们交际的工具。这种功能在词汇的层面上是不可能实现的，语言的交际功能必须通过生成句子来完成。因此，当我们对作为交际手段的语言进行研究时，分析的关键核心已经不是词汇，而是具有述谓核心的句子。通常情况下，所谓的交际主要是指人们相互通报信息，提出问题，就现实中的某种现象表达自己的看法，传达自己的情感，对某人或某事做出承诺、保证、评价、命令等。

语言中每一种结构模式固有的特性都是由句子的述谓核心决定的，述谓核心构成了句子的基本框架。在交际层面上，为了能在语言模式的基本框架上生成具体的句子，必须要从两个方面来考虑和组织词汇的填充，一方面，要使词汇材料符合结构模式的要求，另一方面，词汇材料的选择要满足讲话人的交际意图：要借助于生成的句子确认某种事实、描述某个事件、物体或人物，或者对已知事件给予进一步的确认等。完成一定交际任务的句子叫作话语（высказывание）。研究句子交际层面内容的学科叫作交际结构学或动态句法学。

第1节　句子的命题内容与交际结构

句子的交际结构是指进入交际环境的句子，它不同于语言层面上的句子，在这个层面上它承载了更多交际功能和语用功能，是流动中的句子，是动态的、活的语言。因此，句子的交际结构是一个宏观的整体结构，它是整合了形式结构、意义结构的全部信息，并展现讲话人情态框架和外部语言情景，是一个结构更为复杂的动态语义结构。句子的具体意义内容是人们对外部环境中的人、物体、现象、事件的认识和思考，是对自己的认识和思考，也是对自己头脑中思维的认识。因此可以说，句子就是对人所认识的"事物态势"内容信息的一种命题。实际上，句子的具体命题意义是无穷尽的，因为它不仅取决于话语中词汇的语义成分，而且还与交际目的和语用意义发生作用和整合。例如：Сегодня будет жарко. 这样一个句子，它可以是对不同问题的回答：

第一种情况：Какая сегодня погода? —— Сегодня будет жарко. 回答直接的问题；

另一种情况：Как сегодня одеваться? —— Сегодня будет жарко. 间接地回答了问题，言外之意，"今天会很热，可以少穿些"。

可见，在不同的交际情景下，同一话语会表示出不同的交际目的和语用功能。显然，在实际的语言使用中，句子的命题结构与话语的交际任务是紧密联系在一起的。

一、同一情景的不同命题

现实中的情景是人的连续性经验中的一个元素，而命题是人对自己连续性经验运用或概念化的结果：从自己的连续性经验中区分并提取出一定数量的分散元素，划入某些特定的概念范畴。一个具体的情景可以概念化成类似情景的典型代表。对同一情景，不同的人可能会有不同的解释，这可能是由一系列的因素造成的，包括描述者的立场和取向等主观因素。从语言的层面讲，首要的因素是，讲话人所关注的视角和他所采用的表达手段，他要用语言呈现的，一定是他认为事态中最重要的方面，即诸多因素中最主要的。试比较以下两个句子：

（1）Посетители выставки полнились у стенда Гусевского хрустального завода.

（2）Продукция Гусевского хрустального завода пользовалась большим спросом посетителей выставки.

这两个句子描述的是同一个事件情景："展销会上，古谢夫斯基水晶厂的展台前参观者人头涌动，购买热情高涨，热闹非凡"。但两个句子分别体现出不同的观察角度：句（1）中的观察者是从他所处的地点描述他所观察到的情形，属于一般性的场面报道；句（2）的讲话者是从产品的商业需求角度来报道和看待这同一情景。显然，这两个句子反映了讲话人在概念化、思维方式和阐述方法上的不同，因此，两个句子的命题框架也不同。

句子语义中的命题框架含有句子的主要信息内容，反映了现实世界的某个情景。然而需要特别强调指出，我们说，句子的命题内容反映现实中某个情景，并不意味着语言表达的唯一性，现实世界中的情景是不能仅由某一单个命题简单地反映出来的。一个句子或一句话只能表达讲话人的一个视角，例如，对现实中发生的同一个事件，在媒体上可以看到完全不同的报道（标题）：

（1）Полицейские расстреляли демонстрантов.（警察枪杀了许多游行示威者）

（2）Демонстранты расстреляны полицейскими.（许多游行示威者被警察枪杀了）

（3）Демонстранты расстреляны.（许多游行示威者遭到了枪杀）

（4）Погибли демонстранты.（许多游行示威者遇难）

（5）... смерти....（……死亡……）

（6）Фракционность привела к жертвам.（派别斗争导致的牺牲）

比较这六个句子可以看出，这些句子对同一实际情景的表述各有侧重，语用功能各不相同：

例（1）中包含了对情景全面和直接的描述：说明了事件的类型，并交代了所有必须的参与者；

例（2）中将相应的参与者题元从句子中主语这一重要的句法位移到了句子的边缘位置，有淡化作为施事者——警察责任的语用意图；

例（3）中完全去掉了施事主体，这样就可以不提及承担事件责任的一方；

例（4）中，由于动词的更换，完全改变了同一客观事件的性质：把对行为事件的描述变成了一种结果状态的描述，从而完全消除了使役者——造成这种状态的行为主体的痕迹；

例（5）既回避提及施事主体，也未提及该情景的受事客体；

例（6）对事件的性质及发生的原因做出了截然不同的深层抽象判断，至此，读者已无法看到事实的真相。

通过对描述同一事件的六个不同表述进行分析，可以看出，对于同一事件，由于观察的角度和对事件的认知方法不同，从而使得句子命题内容、句子结构模式和词汇信息各不相同，因此每个句子传递出的整体主导信息及语用指向、达到的交际目的和效果亦截然不同，甚至相反。

分析表明，即便是从概括或抽象情景的角度来描写事物，也不能认为，两个句子反映出的概括性情景等同就能保证它们的命题成分也等同。譬如，用不同的方法来突出参加事件情景的客体，也可能造成命题的不同。因此，突出情景中的客体是讲话人阐释事件的一个方面，也是一种语用手段。例如：

Он читает.（表示一种状态）

Он уже читает.（表示一种能力）

Он читает книгу.（表示具体行为及涉及的客体）

再如：

（1）Потом я съел бутерброд.

（2）Потом я съел.

这两个句子描述的是同一情景，但第一个句子突出了я和 бутерброд 两个参与者，而第二个句子中只突出了一个参与者 я —— 行为主体。因此，这两个句子就具有了不同的命题内容。它们在命题内容上的差别在于：在述体和第一题元相同的情况下，是否有第二个题元就成了关键，句（1）中有扩展项 бутерброд，其命题内容比没有扩展项的句（2）更具体，界定更准确；在句（2）中扩展项在表层结构上显示为零，而在深层语义结构中可以凭推断解释为吃了"任何可以食用的东西"。验证两个确定陈述句的命题内容是否等同的有效方法之一是检验它们的逻辑性等值：当两个句中的一个在逻辑上判定为真时，另一个也应该是真的，反向类推亦应该为真。上述的两个句子中如果前一个是真实的，那么根据逻辑性等值规律，后一个句子也是真实的，即"我吃了三明治"＝"我吃过了"；但反向类推却不能成立："我吃过了"≠"我吃了三明治"。因为，"我吃过了"的句子语义含量的外延更大，范围更宽，所以这两个句子的命题意义不同。

二、同一命题的不同描述

我们可以对陈述句做这样的推论：如果两个意义上有关联的陈述句逻辑上是等值的，那么它们具有同等的命题内容。这种逻辑等值的语义关系是同义关系形式化的手段之一，因此，这种概括的另一种表述是：如果承认两个句子是同义的，那么，它们的命题内容就应该是相同的。然而，在语言实践中，同义句在命题内容相同的情况下仍然可以表现出意义上的细微差别，这正是同义句存在的可能性和必然性。命题内容相同的句子之间之所以存在差别，是因为讲话人把注意力焦点放在所描述的情景的不同侧面上，或者说，在什么背景下突显出该情景。做一个形象的比喻，就像在某一情景的画面上安装一个特定的筛网或过滤器,将情景中的某一参与项与其他参与项分离和凸显出来。在语言的实际使用中,实现这种分离或凸显的语言手段主要有以下几种:

1. 词汇—语法功能角色互换

这是通过选择置换动词或通过选择动词支配模式中语义角色的某一个,来完成某一成分的凸显效果。语言中有一些具有这类特性的词汇,它们描写的行为是一个情景的两个方面,即一个行为与另一个行为互为条件,譬如,"买"与"卖","得"与"失","教"与"学"等。这些对偶词的语义配价成分可以互换,在句子中充当不同的角色,例如 продать 和 купить:

（1）Иван продал Петру лыжи за 100 рублей.

（2）Петр купил у Ивана лыжи за 100 рублей.

（3）Лыжи были проданы Иваном Петру за 100 рублей.

例（1）、（2）两个句子描述同一事件,但使用了不同的谓语动词,这两个动词表示一个行为的两个方面,并互为存在条件,缺一不可。在词汇语义研究中,词汇的这种关系称为镜缘关系。两个句子具有相同的命题:"雪橇从 Иван 手里转到 Петр 手里,而 100 卢布从 Петр 手里转到 Иван 手里"。物质和货币的所有关系发生了置换。在这一情景中,Иван 和 Петр 是两个同等积极的行动者,但在前一个句子中强调的是 Иван 的主动行为,而后一个句子强调的则是 Петр 的主动行为。

例（3）的句子中,Иван 和 Петр 都不是句子的主语,但读者仍然可以理解,句子强调的是 Иван,因为句子使用的动词是"卖",Иван 是"卖"这个行为的发出者。再如:

（4）Иван дал Петру взаймую сумму денег.

（5）Петр занял у Ивана большую сумму денег.

这两个句子与前面的句子描述的情景相同,两个句子具有相同的语义和命题:"临时改变一笔钱的所属关系",但它们各自强调的重点不同。

在有特定条件限制的情况下,有些所强调的重点是不能互换的:

(6) Подруга Ивана считает доброту проявлением слабости и потому ей очень не понравилось, что <u>Иван дал Петру</u> взаймы большую сумму денег.

在这一句中,从属句的主语位置是不能被替换的,不能说……,*что Петр занял у Ивана большую сумму денег.

在类似的实际语境中,重要的不是哪个名字在从属句中占据主语的位置,而是从属句中带有的特定题元结构对动词的选择,必须使从属句与主句的语义相符合,不能在整个句子的语义结构层面出现意义上的错位和相悖。

2. 句法—结构形式转换

可以通过转换动词支配模式中某一个功能语义角色,得到不同类型的交际-句法结构变体,以此来实现突出强调某一语用重点,例如:

(1) Они грузили <u>арбузы</u> на баржу.

(2) Они грузили <u>баржу</u> арбузами.

在这组句子中,第一个句子聚焦的侧重点是"西瓜",而第二个句子强调的是"驳船"。这种突显的效果是通过把情景中的某一部分放在句子的焦点位置(补语),而把其他成分置于边缘位置来实现的。在这组句子中,尽管句子的命题内容相同,但在两个句子中,进入句子核心的成分不同。从深层语义来讲,不论是哪种情况,进入关注焦点的都应该是发生了某种变化的成分:譬如,第一个句子中,西瓜经历了空间状态的变化——"被装到了驳船上",因此西瓜成了进入情景的突显成分;而在第二个句子中,驳船的状态发生了变化——由原来的空载状态变成"载满了西瓜"的状态,因此成为该句所述情景的焦点成分。

从句子结构模式来看,两个句子都是由 $N_1V_f+N_4$ 模式生成的。不同的是句子基本结构成分 N_4 的词汇发生了变化：（1）中是西瓜，（2）中是驳船。

同样，下列句子也是由于动词支配模式不同而改变了句子结构，从而改变了句子突出的重点：

（1）Он гладил ей волосы.

（2）Он гладил ее по волосам.

3. 词序 + 语调手段

句子命题结构就是基于句子要完成的交际任务，根据实际交际语境来组织句子。完成这一任务的方法之一是，根据交际意图调整句子的词序，并在语调（逻辑重音）上做相应的变化。需要指出的是，所谓的词序调整，是相对于正常词序而言的，而正常词序是指在没有上下文情况下建构句子的基本逻辑结构——主体—述体—客体，例如：

Андрей читает книгу.

如果词汇发生变化，表明讲话人希望突出该情景中的某一因素：

Книгу читает Андрей.

此时有两种可能，分别回答不同的问题 1）Кто читает книгу? 2）Что читает Андрей? 回答问题 1）时，按照俄语句子逻辑重音一般在词尾的规律，讲话人希望突出"读书人是谁"这一要素；回答问题 2）时，正常词序应该是 Ардрей читает книгу. 如果一旦客体提前，句子变成 Книгу читает Андрей 这样的词序，则表明讲话人希望用加强语气突出强调"读什么"这一要素，此时与之相配合的是逻辑重音一定前提，放在客体（书）上。

这种手段构成线性语调结构，达到突出某一成分的效果。Была безработица, и поэтому заработная плата снизилась. Заработная плата снизилась, потому что была безработица. 词序与语调的使用与句子实义切分有关，详见下文。

4. 相应的词汇手段

词汇功能的相应变化引起句式的转换，进而表达出的句子语义在修辞和语用层面出现差别。

（1）Иван считал, что Петр слишком молод для этого.

Иван считал Петра слишком молодым для этого.

（2）Касса не продает билеты.

Касса не производит продажу билетов.

（3）Петя поздравил свою тетю Клаву с днем рождения.

Племянник Клавы Петя поздравил ее с днем рождения.

上述几组句子中，每一对都具有相同的命题内容，但彼此之间在语义上又有一定的差别。词汇的变化，特别是述谓动词的改变，会引起支配模式的改变和配价角色的调整。

句子的命题是对现实世界中某一情景的捕捉。无论是一个事件有不同的命题，还是对一个命题有不同的描述，通过突出所描述情景中那些重要成分来构建命题结构，从而构成句子特殊的语义内容，完成特定的交际任务。在现代结构语义研究中，交际结构这一术语还应包括涉及讲话人交际意向和语用目的等一系列因素。因此，在对句子意义和表达进行组织时，应考虑到语句交际意向以及所含语用信息元素的组织和利用。

第 2 节　句子实义切分及其相关概念

"句子实义切分"这一术语最早出现在 20 世纪 30 年代，但早在 19 世纪末，莫斯科语言学派的创始人福尔图纳托夫就曾注意到句子的交际功能及其研究方法，他主张从人的交际心理学角度去研究句子的生成，也就是从人的心理、主观意图去研究句子的功能和交际。

句子实义切分理论是布拉格学派十分重要的功能主义语言学理论之一，由该学派创始人之一、捷克语言学者 В.О. 马泰休斯（В.О.Матезиус）提出，于1939年正式发表，并开始在句法学研究中广泛使用。句子实义切分是研究句子交际功能的一种理论上全新的方法。实义切分与成分分析不同，其实质是从交际目的出发，对句子意义进行整体划分的研究方法（Матезиус 1967:237）。

这种划分方法与句子的形式结构和意义结构的划分不同：形式结构的划分基于句子表层的形式结构模式；意义结构的划分基于词汇语义与语法意义构成的句子整体意义结构；而实义切分的理论是根据话语在具体上下文中要表达的真实意图，即具体语境中的交际目的，从句子交际功能层面把句子意义分为两部分：前者是话语要叙述的对象，是话语的出发点，在绝大多数情况下，是谈话双方已知的或不言而喻的信息；后者则是对前者的说明和描述——"做什么""处于什么状态"或"具有怎样的特征"等，是句子交际层面中的重点，是新的信息。

通常认为，句子的实义切分是在分析和理解句子时使用的研究方法，通过对句子的实义切分，可以正确理解句子的交际指向和任务，正确理解讲话人要传递的语言信息和语用信息。事实上，全面了解和掌握这一理论，对正确把握交际目的和动机，通过正确的遣词造句来准确传递信息，对话语的生成和使用也是至关重要的。从话语生成的角度讲，句子的实义切分就是根据在话语环境中的交际任务，准确把握交际意图，构建一种符合当下交际语境的句子组织结构，使句子能准确表达内容意义和语用信息。

句子的实义切分是有别于语言学传统研究方法的一套全新理论，其中有许多相关的术语、概念和方法仍需深入研究和准确理解，以便完成句子实义切分的任务。

一、已知信息与未知信息

在交际结构的框架下，将句子语义划分成一组对立的信息——已知信息（旧信息）与未知信息（新信息）。所谓的已知信息是指在交际过程中已经被提及过、或谈话双方都知道的那部分信息。在讲话人看来，在他讲话这一时刻，这部分信息在听话人头脑中已经存在，是交谈双方已经共知的，因此是旧信息。未知信息则是指句子需要传递的另一部分信息，即讲话人希望通过使用该句子，提供给听话人的那部分信息，故称作新信息。无论已知信息还是未知信息，都是句子内容不可缺少的成分，因为从心理学角度看，语言表达始终沿着逻辑思维的线索，从"话题"开始延展，话题便是谈话双方共同的预设。没有了话题，便没有了语言描述的出发点，由此可见，在话语交际过程中，已知信息也是必不可少的要素。

在语言交际实践中，如何来区别和辨识已知信息和未知信息，可以从以下几个方面来观察：

1. 表层结构特点

从句子的句法结构上看，已知的旧信息与未知的新信息构成形式上的对立，主要表现在旧信息始终处于较弱的表现形式上，这种弱态势通常会有语言标记：

1）与新信息相比，旧信息发声的音调较低，重音弱读；

2）旧信息常常被代词化，即用代词替代已经提及过的信息；

值得提及的是代词第三人称特有的语义-结构首指重复功能；

Пришел Петров. Он был явно взволнован.

3）在俄语中，对旧信息进行表述时，通常在该信息后使用区分性加强语气词 же 等，作为标记。

— Можно идти? — Иди же скорее!

2. 语义结构特点

从深层语义结构来看，已知信息的地位与语言中和语言外语境中存在的某些信息有关，而这种语境则是该句子最典型的语境。例如：

Я купил картину в салоне.

Я купил в салоне картину.

显然，第一个句子适用于这样一种语境："绘画作品"或者是已经在交谈中被提及过，或者出现在本交际情景中，总之，听话人的头脑中已经有了关于"绘画作品"的信息，需要了解的是"在什么地方买的"。而第二个句子的典型语境是：由于某种原因听话人已经有了关于"美术品商店"的信息，想知道的是"买了什么"。

3. 交际结构特点

在句子的交际结构层面上，经常使用一对语用元素术语——已知信息和未知信息。在传统的句子结构分析中，特别是在内容层面的结构分析中，通常把旧信息与已知信息等同起来，而把新信息与未知信息等同起来。从现代语言的逻辑语义分析的角度观察，这两对元素并不是完全等同的。如：Я нашел твой паспорт. 在这个句子中，名词词组 твой паспорт 的所指对听话人来说虽然是已知的信息，但仍然是新信息，而不能视作旧信息。因为并不需要在听话人的意识中激活它的所指，就可以确认这个句子是正确的。

整体上说，旧信息属于句子中线性语调结构的开始成分，作为句子的"开头"。既然开头是贯穿整个情景的"思维路线"的起点，那么，自然要选该交际情景中已经被激活的成分作为出发点。因此，有时甚至直接就把旧信息定义为与上下文有关联的信息，或已经被激活了的信息。贯穿整个情景的自然路径是从旧信息到新信息。正因为这样，旧信息通常与主位或起始点对应。但也有例外，特别是在文学作品中。例如：

На горизонте сверкали снежные вершины горного хребта. Небольшой городок раскинулся у самого его подножья.

"Небольшой городок"虽然在句首的位置上，是句子的起点，但同时又是新的信息。

二、语义预设与语用预设

按照现代句法理论的观点，话语的内容包含两部分信息：句子的真实逻辑内容信息；听话人可以从具体语句中获取到的所有额外信息，用格赖斯的术语表示，这部分额外信息叫作"含义"。含义本身又可以区分出两种信息：规约性含义和非规约性含义。规约性含义是指与句子真值内容和条件无关的信息，它们寓于句子的词汇和结构意义之中，只能通过句子传递出来，这种规约性含义就是语义预设。非规约性含义，又称交际含义或会话含义，特指与话语的语言内容间接相关，由句子内容推导出来的信息，这部分信息叫做句子的语用预设。

1. 语义预设

语义预设是句子意义结构中的一部分，这一部分包含在句子的语义结构中。换句话说，句子意义内容中除了陈说部分外，还包含有逻辑推断部分，而且，只有当会话双方都承认该推断为真时，才能确保话语在整体上具有意义。譬如，当说 Дождь кончился 时，是以 Был дождь 为预设前提，只有判断这一预设为真时，句子 Дождь кончился 才被理解为逻辑上是正确的。

语义预设与话语陈说不同，它不会受否定行为影响，在句子的否定形式和疑问句形式中也可以保留下来。譬如，当说 Дождь не кончился 时，其判断的依据依然是 Был дождь 这一预设条件。这就是说，句子 Дождь кончился 和句子 Дождь не кончился，以及疑问句 Дождь кончился? 的语义预设是一样的：Был дождь（下雨了）。所以说，语义预设所包含的是这样一种信息，它的真实性是不可能靠简单的否定（нет, это неверно）来反驳，也不可能通过检验性的问题

（Так? Верно ли это?）推翻。这是语义预设的一个重要特征。

因此，把语义预设作为一种语言要素使用时，通常其信息的真实性不应该引起听话人的怀疑。严格意义上讲，这部分信息可以称之为已知的，只能是现实中存在的事态，因而关于它的信息也应该是真实的。实证性述谓与句法结构中题元项的真实性语义预设有关，其目的就是"使了解"和"使成为已知"。

2. 语用预设

语用预设是交际含义。虽然交际含义是由句子内容推导出来的，但必须以一个事实为条件：交际双方是以合作为共同遵守的准则。这一准则确保讲话人得以实现自己的交际意图，且不必把听者能从话语意义中推导出来的那些信息直接口头表达出来。听话人可以从字里行间听出的那部分句子内容，就是语用预设。换句话说，语用预设就是用来解释，说话人如何能够使话语的意义超出句子字面意义。典型的情景就是间接言语行为，在这种句式中，讲话人想要说的信息超出他正在说的内容：

Вы не могли бы передать мне соль?

Можно предложить вам чашечку кофе?

Вы не знаете, который час?

Вы не могли бы помочь мне с вещами?

这四个句子都是疑问句的形式，但在俄语中，这是标准的请求表达方式，但语义因词汇不同而各有差异，语用预设亦各不相同，听话人的反应和回答也会因人而异，一般会回答：пожалуйста; да, спасибо; 3 часа; могу 等。但前提是谈话人必须遵守合作原则，正确使用规约含义和非规约含义，这里涉及的不是纯语言能力，而是交际能力。

所以，当听话人在交际过程中违反了合作原则，故意或非故意地对句子语用预设信息不做或做出不适当的反应时，实质上没有实现讲话人的交际意图。譬如，当老师发现学生在课堂上看手机，而不注意听讲时，对学生说：

— Иван, я тебе не мешаю?

— Нет-нет, нисколько, пожалуйста, продолжайте.

学生完全不回应老师话外音的语用指向，只针对句子表层字面意义回答，表面看起来似乎他没有听明白这句话的含义，实则是在回避老师的批评和不满。再如：

— Можно положить тебе салата?

— Можно, но есть я его не буду.

显然，第二句话表述的是委婉的拒绝之意。

在所分析的这组语句中，语用预设起着很重要的作用，这一层面能否实现，直接关系到讲语人的意图和话语功效，而这些又取决于整个话语的内容、言语行为参与者以及言语行为条件的相互关系。

3. 语义预设与语用预设之间的对应关系

原则上讲，不可能出现语用预设不含语义预设的情景。句子的语用预设通常与该句子的语义预设相吻合，语义预设与语用预设之间的这种对应关系是可以从理论上得到解释，并在逻辑推理上是成立的。譬如说，讲话人事先知道某种真实的信息可能是听话人所不知道的，那么讲话人会认为，听话人对他将要传递的某种信息的真实性不可能产生疑义。所以，语用预设通常隐含在听话人可以感知到的话语语义预设之中。

话语情景的参与者与话语行为参与者（讲话人）的对应关系（交叉或者非交叉关系），也可以传递出语义—语用功能信息，这些功能与表达讲话人对话语情景与话语条件的相互关系的态度相关，例如：

Один мой знакомый сожалеет, что стал лингвистом. (В.М.Труб)

在这个句子中，使用了写实动词 сожалеть，但是，"один мой знакомый стал лингвистом"这一事态显然是一种语义预设。在这样的情景下，讲话人并不会以为这是听话人已知的信息，因为讲话人这里使用了不明确的描述（один мой знакомый）。在讲话人看来，听话人是否知道"один мой зкакомый"在现实中的所指，并不影响他理解这句话，否则讲话人可能会使用特定的描述，使听话人能够把它的所指与现实中的某一特定的人等同起来。

再如：……

— Он заболел?

— Нет, но он говорит, что он заболел.

对于这样的句子，有两种不同的判定：一种观点认为，这是一种语用预设，但不是语义预设（Падучева 1986:28）；另一种观点认为，在这一话轮中，第二个句子中的"он заболел"显然不是语义预设，甚至也不能说是语用预设，因为这一成分对应的信息虽然置于谈话双方的共同视野之中，但仍不能判定对听话人来说是已知的，否则他就不会问这个问题了。我们以为，恰恰是根据这一问题，我们可以判断，听话人或多或少是知道这一信息的，只是不够确定，如果在完全不知情的情况下，他的问题应该是：Что с ним? Почему он не пришел? 等。因此可以认为这一句子是只含语义预设，而不含语用预设的情形。

句子的交际结构是交际过程中动态的句子，语用信息是十分复杂且不断变化的语言要素，上述句子命题内容的语用信息只是其中比较典型的一部分，不足以涵盖句子内容层面交际结构描写所需的全部语用概念。有些语用概念虽然得到了应用，但到目前为止仍没有得到公认的准确界定，还有待于进一步地研究。

三、话语的切入点与交际的侧重点

1. 话语的切入点

在句子的交际-语用结构研究中，对句子命题内容的阐释中还有一种语用学要素——讲话人的着眼点，或句子的切入点。句子在反映某一事态情景的同时，还传递出这样一种信息，即讲话人与情景参与者的关系，换句话说，讲话人是从哪个参与者的角度来描述这一情景的，即以谁的口吻在说话。话语焦点就是指情景的一个参与项（者），通过对他的描画，传导出其他所有参与者的关系信息。下面的两个句子的命题内容是一样的，但讲话人的着眼点不同，句子对情景的描写角度和口气亦不同。试比较：

Петя поздравил свою тетю Клаву с днем рождения.

Племянник Клавы Петя поздравил её с днем рождения.

这两个句子都涉及物主代词的规约性问题：第一句话的出发点是施为主体 Петя，他的行为作用到他自己的姑姑，代词 свою 的语义域反射到行为主体；而第二个句子的出发点是 Клава，尽管行为仍然是 Петя 实施的，受物主代词规约性限制，这里的受事方不能再使用 свою тетю，而只能用代词 её 来代表受事方。

在交际的过程中，如果对句子的切入点把握不准，就会造成句子在逻辑语义层面上的自相矛盾和混乱，引起对句子理解的歧义。譬如：

*Ее племяник Петя купил красивый букет для своей тети.

这个句子的问题在于，句子的切入点，即"话语的视角"是不一致的，出现前后错位。对句中事态的第一个参与者的称谓是从"тетя"（姑姑）的角度称呼的，而第二个参与者及其行为又是从她侄子的角度描述的，话语视角的错位造成了句子意义上和逻辑上的混乱。

2. 交际的侧重点

侧重点是句子命题内容语用信息中的另一个概念，主要指讲话人从心理学角度判定情景中哪些信息对自己而言更重要。讲话人根据自己对情景的判断，确定某一方面信息的重要性程度，并依此决定，如何表达语义结构中相应的命题成分。这些心理上被认为重要的成分，相对于不太重要的成分而言具有优越性，这表现在它们在表达手段上的"权威性"和选择时的"优先性"。所谓的权威性就是指在表达方式中的语义含量更大，优先选择使用。在这种情况下，某一命题单位表达手段的权威性等级可以按下列方式排列：独立句 > 主从句 > 短语 > 共同述语 > 名词词组 > 虚词 > 语法范畴 > 词的部分词汇意义 > 0（没有形式上的表现）。例如：

（1）Он все еще выступает.

（2）Его выступление продолжается.

在这两个句子中，句子（1）表达的是现实过程意义，句子（2）描述的是同一事态，从逻辑语义上讲，它与第一个句子是相同的。但从交际语用的角度看，这两个句子的侧重点各不相同：在（1）句中，作为比较重要的信息是"他在发言"，这一情景是说话这一时刻正在进行的行为，是由句中述谓的时、态、体表示出来的，"发言"是由作为述谓动词词义来表达的，"仍在继续"这一句子重点则是用虚词表示的，但并非不重要，而恰恰表现出讲话人的语用态度。而在（2）句中恰好相反，由独立的述谓成分表示的"他的发言在继续"这一事实对讲话人来说更重要，而"发言"这一情景的现实存在特征，对讲话人来说是已知信息，就显得不那么重要，因此由名词词组表达。

在句子交际层面，命题内容中某一成分通过词序和语句逻辑重音手段，使句子的语义描写带有鲜明语用色彩。在话语的这类使用中，逻辑重音既可以用于句子的开头——主位上，也可以用于句子的述位。

如果一个句子中的正常词序发生变化，且有逻辑重音存在，那么，这个句子的命题内容可以包含三个方面的语义信息，或者说，可以把命题内容分为三部分，以下面的句子为例：

Окно открыл *Иван*.（逻辑重音在 *Иван* 一词上）

信息 1：讲话人认为，听话人知道，有人把窗户打开了。因而这一信息构成了该句子的预设。而且此句中的这一部分信息不仅是已知的，而且是旧的信息；

信息 2：关于句子所述的人物角色是一定的，讲话人认为，他认识所有有可能打开窗户的人，这些候选人名单在听话人的头脑中应该存在，也就是说，这也是一个旧的信息，这种信息在实义切分中作为主位，被冠以不同的语义称名："情景集""容量集""相关集"等。

信息 3：关于实际候选人中哪一个来承担这一角色的信息，自然是此句所传递的新信息，因此构成了该句子的重点："是伊万打开了窗子"。

四、句子的主位与述位

句子的实义切分特点是两元划分，就是根据句子的实际交际任务的需要，把句子划分为两个部分：表示已知信息的主位（тема）和表示未知的新信息的述位（рема），它们共同确保句子意义的理解和交际功能的实现，确保句子传递最重要的信息完整。这种划分与句子的形式结构和意义结构没有对应关系，而完全视交际意图和任务而确定。在实义切分的两元划分中，主位是叙述的出发点，述位是叙述的核心。主位和述位都可以是复合形式，且是不均匀的、不对称的。例如：

Большая площадь старого города над Днепром // поросла травой.

实义切分的表达手段因语言而异，一般来说，首先是词序，其次是语调（包括逻辑重音）以及某些强调句式或者虚词。把独立的句子划分为主位-述位的顺序叫做句子常规状态的实义切分。在常规状态切分中，即在不依赖上下文的词序状态下，主位通常在句首，表示已知的信息；述位总是在主位之后，在句子尾部，而信息量最大的常常是述位部分的最后一个词或词组。

在句子的实义切分中，主位和述位有不同的区别特征，有不同的表现形式和表达手段。

1. 主位

在句子的实义切分理论中，主位所承载的信息可以理解为是已知的、有语义预设的和旧的信息。也就是说，这种信息不仅仅对讲话人而言是已知的，而且对听话人来说也是已知的。主位是引导出述位的前置信息，是话语的起始点，是完成交际任务的前提条件。

1.1 主位的判定依据

在语言交际实践中，为了达到良好的沟通，实现交际意图，讲话人通常根据以下情况判断听话人已知信息的拥有量：

1）根据实际的交际情景，谈话对方此前了解话题在谈什么：

<u>В этом доме</u>// живет известный писатель.

2）根据谈话双方在现实世界中的时空定位：

<u>Сегодня в Петербурге</u> //состоится митинг.

3）根据谈话双方对所发生事件的时间和地点的了解：

<u>В городе же</u> // он постоянно казался беспокоен и насторожен.

4）根据上下文的语境关系：

В вечерних сумерках показался большой одноэтажный дом с ржавой крышей и с темными окнами. <u>Этот дом</u> // назывался постоялым домом.（Чехов）

1.2 主位的区别特征

需要指出的是，在特定的情景和具体上下文中，并非任意一种"已知信息"都可以视作主位。句子的主位永远是交际双方关注的话题，由此可以引出随后的述位信息。通常情况下充当主位的句子成分应当具备下列条件，或者说主要特征：

1）主位是交际行为的出发点，也就是说句子从主位开始。在不同逻辑语义结构模式的句子中，这个出发点是不同的：

在一般说明句中，主位通常是句子的主语或主体；

Завтра я // поеду в командировку.

在存在句中，作主位的通常是逻辑主体或表示处所的前置词组；

У меня // есть хороший друг.

В парке // был памятник.

2）主位是已知的或在前文中出现过的部分；

Однажды я пробрался на одну из литературных сред. Писатели //собрались в старом особняке.（Поустовский）

3）主位是承载的意义比较少或不太重要的那部分；

Море // смеялось.

4）如果对疑问句进行回答时，答句中重复的那部分就是该句的主位。试比较：

（1）— Как он читает?

— Он читает // хорошо.

（2）— Что случилось с Ивановым?

— Иванов // уехал в Сибирь.

（3）— Когда вы прочитали этот роман?

— Этот роман я прочитал // в прошлом году.

5）在否定句中，不能对主位作否定，而只能否定述位，因此不带否定语气词的部分是主位：

（1）— Сомнение появилось у него?

— Сомнение появилось // не у него, а у меня.

（2）— Сергей пришёл?

— Сергей //не пришёл.

（3）— Вчера приехал Андрей?

— Вчера приехал // не Андрей, а Алексей.

（4）— Андрей приехал вчера?

— Он приехал // не вчера, а сегодня.

6) 有指示代词 этот (эта, это, эти) 作修饰语的部分通常是主位；

Это большое здание // — наше общежитие.

Эту книгу // я купил вчера.

这类指示词使用的语境通常表示，某件具体的物体或事物在谈话双方的视野之内，或者是双方正在谈论的人或事，如：

Этот старик // мой отец.

7) 在省略句和问答句中常常可以被省略的部分是主位；

从形式上看，任何一个句子都可以按照二元对立的原则划分出主位和述位。在这种二元划分中，述位是必须的，因为它是交际的中心。而主位的存在却不是必须的，主位部分是已知信息的载体，在特定的上下文中，它可以不表现出来，在对话话轮中和省略句中，被省略的永远是主位部分。譬如：

— Она // пришла.

— Кто?

— Моя. (жена)

但类似的句子不能认为是没有主位。因为在任何时候和任何情况下，主位都是句子的出发点，都是客观存在的。

2. 述位

依据实义切分理论，在句子的实义切分中，述位是必须的，因为它是话语交际的中心，是句子的叙述重点。

2.1 述位的语义功能

1）是对主位信息的一种描述、评价、限定或说明；

2）与主位相比，述位部分所含的信息更多、更新；

3）是句子中新的内容的承载体，是谈话对方关切和感兴趣的内容；

2.2 述位的形式特征

1）述位表达句子中的主要内容和信息，绝大多数情况下，承载着句子的逻辑重音：

Он // послал Маше письмо ↘.

2）在书面形式中，述位一般位于句子的末尾；

Иван выступает // первым.

3）只在回答句中出现；

— Кто уехал вчера?

— Вчера уехал // Иван Иванович.

4）在否定句中，被否定的成分只能是述位，也就是说与否定词的搭配组合一定是述位：

Сомнение появилось // не у него, а у меня.

Сергей // не пришёл.

在俄语中，无论是主位，还是述位都可以是复合的，而且这种复合是不对称，不均匀的：

Большая площадь старого города над Днепром // поросла травой.

Кривые переулки Арбата // были занесены снегом.

Сёстры казались хорошенькими // от духоты, от мячкого света свечей.

第 3 节　句子实义切分的结构语义关系及其表达方式

一、实义切分与句子结构的关系

交际层面是句子结构中的一个特别层面。按照句子实义切分理论，任何一个句子都可以根据交际的需要划分成两部分——主位和述位，它们与主语和谓语没有对应关系，与语法形式没有直接联系，不会改变句子的形式结构和语义结构。但这并不是说，实义切分与句子的语法 - 语义结构没有关系，尤其不能将句子实义切分理解为即是把句子机械地划分为主位和述位。恰恰相反，句子的语法特性和语义结构特点决定着实义切分各种方案的可能性。

1. 句子实义切分与句子句法结构的关系

如上所述,句子实义切分是只考虑交际目的和任务而对句子进行的划分,关于句子实义切分与其句法结构的关系,有两点是非常重要的:

第一,实义切分原则上与句子的形式结构没有直接的关系。因为对于句子的交际结构而言,区分句子结构中的主要成分和次要成分并不重要,从交际意图和任务来讲,任何单位、任何信息成分都有可能成为谈话的焦点和话题,都有可能成为谈话双方关注的对象,因此只要它的意义符合语义逻辑和当下语境,就能完成交际任务。换句话说,传统句法形式结构中的任何句子成分都可以成为话语关注的重点,都可以做述位成分。例如,对句子"Вчера Иван Иванович уехал."而言,在它的形式结构和内容都不变的情况下,可以通过词序的变化,传递不同的信息,回答不同的问题,得到不同的切分结果——不同的主位和述位:

1)Вчера Иван Иванович // уехал. 回答"Что делал Иван Иванович вчера?"的问题,谓语作述位。

2)Вчера уехал // Иван Иванович. 回答"Кто уехал вчера?"的问题,主语作述位。

3)Иван Иванович уехал // вчера. 回答"Когда Иван Иванович уехал?"的问题,时间状语作述位。

第二,句子的任何成分或成分的组合都可以作主位,也都可以作述位。把句子划分为主位和述位与句子的主语和谓语没有直接的联系和对应性。也就是说,句子实义切分状态下的主位与句子形式句法结构中的主语不是对等的,但两者会有交集,其关系会出现以下两种情形:

1)当双成分的简单句按常规词序构成、修辞色彩呈中性态时,主位与主语呈现为同一成分,如句子:

Иван поступил в университет.

在这类句子中，一般情况下可以在主谓之间进行切分：

Иван // поступил в университет.

2）在实际交际中，主位和述位的切分取决于交际情景下的潜在问题。如果问题针对句子中某一成分时，可以对句子进行切分，疑问句中出现的成分是句子的主位部分；如果针对全句内容提问时，原则上句子是不可切分的，因为此时句子所述事实被看作一个整体概念。此时主位和述位都是新内容，构成一个总的事态。例如，

问话是：Что случилось? Что нового?

回答说：Иван поступил в университет.

此时，这些信息对于问话的人而言都是新信息，无法进行切分。对于这种情况，有些学者认为，可把句子中的两个主要成分及其扩展成分视作一个概念或一个交际成分，将整个句子理解为是述位；有些学者认为，可按主谓结构来切分。

2. 句子的实义切分与句子语义结构的关系

从实质上来讲，句子的实义切分是根据交际意图对句子语义结构进行的划分或组织，因此，语义结构的构建要服从于交际目的，同时语义结构又是句子实义切分的基础和载体。在正常词序情况下，句子语义中的逻辑主体是实义切分中的主位，逻辑述体及其扩展成分是述位部分。但在语言的实际应用中，根据交际任务的需要，任何句子成分都可以充当主位或述位：

Мой брат — // врач.

Ночь // была безлунная.

А почту в то время носила // Груня Офицерова.

Уснул Григорий // перед светом.

Говорил он // мало и неохотно.

А вечером // пошел дождь.

У него // разболели зубы.

Им овладела // радость.

在有上下文的交际语境中，实际语义的切分取决于上下文和讲话人要强调的重点。譬如：

（1）Иван помог нам.

（2）Нам помог Иван.

这两个句子具有相同的 $N_1+V_f+N...n$ 形式结构，但词序的不同，构成了不同的句子语义和交际意图。

对第一个句子可以做如下的提问：

（1）Что нового? — Иван помог нам.

（2）Что известно о Иване? — Иван //помог нам.

（3）Что сделал Иван? — Иван //помог нам.

第一个问题是对全句的整体内容的提问"有什么新闻？"，因此句子不能切分；第二个问题是对伊万的关注："有关于伊万的消息吗？"；第三个问题同样是关注伊万，但程度上更进一步，知道伊万在做事，做了什么并不清楚，因此根据这两个问题进行回答，确定讲话的重点。

而对第二个句子而言，只能用 Кто помог нам? 来提问，这样的问题是有语义预设的，暗含着一个已知的动态信息："有人帮助过我们，但是不清楚谁"，因此，能回答 Кто 这一问题的成分是关注的焦点，表现在句子的切分中应该是述位：Нам помог// Иван.

从句子的逻辑语义分类看，这两个句子都是描述句，但前一个句子是一个叙述说明句；而后一个句子所含语义是一种验证，是确定说明句。

3. 零主位句的交际结构与语义差别

在前面已经提及，从交际目的和意图的角度看，任何一个句子都必须有述位结构，因为它是新信息的承载成分，句子可以没有主位，但不能没有述位。在这一点上，实义切分与句子结构理论的述谓中心论是相对应的。在实际的语言交际中，在形式上是允许句子没有主语存在的，因而可以造成主位缺失——零主位的情况。主位缺失的情况主要有两种：

1）省略句

在有上下文的语境中，主位表示的已知信息，可以省略：

— Сергей пришёл? — Нет, не пришёл.

— Вчера приехал Андрей? — Не Андрей, а Алексей.

不完全句里只有新信息，即只有述位，如：

— Пришла.

— Кто?

— Моя.

在这一个话轮中，三个句子都是不完全句，均省略了讲话人认为是已知的信息，述位部分承载着讲话人认为重要的信息。随着交际活动的发展，充当述位成分的词类和形式也随之发生变化：动词——疑问代词——物主代词。

2）称名句

所谓的零主位句特指单成分句中的称名句，是指由于某种条件的要求和限制不允许 / 不需要主位成分出现。但这类句子在结构和语义上是有区别的。从句子的语义和功能上来讲，零主位句通常都是表示一种存在、状态、现象，如：Весна. Темнеет. Идет дождь. 等。具有零主位的句子是一种不可切分表达式。

这类称名句有两种：包括名词性称名句（又叫作主格句），和动词性称名句（单成分句）：

（1）名词性称名句

名词性称名句是由主语一格的形式构成的句子。这是俄语中特有的一种语言现象，常用于文学作品和口语交谈中，表示一种环境状态或一种感叹，如：Весна. Заря. Ночь. Тишина. 这样的句子属于零主位句。

（2）动词性称名句

属于零主位句的还有动词性称名句，这类句子是指只有述谓动词一个成分的句子，通常由动词的单数第三人称形式或由系词构成的复合谓语充当，表示自然状态或自然现象的演化或改变：Светает. Жарко. Темнеет.

3）概念句

此外，零主位句还应包括一种特殊的句式——概念句。概念句特指表示存在或状态的双成分句，在结构上表现为由 N_1+V_f 构成的形式。从形式上看，句子是由两个主要成分——主语和谓语构成的，按照句法结构理论和句子实义切分理论，这类句子应该是可以切分的。但从意义结构上看，这类句子的意义通常表示一个概念，是不可切分的一个整体，譬如句子：Пришла весна; Раздался звонок; Идет дождь; Дует ветер; Били часы; Стояла жара; Послышались шаги. 在句子的实义切分中，这类句子是不能切分的。

从上文中我们可以得知，句子实义切分是交际层面的分析方法，目的在于区分出句子意义内容中的已知信息和未知信息，以便抓住重点，更好了解讲话人的交际意向。因此，句子实义切分是以句子的意义结构为基础的。那么，既然这类句子的意义是一个完整的概念，所以是不能切分的。关于这一点，还可以从对这些句子的提问条件来分析：首先，看对这些句子能提出什么样的问题。按照词序排列规则，在句尾位置上的应是一个句子的重要信息，是述位部分，那么，能否就述位提问，以及可以提什么样的问题，是确定句子是否可以实义切分的关键。譬如，对句子"Пришла весна."，如果提问 Что пришло? 显然不够准确，与句子表达的意义不相符。因此，这里应该问 Что случилось? 从前文中我们已经知道，Что случилось? 是对全句提出的问题，而不是只对其中的一部分。试比较：

—— Что случилось? —— Пришла весна.

—— Что случилось? —— Послышались шаги.

—— Что случилось? —— Раздался звонок.

— Что случилось? — Идет дождь.

— Что случилось? — Дует ветер.

一般情况下，这类双成分句可以视作零主位句，在语言交际中不可切分。它们通常表示一种事物或现象从原先的或常规的状态转变成另一种状态，或出现一种新的状态。从表层结构上看，这里起决定作用的是词序，在表示态势意义的双成分句中，谓语总是在前，而主语在后。从表层语义上来讲，两个成分构成一个完整的概念，表示一种状态。从深层语义分析，这里的主语并非传统意义上的行为发出者，而既是行为的发出者又是行为的具体内容，即现象本身。

上述例句与双成分句式《Он читает》在语义结构上有着很大的区别。这些区别鲜明地表现在把这些句子转换成另一种词序状态，即主语在前，谓语在后的情况时：

Весна // пришла.

Звонок // раздался.

Дождь // идет.

Ветер // дует.

Шаги // послышались.

有些学者认为，在这样的结构中，可以认为主语是行为或现象的出发点。因此主语与谓语，即主位与述位之间是可以切分的。可以切分的依据有以下两点：

（1）述位部分可以由其他词或结构替换，构成的句子在语法结构上和语义上都不会出现错误或歧义。例如：

Весна // пришла. — Весна // наступает. — Весна // принесла нам хорошое настронение.

Дождь // идет. — Дождь // льётся. — Дождь // перестал.

Шаги // послышались. — Шаги // удалились.

Жара // стояла. — Жара // перестала стоять.

（2）这样的句子结构允许就句子的谓语部分提问：

Весна пришла. — Наступает ли весна?

Дождь идет. — Перестал ли дождь?

Шаги послышались. — Удалились ли шаги?

但是，可以看出，即便针对述谓部分提问，但得到的疑问句仍然是对全句提问的，不能使用疑问代词。

二、句子实义切分的表达方式

1. 实义切分的类型

对句子的逻辑语义分析表明，不同的逻辑句型有不同的句子结构，不同的句子结构要求不同的词序和语调。在没有上下文的语境条件下，每一种句型都有一个常态的词序。词序是否正常取决于是否可以对句子的潜在问题做出合乎逻辑的回答。不同的问题决定了主位和述位的成分和位置，即什么成分做主位，什么成分做述位。根据问题的特点，可以区分以下4种类型的问题：1）整体客观问题；2）部分客观问题；3）整体主观问题；4）部分主观问题。对应于上述的四个问题，可以构成四种信息类型，每一种类型有自己的切分表达方式：

1）总体信息

从总体上描述信息，这样的信息通常与事实相符。不强调已知信息和新信息的区别。与其他类型相比，这种信息对上下文的依赖性最小，常常是独立存在的。在这种类型的实义切分中有两种情形：

（1）不做切分：

Идет // дождь.

Дует // ветер.

（2）主语通常充当主位，谓语总是充当述位：

Поезд // опоздал.

Юноша // остановил станок.

2）部分信息

重点突出信息的某一部分，因为从整体上讲，事件是已知的，未知的只是事件的某一方面。因此，在实义切分时，述谓成分总是划入主位部分：

Беда разоразилась // в конце дня.

Эти перемены изменили // его лицо, но не душу.

3）总体验证

描述的不是新的信息，而是对讲话对方观点的反应，证实或修正对方的观点。进行实义切分时，主位和述位的分界通常是在否定词或语气词之前，也就是说，否定词或语气词是述位的标记：

Игорь // не погиб.

Дядя // все-таки придет.

4）部分验证

描述或确认的不是事件本身的现实性，不是事件的整体，而是其中的某一部分。

在这种类型的实义切分中，需要验证的部分是新信息，即述位部分：

Ночью гуляют // не одни злые люди.

В это время // раздался звонок на урок.

Он вернулся // поздней ночью.

2. 实义切分的表达方式

句子实义切分的表达手段有：句子的逻辑重音、语调、词序、某些词汇手段和特殊结构。这些方式经常相互配合，有时也会单独使用。

1）词序

从上文的分析中可以看出，在俄语中，尽管在语法层面上词序确实是自由的，相对于英语和汉语而言，它并不表达句子成分之间的关系，但在句子的交际层面，对句子的实义切分而言，词序却是不自由的，因为对于同一个句子而言，不同的词序会有不同的主位/述位切分方案。显而易见，词序是实义切分的重要判定依据，如：

— Иван Иванович // приехал.

在这种情况下，主语在前、谓语在后的词序是正常的词序，主位/述位的划分与主语/谓语的划分相同。但在另一种语境下，如：

— Кто приехал?

— Приехал // Иван Иванович.

在这样的话轮中，讲话人关心的是"究竟谁来了"，提问的是主语部分，因此回答句中的正常词序应是谓语在前主语在后。因此，谓语是已知信息，是主位，而主语是未知信息，是述位。这两个句子中问题和回答都是客观的，不带有主观情态意义。

在实际言语交际中，句子的表述因交际目的的不同而千差万别。在没有上下文也没有问句的情况下，同一个句子词序，对一种句子类型来说可以是常态，称作客观词序；而对另一种句子类型来说，可以是具有表现力修辞色彩的形式，称作主观词序。例如：

Возле дома росли липы.

在没有上下文的情况下，对类似句子的词序的判断有两种情况：1）判定为存在句，该句词序属于正常的客观词序，表示"在什么地方有什么或发生什么"；2）判定为描述句，词序是具有主观情态色彩的主观词序，表示椴树离房子很近，"就长在房子旁"。

同理，句子"Липы росли возле дома."也有两种判断的可能：1）描述句的正常词序，表示椴树长在什么地方，回答где的问题；2）存在句表示主观情态色彩的词序，表示"在房子旁长着的是椴树"，表示讲话人的惊讶或感叹等。

如何判断一个句子是正常词序还是表示主观情态色彩的词序，首先要根据上下文提供的信息确定主位和述位，然后再根据主位和述位的位置确定词序是客观词序还是主观词序，这里起关键作用的就是句子的逻辑重音。

2）逻辑重音

在中性情态的表达形式中，或者说在客观词序的句子中，逻辑重音通常位于句子的尾部，即在述位部分的最后一个词上。如果句子词序发生变化使其具有表现力色彩时，重音随述位一并前移至句首，并重读：

<u>Великая вещь</u> ↙ // свобода.

<u>Не долги</u> ↙ // летние ночи.

3）语气词

在实义切分中，句子中的语气词具有标识性功能。有的语气词专属主位，有的专属述位，譬如：

语气词 же：

在疑问句中，же 是加强语气词，通常紧跟在疑问代词之后。在非疑问句中，语气词 же 之前的为主位，之后通常是述位：

— Деда, а почему тебя все девушки в деревне любят, ты <u>же</u> // такой старый и не красивый.

— Мальчик мой, иди <u>же</u> // ко мне.

语气词 то：

后置语气词 -то 常用于口语中，具有区分或标识主位的功能，因此，在该语气词之前的是主位，之后的应该是述位。

Не желаете говорить, а молчать-<u>то</u> // страшнее. (А.Толстой)

Ну, деревню-<u>то</u> // они знают.

Урок-<u>то</u> // выучил?

语气词 не：

在句子实义切分中，语气词 не 有很重要的标记功能。如果在句子中出现否定语气词，则通常否定的是述位。也就是说，语气词 не 是述位的标记词。

Он послал письмо // <u>не</u> в Москву.

В Москву послал письмо // <u>не</u> он.

Нет, не тебя // так пылко я люблю.

但也有例外，当语气词 не 在谓语前面时，述位可能是谓语，也可能是其他成分。试比较：

Его ждали, но он // не пришёл.（谓语充当述位）

Он не пришёл // и на следующий день.（状语充当述位）

Не пришёл // Иван Иванович.（主语充当述位）

对类似情形，需要借助于上下文语境做出判断。

4）特殊的语义关系结构

在俄语中，有些特殊的结构形式在实义切分中具有标记功能，如：

（1）**主位标记结构** что касается, то…

在 что касается…, то… 这样的结构中，第一部分是由 что касается + 名词二格的形式构成，касается 这一词形在这一固定词组中没有动词的性能，它没有时态的变化，因此，由它带出的这一部分，从形式上看很像是从句部分，但实际上它不是一个述谓单位，因而也没有述谓单位所拥有的时间情态层面的内容。在现代俄语中，что касается 被看做是一个特殊的虚词结构，具有区分或突出句子某一成分的功能。在实义切分中，что касается 带出的部分通常是主位，由 то… 带出的扩展成分是述位部分。例如：

Что касается отъезда, // то он будет отложен.

Что касается остальных членов комиссии, // их предупредить не удалось.

Что касается сенсаций и сюрпризов, // то их было масса.

Что касается детей, // то уложите их спать пораньше.

（2）**主位标记结构** что до（кого -чего）, то…

在俄语中，类似这种具有主位标记功能的特殊结构还有 что до（кого -чего）, то…：由 то… 带出的部分是述位部分。

Что до Кати, // то она за два года вполне поняла своего мужа.

（3）**述位标记结构**

在俄语中，还有一些常用的语义关系结构，如语气词 так; так это; если, так это 等，这些结构比较自由灵活，可以构成各种变体。在句子中它们通常具有**述位的标记功能**：

Кто был недоволен, // так это Иван Иванович.

Вот где я не мог бы работать, // так это в термичке.

Когда меня будет можно застать дома, // так это в понедельник.

在类似结构中，主位部分常常可以使用 если, 以强调或突出述位部分表达的内容方面：

Если он куда охотно ходил, // так это в цирк.

Если кто будет возражать, // так разве что первокурсники.

Лётчик в тот момент если что-нибудь и переживал, // то одно лишь полное удовлетворение.

Тогда мы если и мечтали о чём-нибудь, // то только о полётах в космос.

这里所论述的只是正常词序状态下的中性修辞色彩句子的主位-述位的实义切分，至于具有感情表现力和特殊修辞色彩的句子的实义切分问题，类型非常多，且各有其特殊性，需要在具体语境中分析，本书未论及。

需要说明的是，实义切分作为交际单位——话语的分析方法和组织方法，不仅仅与言语，与具体的言语产品相关，而且与语言层面有关。在语言这一层面上，实义切分是以某种交际-结构类型的形式出现的，从具体情景的角度出发，通过词汇语义填充、已知和新知特性的运用以及交际-结构类型使用等手段，构成句子交际结构中的话语层面。因此，按照某种实义切分类型组织句子，是一种构建组织话语的能力，一种确定句子成分的交际功能的能力，是建立某种结构联系最终生成作为交际单位的句子的一种能力。句子的实义切分同时又是一种语言分析方法，正确理解和掌握实义切分在话语交际中的作用，不仅对话语内容的理解很重要，而且对理解讲话人交际意图，把握语言表述的语用指向也十分重要。

第4节 句子的逻辑语义结构类型与实义切分

在正常的中性状态的句子中，不同句子类型的词序是不同的，实义切分中的词序与结构关系中的词序亦是不同的。疑问句中所提问题不同，回答句的词序也不同，构成的句子的类型亦不同。因此，只有在确定了句子逻辑语义结构类型的情况下，才能根据不同类型句子的词序确定主位与述位的划分。

一、说明句的实义切分

说明句是语言中的主要表达句式，其中又细分出许多子类型，其各自的实义切分方案也不同。

1. 叙述说明句

在中性状态的语境中，叙述说明句的实义切分模式应是：话语的主体是主位，表示述体的动词及其右侧的扩展成分充当述位。主位通常位于述位之前。

$\underline{N_1}\ \underline{V_f}$
T（主位）// P（述位）

叙述说明句的实义切分有以下特点：

1) 句子的逻辑重音一般位于述位中的一个成分上，常常是在句尾上。

Он // починил машину ↘.

如果在述位中的动词带有几个扩展成分的话，在中性状态下进行实义切分时，则最重要的扩展成分位于句尾，句子的逻辑重音置于该成分上：

Он // послал Маше письмо ↘.

Он // послал письмо Маше ↘.

2) 叙述说明句在客观词序状态下，展句型疏状扩展成分位于主语之前，在句首。因此中性状态的实义切分中疏状扩展成分划入主位部分：

После больницы он // поехал на юг↘.

В этом году наш зовод // уже выпустил новую продукцию↘.

3）在叙述说明句中，客观词序与倒置的主观词序相对立。这种有倒置的主观词序的句子叫做倒装句，是具有表现力色彩的句式，其词序的特点是将强调的重点成分置于句首或动词之前，并附有加强重音，这种成分是突出的述位成分，而其他成分都划入主位部分：

Ольге↗// он вчера написал письмо.

В Сибирь↗// Иван Иванович уехал.

对于 Диссертацию пишет // Иванов 这样的叙述说明句倒装句式，实义切分时可能会出现以下两种情况，需要注意区分：

（1）主语位于句尾，并附有逻辑重音，此时主语是句子的述位，回答"是谁在写论文"的问题：

Диссертацию пишет // Иванов ↘.

这种句式的意义相当于：Тот, кто пишет диссертацию, это не кто иной, как Иванов.（写论文的不是别人，是 Иванов）

— Ты пильмо Ольге написал? - Да, написал.

（2）表示客体意义的扩展成分可以位于句首，并附有逻辑重音，是述位提前。在这种情况下，句子仍然是倒装说明句，但叙述句说明的重点变成了由补语成分表示的述位部分，回答"Иванов 在写什么"的问题：

Диссертацию↗//пишет Иванов.

强调 Иванов 写的不是别的，而是论文。

这两种可能性都存在，具体情况需用根据上下文语境判断。具有表现力色彩的倒装陈述说明句的区别特征在于语调和逻辑重音。

4）在对话形式的话轮中，叙述说明句的述位可以单独使用，不需要其他成分：

— Кому ты послал письмо ? — Ольге.

— Ты пильмо Ольге написал? — Да, написал.

2. 确定说明句

确定说明句实义切分的主要规律与该句型的结构模式相关。

1）在双成分句中，结构模式的客观词序与切分的模式相同，即主语在前，是主位，谓语在后，是述位：

Она // была красивая ↘.

Он // был учитель ↘.

Ей // больно ↘.

这种结构的词序是正常的客观词序，一旦颠倒，就成了倒装句，即述位提前，并附有逻辑重音：

Красивая ↗ // она.

Учитель ↗ //он был.

Больно ↗ // ей.

需要注意的是，这种确定说明句型没有可能把主语（主体）做述位。主语（主体）一旦位于句尾并承载逻辑重音做述位，句子就变成了等同句的特殊类型，试比较：

Красивая // она ↘. (та, которая красивая, это именно она)

Учитель //он был ↘. (тот, кто учитель, это именно он)

在不定式句子模式中：如 Inf+N_1, Inf+Inf, Inf+Adv (praed) 等模式中，句子中性状态下的实义切分是，前一部分为主位，后一部分为述位：

Добиваться повышения производительности труда — //наша задача.

Учиться — //это наша задача.

Добиваться дисциплины в производстве — //значит добиваться подъема производительности труда.

在这类句子中，это, значит 总是在述位部分，试比较：

Учиться — это наша задача.

Наша задача — это учиться.

在不定式 + 副词 Inf+Adv（praed）的模式中，正常的客观词序是可以切分的：Кататься //весело. 一旦颠倒了词序，两个成分的功能发生了变化，原来的主谓结构变成了依附关系的主从词组，一起做谓语。切分时两个成分一起划为述位，主位由表示行为主体意义的成分充当：Им //весело кататься.

2) 在单成分句中，表示外部环境的称名句通常都是述位：

Прохладно.

Душно.

Дует.

这种句子的主位，通常由位于句首的表示状态说明意义的扩展成分充当：

На улице // прохладно.

Здесь // душно.

Там // дует.

3. 状态说明句

在状态说明句实义切分模式中，主语（主体）和存在动词充当主位，而表示时间和地点意义的状态说明性扩展成分充当述位部分。主位通常位于述位之前。

Беседка находится // в саду ↘.

具有表现力色彩的这种逻辑语义结构句型的实义切分模式是：表示时间和地点意义的状态说明性扩展成分，即述位部分前提至句首，且必须附有逻辑重音。如果述位上没有逻辑重音，则这种句式与普通的存在句相同。试比较：

Собрание будет //в пять часов ↘.（表示时间的状态说明句）

В пять ↗ будет собрание.（具有表现力色彩的表示时间的状态说明句）

В пять часов // будет собрание ↘.（一般存在句）

在表示因果等逻辑关系的状态说明句中，表示逻辑关系中结果的成分是主位，位于句首，表示原因的成分是述位，在句尾：

Все его неудачи // от неорганизованности.

Мы опоздали // из-за дождя.（我们迟到是因为下雨了）

在具有表现力色彩的句式中，述位提前并附加逻辑重音：

Из-за дождя ↗ // мы опоздали.（就是因为下雨，我们才迟到了——强调原因）

同样的词序，逻辑重音不同，表达的逻辑语义完全不同：

Из-за дождя // мы опоздали ↘.（因为下雨，我们迟到了——表示结果）

二、存在句的实义切分

在俄语中，存在句是一种独特的逻辑语义结构类型，其词序是有规约性的。因此，存在句的实义切分始终与词序紧密相关，其类型可分为：

1. 中态词序

存在句的常规词序是方位词永远做左题元。

这种类型句子的实义切分的特点是：方位词充当主位，存在动词与表示存在物体的名词一起做述位：

В этом лесу // есть грибы ↘.

У него на столе // стоят старинные подсвечники ↘.

存在句有一种特殊的变体：引言句，或叫做开场句。

这种句子是存在句的一种。Есть 总是放在句首，其形式标记特征是句中常有数量限定词 один, одна, 数量限定词和名词一并做述位：

Есть у меня // одна яблоня ↘. Два года не плодоносила. А в этом году вся усыпана яблоками.

Есть у меня // один приятель ↘. Он каждое утро по пять

километров пробегает.

过去时常用 Жил-был, жил когда-то **等引出句子。**

在这类句子中，存在动词和方位词一起做主位，存在名词做述位：

Жил-был в этом городе // один купец ↘.

Жил когда-то в наших краях // один бедный крестьянин ↘.

2. 突出存在动词 есть

在存在句中，使用／不使用存在动词 есть 是有一定的限制和规律的。在有些情况下是必须有 есть 的，而有些情况下可以不使用。一般情况下，使用 есть 的存在句表示中性的存在状态，不使用 есть 的存在句则突出强调存在物体。

1）需要强调存在动词的情况

（1）对应相关问题的回答：

У тебя есть машина? Да, машина у меня // есть ↘.

В этом лесу // есть ↘ грибы, а там нет.

（2）在开场句的情况下：

Есть ↗ у меня // один знакомый. Он……

Есть ↗ у них // одна книга. Эта книга……

（3）在存在句中没有方位限定词，这种存在句表示一种分类：

Есть ↗ // дружбы странные: оба друга один другого почти съесть хотят, всю жизнь так живут, а между тем расстаться не могут.（Достоевский）

在强调存在动词 есть 这种变体类型的切分中，无论词序如何变化，述位永远是由 есть 或 есть+ 存在物体名词充当，且逻辑重音总是在 есть 上：

У меня // есть ↘ машина.

Машина у меня // есть ↘.

在特别突出强调"有"这一成分时，存在动词前置，并带有逻辑重音：

Есть ↗ // у меня машина.

2）语义上的区别

需要特别指出，除了上述的强调功能，动词 есть 具有一个非常重要的特性：存在句中有没有 есть，在语义上是有区别功能的。试比较下列句子：

（1）客观词序的中态存在句：У нее //есть седые волосы.

（2）强调存在物体的具有表现力的存在句：У нее // седые волосы.

比较两个句子，可以发现句子意义上是有差别的。在第一句中表示"在她的头发中有白头发了"，不是全部；第二句表示"她的头发已经灰白了"。再如：

У нее //есть умные приятели.（在她的朋友中有比较聪慧的）

У нее //умные приятели.（她的朋友都很聪慧）

3. 突出存在的物体

在**突出存在的物体**这种变体类型的切分中，当需要突出存在物体，表示"在某个地方有什么东西"时，可以不使用 есть：

В комнате //только стол и стулья ↘.

Снова// снег на поле ↘.

这样的句式还可以表示："已知在某个物体里面有东西，需要强调是什么东西"这样细微语义差别。在这种情况下述位总是在句尾：

В комнате //большой шкаф ↘.

У окна // стол ↘.

В аудитории //одни студенты ↘.

В этой квартире // только стол и стулья ↘.

这种强调存在物体的变体句式中，不使用现在时存在动词 есть，一旦有 есть 出现，就变成了正常的存在句式了。试比较：

В комнате // большой шкаф ↘

В комнате // есть большой шкаф ↘

4. 存在句实义切分的特殊情形

按照实义切分理论原则，句子中的任何成分都可以被突出强调，做句子的述位，或加带逻辑重音，变成具有表现力色彩的句式。但在存在句中，有两个成分是不能被突出强调的，这两个成分是：表示方位的状语成分和表示存在物体特征的限定成分。**存在句一旦违反了这一原则，某些存在条件和存在关系便发生变化，存在句就会变成其他逻辑结构类型的句子。**

1）方位词

表示方位限定范围意义的状语成分，永远位于句首，一经被强调突出而改变词序，就变成了状态说明句，而且存在物体获得了具体所指的意义：

На центральной площади города // есть оперный театр ↘.（存在句）

(Этот) оперный театр // находится на центральной площади ↘.（地点状态说明句）

2）强调存在物体的限定成分

存在物体带有的限定成分是定语，位于被修饰名词之前，表示该物体的特征。如果要强调存在物体的这一限定成分，将其词序调整到句尾时，即该成分变成述位时，存在句就变成了特征确定说明句了。试比较：

У этой реки // спокойное течение ↘.（存在句）

Течение у этой реки // спокойное ↘.（特征说明句）

从这两个句子可以看出，在存在句中，位于句首的是方位限定成分，做主位，存在物体与修饰成分一起做述位。在说明句中，方位限定成分位于存在的物体之后，做它的非一致性修饰语，并一同充当主位；而原来存在句中的修饰成分则变成了存在物体的特征。因此，当要突出存在物体的限定成分时，存在句变成了特征说明句：

Иллюстрации в книге// <u>интересные</u> ↘.

在这种情况下，存在句中的 быть 是存在动词，而在特征说明句中，быть 则变成了系词。试比较：

У нее // <u>были красивые глаза</u> ↘.（存在句，были 是存在动词）

Глааза у нее // <u>были красивые</u> ↘.（特征说明句，были 是系词，做合成谓语）

系词与形容词一起构成合成谓语时，形容词可以用五格的形式：

Глааза у нее // <u>были красивыми</u> ↘.

三、称名句的实义切分

称名句的实义切分模式是：被称名的部分通常做主位，称名符号——述位。如果有动词存在，则划入主位。在正常的词序情况下，主位在前，述位在后。在有表现力色彩的实义切分模式中述位提前至句首，并附有逻辑重音。试比较：

Её зовут //Таня ↘.

Таня ↗ // её зовут.

四、等同句的实义切分

等同句是俄语中特有的一种逻辑语义结构类型，其典型语义特征是，句子的主体和述体同指现实中的人或物，在形式结构上，词序起很重要的作用。这类句子的实义切分有以下特点：

1) 等同句结构模式中两个成分形式相同，是等同句的主要特征，这一特征决定了在该句型实义切分时，词序应是首先考虑的要素。在语言实践中，讲话人认为是话语出发点的成分就是已知信息，就是主位，放在句首；讲话人认为是未知信息的部分就是述位。

Имя этого человека — // Всеволод ↘.

2) 等同句很少有倒装句。如果出现倒装，把述位提前到句首，必须有补充表达手段证明是述位提前了。否则前后成分的形式一样，无法证实它是述位提前。例如：

Многие, когда хотят стать космонавтами, думают, что прежде всего необходимо железное здоровье. Но ↙ опасная штука // железное здоровье с железной душой. (Евтушенко)

这个句子中的补充说明手段是重复，第二句中 железное здоровье 的重复部分，说明它是已知信息，因此是主位。由此可以看出，опасная штука 是作为述位部分被提前到句首。

3) 如果等同部分一个是第一格的形式，另一个是第五格的形式，则后者一般情况下做述位：

Иван Петрович // был водителем грузовика ↘.

在 один из... 这类的结构中，五格形式 одним из... 在句首时可以视作述位前置：

Одним из самых сложных и мучительных наслаждений была для меня // музыка ↘. (Бунин)

Самым примечательным событием в моей жизни была // поездка на Сахалин ↘. (Чехов)

4) 在科技语体、公文语体和没有感情色彩的书面语体中，等同句的客观词序应该是主位——述位，也就是说，无论是名词第一格的形式、动词不定式、动词人称形式，还是第五格的谓语形式，主位总是在前面：

Земля — // одна из планет Солнечной системы ↘.

Высшим органом власти в СССР //являлся Верховный Совет народных депутатов ↘.

Хотеть — //значит мочь ↘.

5）在动词谓语做主位的句子中，强调的是行为的发出者。在中性状态的客观词序的情况下，句子在意群上是有联系的，谓语通常是重复上一个句子的动作或行为，因此置于句首做主位：

За дверью в маленьком зале происходило, по-видимому, объяснение в любви. Объяснялись //их дочь Наташенька и учитель уездного училища Щупкин... ↘（Чехов）

分析等同句的实义切分可以看出，等同句与说明句的最大的区别是：等同句的主语与谓语词序的变化，虽然改变了主位与述位，但不会改变句子的逻辑结构类型，例如：Земля — планета средней величины. 和 Планета средней величины — это Земля. 无论怎样变，都是等同句；而说明句，譬如 Иван пришел. 和 Пришел Иван. 第二个句子不仅改变了词序和实义切分，而且改变了逻辑重音，相当于 Тот, кто пришел — это Иван. 这就是说，交际任务的改变导致了句子实义切分和逻辑语义结构的变化。试比较：

Это ↗ я // убил директора!（Горький）

说明句的正常词序是：Я убил директора, 而在回答 кто убил директора? 这一问题时，正常词序是 Директора убил// я. 在这种情况下，如果主语在句首，句子就成了倒装句。其意义是：Тот, кто убил директора — это я.

本章小结

句子的交际结构和语用信息是句法中的宏观研究层面，多是对言语现象的具体分析和研究。文中分析的句子多为常规结构模式的不同变体形式，具有各种不同的感情色彩和语用功能，因此，进行形式化操作有一定的挑战性和难度。

句子的实义切分是句子交际层面的分析方法，由于语言交际具有很大的不确定性和动态性，所以，目前尚没有可以对句子实义切分方案进行高度抽象和概括的准则。本节针对不同逻辑语义结构类型句子的结构特征，分门别类地对实义切分作了补充说明和描述，以区别不同类型句子的具体实义切分特点和处理方案。句子实义切分涉及语义、语用等多个层面，同时，对语境和上下文条件，对现实交际情景都有很大的依赖性。还有很多现象和问题尚需进一步研究。

第三篇

现代俄语句法学——重构篇

第一章　俄语句子的聚合体系

现代句法学理论认为，句子形式结构模式具有抽象的结构特征，因此，不仅要用科学的通用方法对句子进行描写，而且要区分一个模式与其他模式之间的关系，厘清模式内部各变体之间的关系，明确该模式在整个语言体系中的位置和作用。这样的要求体现了句法结构研究的体系性原则。这种系统性结构句法学研究与句子形式类型学研究，源于20世纪语言学中一个重要的基础理论思想——用聚合体理论和方法研究分析语言单位。

语言的聚合关系和聚合体理论是20世纪结构主义语言学的重要理论之一。在随后的语言学发展各个时期，聚合关系理论广泛应用于语言学研究的各个领域。这一理论思想在语法学领域的应用，不仅使句子结构研究更具现代理论水平，而且使这一领域的研究更具系统性和规律性。在俄语中，关于句子拥有聚合体的假说最早由什维多娃提出（Русская грамматика 1980, Т.2: 99）。这一思想作为一种语言学方法论、一种具体的研究视角和平台，被广泛用于句子的句法结构分析和研究，对现代语法学理论研究的发展产生了巨大推动作用。这一思想在结构句法学研究中的具体体现，就是关于句子聚合体的学说。

句子的聚合体系研究是语言体系性研究的一个延展。在俄语句法学研究中，句子的聚合体和句子的聚合体系是两个不同的概念。前者特指句子的形式结构体系及其各种变体形式构成的聚合体。句子的聚合体系是一个外延更大的概念：将一个句子结构模式的各种常规实现构成的句子及其各种变体形式都视作是该结构模式的聚合体成员,将该句子的所有共性变化形式之集合,称作句子的聚合体系。

遵循这一原则,本研究认为,句子聚合体系应包括:句子聚合体(句子的各种结构形式变体)、句子结构模式的常规实现和各种类型的语义改造。

第 1 节　句子聚合体

一、什么是句子聚合体

进入句子聚合体的一个重要指标是,句子的每一种变体形式中,都必须有同一主语和谓语的共存。换句话说,各种类型的句子变体构成了一个句子的形式体系,其中每一个具体句子都是该句子的一种变化类型,通常称作句型。

句子的语法意义是述谓性,也就是句子的人称—情态—时间意义的综合性变化形式。述谓性就像形态学层次中的语法范畴一样,是以许多局部意义的形式存在于句子中的,譬如,情态范畴包括各种具体的现实性和非现实性;时间意义包括现在时意义、过去时意义、将来时意义,而且时间意义又以某种形式与情态范畴相联系。这种时间与情态的不同组合由句子形式结构的某些相应变体表示出来。例如:

Ночь. — Была ночь. — Будет ночь.

Была бы ночь. — Вот бы была ночь. — Пусть будет ночь.

这种变化不涉及句子的内容,而只表示某一局部基本语法范畴对应的语法意义的变化。这些变化的对象可以是时间形式:

Здесь было тепло. — Здесь тепло. — Здесь будет тепло.

可以是讲话人对表述内容的各种情态的变化:

Он придет. — Может быть, он придет.

由于一个句子的述谓性发生变化而产生的不同变体叫作

该句子的结构形式（формы предложения）变化，由这些形式变化构成的该句子的整个形式体系叫作句子聚合体。

二、句子聚合体的类型

句子聚合体是由一个句子述谓性结构变化而引起的句子形式变化的常规类型，而不是任何一个具体句子变化的必须类型。

句法关系的变化构成了结构形式不同的句子，什维多娃将句子的不同形式称作情态类型，或结构式（Русская грамматика 1980, T.2: 245）。一个句子完整的聚合体包括下列结构式的变化类型：

1. 句法现实句

句法现实句是依据句子述谓性的情态范畴区分出来的，与句法非现实句相对应。陈述式是句法现实句的基本体现形式，表示一种客观现实。现实句通常有三种时态：
现在时、过去时和将来时：
Ученик пишет. — Ученик писал. — Ученик будет писать.
В комнате тишина. — В комнате была тишина. — В комнате будет тишина.

2. 句法非现实句

句法非现实句是依据句子述谓性中的情态范畴区分出来的句式，与句法现实句相对应。句法非现实句通常借助语气词 бы 构成，深层语义表示一种非现实性意义或假设性意义，表层语义可细分为：

1）假定式

假定式是句法非现实句的典型句式，表示非现实的情态意义：
Ученик писал бы.
В комнате была бы тишина.

2）条件式

条件式形式同样也表示非现实性意义，多用于复合句中的从属条件句形式：

Если бы ученик писал, то ...

Если бы в комнате была тишина, то...

3）希望式

希望式形式表示对某种现实的抽象性意向：

Ученик писал бы.

Лишь бы ученик писал.

Вот бы в комнате была тишина!

В комнате была бы тишина.

4）祈使式

祈使式形式表示一种意志或意愿，不同的句子类型传达出不同的意义，即这种意志或意愿在强烈程度上的差别——从坚决要求到允许、认可、同意：

Пиши, ученик.

Пусть ученик пишет.

Чтобы в комнате была тишина!

5）应该式

应该式形式表示完成某事、实现某种状态的一种必须性、被迫性、预先决定性：

В комнате будь тишина, а во дворе можно шуметь.

На дворе будь темно, а то и на вечер непохоже.

在句法非现实句中，有些结构式的表层结构形式是相同的，譬如假定式中的 В комнате была бы тишина. 与希望式中的 В комнате была бы тишина. 这里需要指出的是，从句法语义和句法功能上看，非现实句的语义中可以区分出上述的语义类别，但表现形式是相同的。在语言的具体使用中，需根据话语环境和上下文语境，进行综合考虑和做出判定。

这里主要描述了句子聚合体的八种形式：陈述式中的三

个时态形式 + 非现实句式中的五个结构式。在这八种形式中，现实的陈述式中的现在时形式是句子的原始形式，是聚合体的基础和代表形式。

在非现实句的结构式中，除了应该式形式外，其余的形式都有变体，譬如，希望式形式的不同变体形式：

Лишь бы в доме была тишина!

Вот бы в доме была тишина!

Была бы в доме тишина!

Если бы в доме была тишина!

在语言的实际使用中，并非每一个句子都能构成完整的聚合体，有些句子的形式类型只有不完整的聚合体。譬如，动词不定式做形式主语，按动词不定式双成分结构模式构成的不定式句没有应该式：

Быть учителем трудно.

Поговорить с ним было удовольствие.

而按单成分动词不定式模式构成的句子没有应该式和祈使式：

С тобой не сговориться.

Тут-то себя и показать.

Нам завтра в поход идти.

有些具体的句子只能有一种形式。譬如，按照 Cop_fN_1 的模式构成的句子，包括含有指示语气词 вот, вон 的单成分句和表示强烈意向的单成分的动词不定式句：

Вот наш завод.

Вон общежитие.

Вот и зима.

Не шуметь!

Отставить разговоры!

Соблюдать тишину!

综上所述，句子述谓性结构的变化会引起句子聚合体内句子的三种关系变化：

1）结构模式内部的类型变化：譬如，句子同一结构模式中的时态变化：

Ночь тиха. — Ночь была тиха. — Ночь будет тиха.

2）逻辑结构模式间的变化：譬如，形容词做述语时，长尾表示特征性评价意义，短尾表示状态性评价意义，分别隶属于特征确定说明句和状态确定说明句：

Он умный. — Он умен.

3）句法单位间的形态变化：譬如，情态范畴的变化引起句法结构的变化，表示条件的情态范畴构成非现实句，从而引起句法单位的变化：

Все было слышно, когда в доме была тишина. — Если бы в доме была тишина, то все было слышно тогда.

需要指出的是，除了句子本身结构模式的限制，结构模式所填充的词汇的语义，甚至句子中是否有不进入结构模式的非必须结构成分等因素，都会影响和限制该具体句子的聚合体的数量；句子的语义结构及其具体内容信息也决定着句子结构形式变体的多寡。

第 2 节　句子结构模式的常规性实现

句子的形式聚合体系是由它的形式变化构成的。在这些形式变化中，句子的结构模式也随之发生变化，从而实现表达不同情态意义的目的。现代语言学理论中一个广泛认同的思想认为，应当把传递述谓意义的句子结构模式变体与句子中与述谓性表达无关的那些系统性形式变化区分开来，也就是说，应该把句子的形式体系——句子结构模式的变体与结构模式的常规性实现区别开来。

如果说，句子的聚合体指的是那些改变了句子述谓性结构的变体，那么，句子的常规性实现则是指与述谓性表达无关的那些系统性的常规变化，即不改变结构模式的常规性变化。句子的常规性实现这一概念主要应用于句子结构模式的描写中（Белошапкова 1989：664-670）。

本书从形式、逻辑、语义、结构等多个维度考量，把是否改变句子的述谓性结构作为区别性语义特征，将改变了述谓性结构的变体划入句子的聚合体系，没有改变述谓性结构的变体划入句子的常规性实现系统。

一、句子结构模式常规性实现的机理

句子结构模式的常规性实现同样是句子结构构建的一种方法，借助于这种方法可以得到句子结构模式的变化形式。但与句子结构形式变体不同，结构模式的这种变化具有以下特征：

1）不改变句子结构模式的属性——述谓性本质，即不改变结构模式的同一性：

Он учится английскому языку. — Он начал учиться английскому языку.

2）不形成新的结构模式，只是原有模式的一种变化形态：

Приехали гости. — Приехало гостей!

3）具有常规性，不受上下文语境的影响，即不是由偶然情景决定的：

Книга интересная. — Книга считалась интересной.

4）在进行句子的常规性实现时，句子结构模式的形态变化会引起句子内容结构变化，即使句子的意义复杂化了：

В доме было душно. — В доме показалось душно.

5）某些句子结构模式中的成分具有不可替代性：

Я иду целый день и целый день вижу одно и то же.

Идешь целый день и целый день видишь одно и то же.

句子结构模式的常规性实现具有其特殊的语义潜势：在

进行句子结构模式的常规性实现时，句子的所有客观内容都保持不变，只是在这些内容中增加了某些细微的补充性语义内容，使其语义更加丰富，表述更准确具体。句子常规性实现的这种变化与句子结构模式的关系，就像构词学中派生词与能产词之间的关系一样。这使得我们有理由认为，句子的常规性实现是句子结构模式的派生体，而这些派生体的组合构成了句子结构模式的派生性聚合体。这种派生性聚合体是借助于词汇手段、且按照一定的规则实现的。

二、句子结构模式的常规性实现方法

1）结构模式中引入具有系词特点的补充成分，使句子的时态发生变化：

Ночь тиха. — Ночь стала тиха.

2）用具有不同形式的，但语义相同的元素替换结构模式中的成分：

Бегали ребятишки. — Бегало ребятишек!

3）在有具体语境和上下文的情况下，可以去掉某一个成分，构成省略句：

Я вижу. — Вижу.

— Кто пришёл?

— Почтальон (пришёл почтальон).

4）添加指示性和标记性联系成分：

（1）Труд — счастье.

Труд — это есть счастье.

（2）Ругать — не воспитывать.

Ругать — значит не воспитывать.

5）在双成分句式中，用述谓单位或成语来代替结构模式中的某一个成分：

Картина из окна — чудесная.

Картина из окна — глаз оторвать невозможно.

在主谓一致关系的双成分的结构模式 N_1+Adj 中，谓语成分用成语替代：

Друг — каких мало.

对于用什么样的方法完成句子的常规性实现，目前尚有不同的看法。譬如，在别洛莎普科娃主编的《现代俄语》中，把 3)、4) 这两种情况称作句子结构模式的形式变体，从句子的常规性实现中分离出来，其理由是这样的变化只改变了模式，但没有给句子带来任何的补充语义，所附加的只是表现力修辞色彩。

三、句子结构模式常规性实现的语义类型

本书根据句子结构模式在完成常规性实现时发生逻辑语义变化的特征，将句子结构模式的常规性实现分为：

1. 数量意义的常规性实现

在模式 Cop_f+ N_1 中，可以用让 N_2 来代替 N_1 的方法进行数量意义的常规性实现，以突出强调事态在数量、规模和程度上的多或强。试比较：

Шум. — Шуму сегодня!

Свет. — Свету сегодня.

在 N_1V_f 和 N_1+Cop_f+Adj 的模式中，也可以用同样的方法。试比较：

Натекла вода. — Натекло воды!

Приехали гости. — Приехало гостей!

Топливо заготовлено. — Топлива зоготовлено!

Пролиты слезы. — Слез пролито!

2. 泛指人称意义的常规性实现

泛指人称意义的常规性实现表现在双成分句称名模式中。在 V_f 使用单数第二人称时（或在 Cop_f 使用单数第二人称时），N_1 的位置可以不填充。该模式的这种变形获得表示特殊

的泛指意义的功能。这类泛指意义具有经常性和普遍性意义：

На всех не угодишь.

Скажешь — не воротишь.

Вечно тебя ждешь.

Что будешь делать с таким лентяем!

3. 客观现实句中主观评价意义的常规性实现

所谓的主观评价意义是指在现实句中，通过在句子结构模式中的系词的位置上添加具有评价意义的半系词，其目的是突出讲话人的态度和感受。试比较：

Девушка была красавица.（描述的是一种事实：姑娘很漂亮）

Девушка показалась красавица.（描述的是讲话人的一种感受，事实上姑娘可能很漂亮，也可能不很漂亮，但讲话人感觉很漂亮）同样的道理：

Ночь светлая. — Ночь оказалась светлой.

Книга интересная. — Книга считалась интересной.

这种常规性实现仅限于系词性结构模式。所表示的评价意义可以是来自讲话人或其他人对事态的一种认同：

В доме было душно. — В доме показалось душно.

Сосед был предупредительным. — Сосед показался нам предупредительным.

也可以表示对某种特征的发现或揭示：

В доме оказалось душно.

Сосед оказался предупредительным.

还可以表示一种重复的经常性的特征：

В доме бывает душно.

Сосед бывает предупредительным.

这些经过常规性实现的句子的意义取决于半系词动词的词汇语义。动词词汇语义上的差别体现了讲话人的评价色彩的不同。

句子结构模式的常规性实现的原则相当复杂，一方面是由于它取决于形式结构模式的潜力，另一方面又取决于句子的整体意义，而句子的意义又受所填充的词汇的语义的作用。因此，按照某一结构模式生成的某个句子允许某些常规性实现的组合，但不能说该模式生成的所有句子都具有这种组合能力。

第3节　句子的结构 – 语义转换与改造

句子的语义改造是指借助于有规则的词汇语义手段，对句子进行有规则的结构形式的改造，使句子结构语义模式发生有规则的变化，从而使句子的结构语义更丰富、具体、准确，满足交际目的的需求。无论是在句子的真值内容方面，还是在句子的情态内容方面，都可以实现这种语义改造。

一、句子的阶段性语义改造

阶段性语义是指由某些词汇表示出来的特定性阶段意义（开始、终止、继续）。根据阶段性动词语义上的差别，句子的阶段性语义改造可以划分成两种类型：

第一种由表示"开始—继续—结束"意义的动词体系（начинать(ся) — продолжать(ся) — кончать(ся)表示；

第二种由表示"出现—消失"意义的动词体系（появлять(ся) — исчезать(ся)表示。

类型1

在形式上，阶段性语义改造体现为，在结构模式中添加具有阶段性意义的动词的人称形式，而原有的具体意义动词或系词改为不定式形式。

从理论上讲，所有的形式结构模式都可以进行阶段性语义改造。试比较：

Он учится. — Он начал (продолжает, перестал) учиться.

Он веселый. — Он продолжает быть веселым.

В ушах гудит. — В ушах начинает гудеть.

Душно. — Продолжает (перестало) быть душно.

На лугу косят. — На лугу начали косить.

1. 动词不定式句

动词不定式句在进行阶段性语义改造时，阶段性意义的动词和具体行为意义的动词都使用不定式：

Делать зарядку! — Начать делать зарядку!

Упражняться на брусьях! — Продолжать упражняться на брусьях!

С завтрашнего дня ему начинать лечить зубы.

2. 存在句

阶段性意义的动词也可以用于存在句的语义改造：

В зале заседание ученого совета. — В зале началось заседание ученого совета. — В зале продолжается заседание ученого совета. — В зале кончилось заседание ученого совета.

В Прибалтике дожди. — В Прибалтике начались дожди. — В Прибалтике продолжаются дожди.

3. 描述句

从语义上讲，由阶段性意义动词 начинать(ся) — продолжать(ся) — кончать(ся) 表示的阶段性语义代表着时间轴上的某一点。这些动词指称的是语言外事态或行为所处的现实阶段，表征时间上的一个长度。在语言中，多用动词或事件名词表示类似的情形。在与动词不定式连用时，阶段性意义动词不带 -ся，而与事件名词连用时，阶段性意义的动词带 -ся，试比较：

Он начал учиться.

В стране началась революция.

阶段性语义改造通常用于句子的真值内容，虽然在句子的情态意义部分也可能发生阶段性语义改造，但不具有典型性。比较经常与情态动词搭配的是阶段性动词 продолжать（ся），譬如：

Я продолжаю утверждать, что эта мысль верна.

运动动词不能与具有阶段性意义的动词搭配。譬如，不能说：

*Он начал идти к дому.

而是要借助于前缀构成具有不同的阶段性意义的运动动词。需要指出的是，句子的某些语义改造可以借助于不同的手段。譬如，在表示阶段性语义"开始"时，除了添加上述阶段性语义的动词外，在不改变句子的结构模式的条件下，借助于构词手段——用前缀 за-，по- 等构成表示行为开始意义的动词。试比较：

Он поёт. — Он начал петь. — Он запел.

Станок работает. — Станок начал работать. — Станок заработал.

Он идёт к дому. — Он пошёл к дому.

对于这种借助于构词手段来表达复杂语义的状况，目前学术界的观点并不一致。有一种观点认为，不应该把用构词手段表示阶段性意义的句子看作是句子的语义改造，因为这种句子的结构模式并没有发生改变。对于这种情形，可以从不同的角度和方面来考量，一方面，从语言的描写功能来看，要区分清楚同一种意义的不同表示方法之间的关系，譬如除了各种构词手段外，还有句子语义改造这样的手段，同时还要确定语言中表示这种意义的各种手段的通行规则；另一方面，从语言学理论的角度来看，是要确定表示这种意义－句法结构的组织构成地位。

类型 2

在存在句中，还可以使用一些特殊类型的阶段性意义动词：появляться — появиться, исчезать — исчезнуть, открываться — открыться, возникать — возникнуть. 这些特殊类型的阶段性意义动词表示某种状态存在、开始或终结，但在语义上有所不同，使用功能上也有所限制：

появляться — появиться, исчезать — исчезнуть 通常与表示具体物体的名词搭配：

Около полудня обыкновенно <u>появляется</u> множество круглых облаков.（Тургенев）

… На набережной <u>появилось</u> новое лицо: дама с собачкой.（Чехов）

В реке <u>исчезла</u> рыба.

由 появлять(ся) — исчезать 动词体系表示的阶段性语义改造不以时间轴为依据，而是以时间点为区别特征，表示某种事物或状态开始出现或存在的结束，即某种事物出现或消失。这种存在或不存在只涉及具体物体和抽象概念，因此这些动词只与具体物体名词和抽象名词连用，而不能与动词或事件性名词连用。试比较：

У него <u>появилась</u> интересная идея.

В этом году грибы <u>появились</u> в лесу раньше.

открываться — открыться 通常表示主体性事件的开始，常与表示有组织的活动、会议等意义的这类动名词或名词搭配，如：собрание, совещание, конкурс, соревнования, неделя дружбы, вечер 等。

Сегодня в кинотеатре «Ударник» торжественно <u>открывается</u> <u>неделя мексиканских фильмов</u>.

В столичном музее транспорта <u>открылась</u> выставка, рассказывающая об истории авиации.

возникать — возникнуть 在使用上的限制要多一些。

这些限制多来自于修辞层面：这对动词常与表示重大事件的名词连用，或在讲话人认为事件很重大时使用。例如：

А вскоре в районе Карибского моря…возник не предсказанный учеными ураган.(Вл. Орлов)

在没有动词的模式中，典型的阶段性语义改造是通过添加半系动词（стать, становиться, сделаться 等）来实现的：

От дружеского разговора в душе становится светло.

句子结构模式的语义改造是一个复杂的过程，语义改造的原则与语言的动态性和开放性有关。一方面，它取决于逻辑结构和形式结构模式的语法意义的潜性，另一方面，取决于结构模式填充的词汇的语义。因此，某些阶段性意义动词与某些模式可以构成语义改造模式，而与另一些模式就不可以构成。有时甚至是同一个结构模式，在填充不同的词汇而构成不同的句子时，有的句子可以进行语义改造，有的句子就不能进行。譬如，根据模式 $N_1+Cop_f+Adj_{fl/5}$ 构建的句子，原则上都可以用阶段性意义动词进行语义改造，表示不同的阶段性意义特征：

День пасмурный. — День(сделался) стал пасмурным.

Он мрачен. — Он стал мрачен.

但是，由完成体动词构成的形动词短尾形式充当述谓成分的句子，是不能够进行阶段性语义改造的。例如，句子 Стол опрокинут. Нога сломана. 表示由于某种行为造成的结果和状态，所以不能改造成：

*Стол стал опрокинут.

*Нога стала сломана.

另外，由形容词构成的表示永久性状态意义的句子也不允许进行阶段性语义改造，譬如，不能说：

*Он стал жив.

二、句子的否定性语义转换

在形式上,否定性语义改造是通过添加否定语气词,从而改变句子结构形式来完成的。从形式结构模式来看,并非所有的模式都可以构成否定句式,而只是其中的一部分。一般地说,否定意义是由否定语气词表示的,添加语气词不会引起句子结构的变化。譬如:

О любви в словах не говорят.

Не будь злым.

Она еще не была взрослой девушкой.

Телефон не звонил.

Не работать нам сегодня.

但是,在模式 $Cop_f + N_1$ 中,否定词的加入要求必须有词形变化——N_1 被 N_2 代替。试比较:

Везде пятнышки чернил. — Нигде ни пятнышка чернил.

Сегодня будет проверка. — Сегодня не будет проверки.

Повозки, голоса. — ... ни повозок, ни голосов.

在动词模式 $N_1 V_f$ 中添加否定语气词也会引起类似的否定改造:

Письма придут. — Жди, когда из дальних мест писем не придет. (Симонов)

О, как он притворялся ловко. Что здесь не падало слезы, не облокачивалось локтя. (Ахматова)

根据否定词在句子中的位置,句子的否定性语义改造分为两种类型:整体否定(Он не поехал на юг.)和局部否定(Он поехал не на юг.)。

1. 整体否定

整体否定句中的否定语气词位于述谓成分前:

在人称动词前:Он уже не плачет.

在系词前:Он не был неряхой.

在动词不定式句中位于不定式前：Не ходить!

从句子语义结构上讲，整体否定语义改造在一般存在句中可以随意实现，而且 N_1 的位置由非动物名词充当的句子较多。由存在动词 быть 构成的句子的现在时整体否定语义改造时使用 нет，其他时态分别加语气词 не（не было, не будет）：

Отца нет дома.

У меня не было лишних денег.

Нигде не будет покоя.

在确定陈述句中，当存在动词呈零位时，相应的否定形式使用 нет：

У них дача. — У них есть дача. — У них нет дачи.

当 N_1 的位置由人的名称来充填时，只有存在动词 быть 构成的存在句可以随意进行语义改造，：

А, может быть, мальчика-то и не было?（Горький）

在其他情况下，如果 N_1 的位置由人的名称来充填时，则句子的整体否定语义改造伴有附加条件。譬如，对 Пришёл один человек. 这句话进行否定语义改造时，不仅要在述谓成分前添加否定语气词 не，而且要将被否定的主体变成 N_2 形式，并加语气词 ни，试比较：

Не пришло ни одного человека.

而表示"谁都没有来"时，只能用 Никто не пришёл. 而不能用 *Никого не пришло.

在名词性结构模式的整体否定语义改造时，特别是在零位系词的情况下，需要区别否定语气词 не 与形容词或名词的前缀 не-. 譬如句子：

Это решение неверное.

句中形容词 неверное 带有前缀 не，就其词义来说相当于 ложное（不正确、不对）。在对这个句子进行时态转换时，系词 быть（было，будет）的添加不改变前缀 не- 与形容词的联系：

Это решение будет неверное.（неверным）

Это решение было неверное.（неверным）

因此，这个句子不是否定句，更不是整体否定语义改造的句子。

试比较句子：

Это решение не верное.

句中 не 是否定语气词。如果把这个句子转换成过去时和将来时，则否定语气词 не 在系词 было, будет 之前：

Это решение не будет верное.（верным）

Это решение не было верное.（верным）

否定语气词 не 在这些句子中否定的是述谓核心，因此，是整体否定语义改造的句子。

2. 部分否定

在部分否定语义改造的句子中，否定语气词 не 可以位于除述谓之外的其他任何成分之前，譬如：

Не я ходил в кино.（强调不是我，而是其他人）

Я ходил не в кино.（强调我去的不是电影院，而是其他别的地方）

需要指出的是，在局部否定语义改造这一层面上，仍然需要注意区别否定语气词 не 与形容词或名词的前缀 не-。试比较：

Мы увидели небольшое озеро.

Мы увидели не большое, как мы ожидали, а совсем маленькое озеро.

在前一个句子中的 не 是形容词的前缀，构成一个完整的词义——"不大的"，近似于 маленькое，因此不是局部否定语义改造句。而在第二个句子中，не 是否定语气词，是对 большое 进行的否定（不如想象的那么大），因此，这个句子是局部否定语义改造句。

否定语义改造经常涉及句子的真值内容，对情态动词的否定具有一些特殊性，试比较：

Я утверждаю, что он болен.

Я не утверждаю, что он болен.

在否定句中，表示出来的是一种不确定性情态。就这个句子的意义而言，相当于：

Может быть, он болен. 或 Может быть, он не болен.

三、句子的情态语义改造

句子的情态语义改造是指在句子中添加具有情态意义的动词或形容词，从而使句子的意义更加复杂。述谓性情态词有：动词（хотеть, хотеться, следовать, уметь, мочь 等）；形容词短尾形式（должен, можно, возможно, готов и др.）；谓语副词（надо, нужно, необходимо 等）。在这种情况下，情态成分获得作为述谓核心的形式，并决定句子的结构模式，而句子的基本动词或系词变成不定式形式。具有情态词做述谓的句子通常按下列形式结构模式构建：

N_1V_f: Я хочу гулять.

Он умеет учиться.

Она хочет быть веселой.

$V_{f3}s$: Ему хочется спать.

Praed+Inf: Я должен работать.

Мне необходимо ехать.

Ему надо выполнить эту задачу.

因为含有情态意义的词具有各不相同的搭配能力和语义特征，借助于不同的词汇手段构成的情态语义改造句子，其意义和重点也不同。譬如，表示"可能"或"应该"这样的情态意义的语义改造可以在各种真值内容的句子中进行，而表示"愿望"意义的语义改造不可以在表示非理性的自发行为和状态的句子中进行。例如，对句子 Больного лихорадит. 就不能用添加动词 хотеть 来进行句子改造，因为动词的词汇语义与句子的意义是相悖的。

再譬如，在地点方位句中，表示"可能"（может）或"应该"（должен）这样的情态词与быть搭配时，在各自的意义上有特殊情态指向。

1. **在人称句中**，这些情态成分可以表示：

1）一般的"可能性"或"必须性"意义：

Я могу быть в беседке.

Я должен быть в беседке.

2）表示可以（能够）在某地点出现，是对某种可能性的判断／推测：

Он может быть сейчас на заводе.

2. **在存在句中**，当存在主体是由人创造的物体时，这些情态成分可以表示两种意义：

1）一般的"可能性"或"必须性"意义：

Беседка может быть в саду.

Беседка должна быть не в саду, а на лужайке у дома.

2）表示某物体可能会在某地出现、存在：

Беседка должна быть в глубине сада.

3. **在存在句中**，当存在主体是指自然物体时，这些情态成分不含有"必须性"意义，只表示"可能""应该"等推理判断意义：

Река должна быть за этим лесом.

四、句子句式的置换改造

叙述说明句和其他类型的句子一样，都可以进行阶段性和否定性语义改造。但是，对叙述说明句来说，最重要的、最典型的区别特征是它的换位改造。所谓的换位改造是指两个句子处在一种相互置换的关系中，这种叫做换位法的置换关系必须满足一定的条件：

1）两个句子具有相同数量的动词语义配价和支配模式成

分；

2）这些成分用同样的词位表示；

3）同一词位在两个句子的支配模式中分别起不同的作用，试比较：

Мальчик увлекается математикой.

Математика увлекает мальчика.

对于叙述说明句来说，最典型的换位改造类型是句子态的改变：

Он читает лекцию.

Лекция читается им.

在这一对置换的句子中，前一个叫做主动态置换项，因为说明是围绕行为的主动发出者——主体进行的；第二个句子叫做被动态置换项，因为说明不是围绕着行为的主动发出者——主体进行的。在换位改造过程中，主动态置换项中的不带前置词的名词客体第四格形式，变成了被动态置换项中名词主体第一格；而主动态置换项中的第一格名词的主体，在被动态置换项中变成了动词的右侧扩展成分，变成了不带前置词的名词第五格形式，表示行为的发出者。而在主动态置换项中不带 -ся 的动词，在被动态置换项中使用同一个动词的带 -ся 形式，或该动词的被动形动词形式。试比较：

Она решила задачу. — Задача решается ей. — Задача была решена ей.

Армия прорвала укрепление линии противника. — В середине ноября укрепленные линии противника в излучине Дона были прорваны.（Атаров）

本章小结

句子的聚合体系研究是俄语句法学层面上宏观性语言体系研究。句子聚合体系应包括：句子聚合体（句子的各种结构形式变体)、句子结构模式的常规实现和各种类型的语义改造。

句子聚合体,指的是句子的述谓性发生变化而产生的不同变体,由这些形式变化构成的该句子的形式体系叫作句子聚合体。

句子的常规实现与句子述谓性表达和变化无关,特指那些对句子结构模式进行的体系性常规改变,即在不改变结构模式的前提下,实现结构语义的最大增量。

句子的语义改造是借助于词汇语义手段,对句子结构形式进行规律性改造,使句子结构模式语义发生有规则的变化,使句子语义结构变成更丰富、更具体、更准确的多维意义体系。

句子的这四种扩展和改造路径及手段,构成了俄语句子的宏观聚合体系。

第二章　俄语语义结构复杂化句子的建构

本章研究的是结构上和语义上复杂化了的各种不同类型的句子。在这些句子的结构中，有这样一些特殊成分，它们与"句子或句子成分之间的关系既不是并列关系，也不是从属关系"。这些成分只是借助于语调与句子或句子的局部成分在意义上发生联系。因此，在传统的语言学研究中，这些成分被统称为"语法上与句子成分没有联系的词或结构"（Диброва 2001：408）。

然而，近年来的语言学研究发现，这些成分在结构上，特别是在语义结构上和语用功能上与句子的整体意义有着千丝万缕的联系。这些成分不应再被解释为结构上独立的和可有可无的成分，不应认为对它们的取舍不影响句子的意义，而应将其看作是句子语义结构中的一个重要成分，是完成句子交际功能不可缺少的特别成分。据 Г.Н. 阿基莫娃（Г. Н. Акимова）的观察，现代科学语体中的主要语法过程之一是紧缩从属句，而扩大使用各种短语，如独立成分，这主要是与语言的节省原则趋势相关（Акимова 1990：41）。因此，在近年来出版的现代俄语教材和理论研究论著中，开始把这样的成分称作句子的复杂化成分（осложняющие компоненты предложения）。例如：

Юбилей Михаила Ивановича Жарова весь прошел на юморе, на улыбке, без которых, конечно, немыслимо его представить.

在句子类型体系中，语义结构复杂化的句子介于简单句和复合句之间，它既有接近于简单句的方面，与复合句也有相似之处，因此，还不能把它们简单看作是句法学中一种传统的必须纳入句子成分的句法结构单位。这样的结构在辅助述谓性方面和语法形式的鲜明性方面各有差异，而且差别有时甚至非常大。这恰恰是传统句法学研究中关注不足和时常容易忽略的方面。

句子的复杂化成分的共同特性在于：

1）在意义上，它们有对句子主要部分的语义进行补充的特点，通常表示讲话人对所述内容的态度或讲话人的评价色彩；

2）在形式结构上，它们有相对独立的结构，有特殊的语调，在书面语体中，用逗号、破折号、括号等表现形式与句子其他成分区分开，成为独立成分；

3）在联系手段上，它们借助于词、词组、句法结构和特殊语法手段与句子的基体部分发生联系。

这些成分是构成句子多主题的必要手段，这是由于它们本身是由不带述谓性的句法结构构成，有些甚至就是一个句子，可以表达事态性意义。

句子的复杂化成分包括插入语结构、句子独立成分和呼语等。这些成分在句子中的使用上有着很大的差别，这些差别表现在诸多方面，如词汇语义和语法特性不同，与句子基体部分联系的紧密程度不同，某些结构性能不同，包括扩展能力不同等。以下章节将对句子的各种复杂化成分及其对句子总体语义复杂化的影响分别进行研究。

第 1 节　带有插入语结构的复杂句式

一、插入语结构

插入语结构是俄语中一种独特句法结构和句法现象。在传统的语法学描写中，通常认为，插入语结构不进入句子结构，不充当句子成分，也不能视作独立的句子。传统的实践语法中甚至认为，插入语结构对句子是无关紧要的，甚至是可有可无的，去掉插入语结构并不会改变句子的结构和意义。事实上，当去掉插入语结构时，句子便丢失了由插入语结构传达出来的那种语法意义上的细微差别，特别是讲话人对所述内容的态度和评价色彩，进而，句子的内容获得了某些不同的特征。譬如句子：

Без тебя, вероятно, я бы погиб.（Горький）

如果把这个句子中的插入语结构去掉，句子的范畴特征就发生了本质性的变化，由不确定句变成了肯定的确定句，句子内容获得了绝对和肯定的特征：Без тебя я бы погиб. 由此可见，插入语结构虽然在形式上不进入句子结构，但对句子的意义结构的准确表达，对讲话人交际意图的传递起着非常重要的作用。

插入语结构的主要功能是给句子内容添加各种附加的主观评价意义和情态意义。试比较：

Лето в этом году будет жаркое.（句子表示一种客观的陈述，在主观评价和情态方面呈中性状态）

Лето в этом году, наверное, будет жаркое.（有插入语结构后，表示出讲话人对所述内容不太确定的情态）

Лето в этом году, разумеется, будет жаркое.（讲话人自己的感受，有些自信）

Лето в этом году, конечно, будет жаркое.（讲话人对所述内容很确信）

Лето в этом году, говорят, будет жаркое.（讲话人透露所述内容的来源）

Лето в этом году, по всем признакам, будет жаркое.（讲话人对所述内容的推断）

从这些例句中可以看出，插入语结构可以表达各种不同类型的情态意义，即讲话人对所述内容的主观态度。在这种情况下，插入语结构的意义中失去了词汇本身具体化和个性化内容，获得了抽象的语法特征。例如：

Лето в этом году, очевидно, будет жаркое.

句中 очевидно 这一插入语结构表达了"推测"这样一种语法意义。

二、插入语结构的表现形式及其特征

在俄语句子中，插入语结构有自己特殊的表现形式和功能结构。在语调上通常用较低的语调和停顿将插入语结构与其他句子成分分隔开，在书面形式中，插入语结构通常用逗号分隔，有时用破折号。

插入语结构本身可以通过使用不同语言层面的语法手段——形态学和结构学手段构成的不同的语言单位来表达。这些表达手段的不同决定了它们在使用功能上的差异：

1. 词和词形

在词汇-形态层面上表示插入语意义的主要手段是情态词。情态词的范畴意义是主观情态意义，概括为现实性、确信性、预设性等。这一组词的核心词主要包括：вероятно, наверное, конечно, верно, несомненно, безусловно, очевидно, разумеется, возможно, кажется, по-видимому, вернее, короче, проще, наконец, кстати, вдобавок 等。

需要指出的是，情态词范畴是一个专门用来完成插入语功能的基本的词汇-语法类型。因此，不能把术语"情态词"（модальные слова）和术语"插入语"（вводные слова）视为同义词，因为情态词是一个形态学单位，而插入语是一个结构学单位，换句话说，在语言层面上，它们是两种不同的语言单位。充当插入语是情态词的功能之一，情态词是插入语的形态化表现之一。

2. 词组

还可以使用词组充当插入语：

1）前置词－名词词组：

к счастью, в сущности, на самом деле, без сомнения, в самом деле, по словам очевидцев, по всем признакам;

2）形容词词组：

самое главное, самое большее;

3. 述谓结构

通常可以做插入语的述谓结构有：

как считают врачи, как говорят старожилы, как кажется, как рассказывают 等；

4. 动词形式

常用的动词形式有：полагаю, говорят, рассказывали 等。

可以说，插入语结构无论是在意义上，还是在表达方式和结构组织上都没有同一性。然而，尽管这些复杂化成分在形态上和结构上有很大的差异，但它们还是有某些共同特征：

1）具有共同的结构句法功能——传递讲话人对所述内容的各种态度，表示各种情态范畴；

2）在表达方式上占主导地位的是情态词的范畴；

3）具有相同的语调面貌（音调比较低，语速较快，在带有较长的扩展成分时要有停顿），在书写上用逗号两边隔开。

上述所列特征中，最显著的特征是由表达手段表示出来的功能语义特征。因此，在对插入语结构进行定义时，需考虑插入语结构最普遍的抽象意义，尽可能全面地列举插入语结构的功能语义类型。

三、插入语结构的功能语义类型

在插入语结构的主要意义中可以概括出一些最典型的意义，这些意义有相对固定的表达手段，即由固定的词、词组和述谓结构来表示，故可以将这些意义称作典型意义。而在复杂化句子的整体语义中，起复杂化作用的结构成分的意义是作为一个部分蕴涵在其中的。在这种情况下，插入语结构的典型意义（语法意义）和个性化意义（词汇意义）同时起作用，并与句子基体部分的整体意义发生关系。因此，我们在分析插入语结构的功能语义类型时，必须以复杂句式为例，同时考虑上述两种因素。插入语结构的主要功能语义类型如下：

1. 确信性

确信性是指讲话人对所述内容的真实性的确信程度。在一般的陈述式句子中表达的是一种内涵的确信，当讲话人需要**特别强调**对所述事件的真实性的确信时，就必须使用插入语结构。试比较：

Конференция уже кончилась. — Конференция, конечно, уже кончилась.（表示肯定，确信）

表示类似意义的常用插入语结构有：конечно, разумеется, само собой разумеется, безусловно, несомненно, без сомнения, вне всякого сомнения, действительно 等。

Вы здесь, конечно, по каким-нибудь делам.（Пушкин）

И, конечно, я вас не понимала тогда, но потом, в Москве. Я часто думаю о вас.（Чехов）

Причиной этому, без сомнения, было нравственное и физическое переутомление.（Куприн）

Действительно, пышность и прозрачность батумских закатов были неправдо-подобны.（Паустовский）

2. 假设性（不确定性）

假设性是指讲话人对所述内容的真实性不确信或者不太确信。这种意义是句子结构的外延性意义，也就是说，必须借助于一定的语言手段才能够外在地表示出来。试比较：

Конференция уже кончилась.（确信句，表示讲话人认为或确信的事实）

Конференция, может быть, уже кончилась.（不确信句，表示讲话人不太肯定，不太确信）

表示类似意义的常用插入语结构有：очевидно, по-видимому, видимо, наверное, вероятно, кажется, как кажется, возможно, должно быть, надо полагать, может быть, пожалуй 等。

Ты, наверно, вырос в городе.（Вигдорова）

Иной росток, пожалуй бы, зачах, когда б не дождик и не солнце в небе...（Алигер）

За все время, пока он живет в Дялиже, любовь к Котику была единственною радостью, и, вероятно, последней. （Чехов）

Очевидно, большому поэту мало быть только поэтом. （Олеша）

Дама, казалось, была тронута.（Пушкин）

对于插入语结构而言，确信 / 不确信这一对意义是最典型的，也正是它们构成了句子意义结构中主观意义之一——客观情态之一。许多词和词组都可以表示这类意义，其中的核心是情态词。这些词和词组使句子的语法意义复杂化，使句子的意义结构呈现出多层面、多方位的特征。譬如，在句子 Я, вероятно, зайду завтра к тебе. 中，陈述句本身的结构语义是信息通报，句子内容是行为主体将要做的行为，但由于添加了插入语结构，句子的语义变得复杂：对实现行为的真实性、确信度构成了怀疑，从而大大改变了句子结构的整体语义指向。语义分析发现，在肯定句与否定句之间存在着不同程度的确信度，即经过不同等级的确信程度的衰减，完全肯定逐渐过渡到完全否定。试比较：

1）Я, конечно, зайду завтра к тебе.

2）Я зайду завтра к тебе.

3）Я, вероятно, зайду завтра к тебе.

4) Я, вряд ли, зайду завтра к тебе.

5) Я, вероятно, не зайду завтра к тебе.

6) Я не зайду завтра к тебе.

7) Я, конечно, не зайду завтра к тебе.

上述七个句子清晰显示出句子语义中讲话人态度从完全肯定到完全否定的渐变过渡态势。其中由情态语气词 вряд ли 复杂化了的句子（例 4）是整个渐变过渡态势中的分界线。在它前面的句子中，其确定性语义成分多于不确定性语义成分；而在它之后的句子中，不确定性语义成分多于确定性语义成分，直到否定。在语言交际实践中，还可以用各种不同程度的情态词或语气词来扩大从完全肯定到完全否定这一过渡态势，可以通过词汇意义，甚至可以连用插入语来表达不同程度的确信或不确信：

Я, надеюсь, зайду завтра к тебе.

Я, действительно (может быть), зайду завтра к тебе.

3. 主观评价情态

主观评价情态是指讲话人对所述内容的主观评价：惊讶、高兴、愤怒、满意、遗憾、痛心等等。这类评价意义的插入语结构常用以下一些词或词组形式表示：

к радости, к счастью, ко всеобщей радости, к удовольствию, ко всеобщему удовольствию, к изумлению, к сожалению, к огорчению, к прискорбию, к досаде, как ни странно, странное дело, удивительное дело, к удивлению, на беду, на счастье, на радость, к несчастью, как на грех, нечего греха таить, грузным делом 等。表示主观评价情态的插入语成分多用于句首，也可以用于句子的其他位置。例如：

К счастью или к несчастью, в нашей жизни не бывает ничего, что не кончалось бы рано или поздно. (Чехов)

Тут, к неописаемому восхищению Пети, на старом кухонном столе была установлена целая слесарная механическая мастерская.（Катаев）

К счастью, в автобусе были еще свободные места.（Студеникин）

Старые мхатовцы владели особым умением выступать в концертах, усением, сегодня, к сожалению, в значительной степени утерянным.（Эскин）

Странное дело, комната почему-то мне казалась чужой.（Чехов）

从例句中可以看出，这类的主观评价意义都是来自于插入语结构，从而使句子的语义复杂化。同时也进一步证明，虽然插入语结构在形式结构上与句子的基体部分没有主从或并列联系，但在语义结构上却是句子意义中不可缺少的部分，特别是从功能语用的角度看，更是讲话人表达主观意愿和情态色彩的重要手段。

4. 常态性或重复性

常态性或重复性是指讲话人通过插入语结构指明所述内容是经常发生的或是重复性的状态。表示这种意义的词或词组的数量不大，主要有：как всегда, как водится, по обыкновению, по обычаю, как заведено, бывает, случается, случилось 等。例如：

Хозяйка, как водится, любезно предлагала всем угощение.

Противники и секунданты обменялись, как водится, поклонами.（Пушкин）

Как всегда, осенью меня одолевают воспоминания.（Паустовский）

5. 对话语的态度

所谓对话语的态度是指，讲话人对自己讲话的定位或评价，或者说对自己构思方法、话语风格的一个说明。属于这一组插入语结构的词或词组有：

образно говоря, так сказать, к слову сказать, другими словами, попросту говоря, прямо скажем, как говорится, по выражению, короче говоря, кстати, по правде, честно сказать, честно говоря, грубо выражаясь, мягко говоря, между нами говоря, по совести, кроме шуток 等。例如：

Кстати сказать, оба они были состоятельные люди.（Чехов）

Молодость моя пропадает, как говорится, ни за понюшку табаку.（Чехов）

Конечно, я знаком с работой Балашова, и, говоря откровенно, пожалуй, моя лучше.（Арбузов）

Короче говоря, поспорили мы не на шутку.

Как говорят поэты, началась осень жизни.（Паустовский）

Нам, по правде сказать, в этот вечер развлечься-то словно бы нечем...（Кедрин）

6. 消息来源

消息来源是指，讲话人借助于插入语结构事先交代出所述信息的来源。这类插入语结构也暗含着讲话人对所述内容的态度，只是不确信的程度的语气更弱，或者说只是传递一种信息，使之淡化自己的态度。用于这类插入语结构的词或词组有：

по словам, по слухам, как говорят, с точки зрения..., по преданию, по-моему, по-вашему, как помню, по пословице, помнится, известно, слышно, как известно 等。

Чернигов, по преданию, назван так от черного леса, среди которого он основан.（Рыбаков）

По словам Ольги Ивановной, это был прелестный пейзаж, и с настроением.（Чехов）

Сибиряки, я заметил, попадая в европейскую часть России, любят рассказывать про медведя, который ездит в трамвае без билета...(Шукшин)

7. 逻辑顺序

逻辑顺序是指，讲话人通过插入语结构把自己要讲的内容进行思维逻辑排序、概括、总结，指明话语各部分间的关系，使讲话更具有逻辑性和连贯性，从而将话语组织成一个逻辑连贯的整体。表示这种意义的词或词组有：

во-первых, во-вторых, в-третьих, наконец, главное, в заключение, с одной стороны, с другой, следовательно, итак, таким образом, к примеру, например, вдобавок, в частности, в общем, между прочим, к тому же, притом, при этом, сверх того, вместе с тем, повторяю, подчеркиваю, значит, выходит, напротив, наоборот, вообще, одним словом 等。例如：

Марья Гавриловна была воспитана на французских романах и, следовательно, влюблена.(Пушкин)

Воображение, как я уже говорил, не может жить без действительности.(Паустовский)

Словом, дорога в мир будущего не покрыта асфальтом. (Леонтьева)

这一组词中，有些在表示话语各部分之间的关系时充当了连词的角色，起连接功能。

8. 引起对方注意

讲话人在讲话时，通过使用插入语结构引起谈话对方的注意，或引起对方就所述内容做出反应。这类的插入语结构有：видишь(ли), знаешь(ли), помнишь(ли), понимаешь (ли), веришь(ли), представь, послушай, сделай милость 等。

例如：

Видишь ли, ей, глядя на меня, вдруг в голову пришло женить меня на своей зеленой компаньонке.(Тургенев)

Знаете, у недолеких и самолюбивых людей бывают моменты, когда сознание, что они несчастны, доставляет им некоторое удовольствие, и они даже кокетничают перед собой своими страданиями.（Чехов）

Уступление — это целый переворот, знаете ли.（Леонтьева）

需要指出的是，在很多情况下，插入语结构与这些意义的组合在语义上是有偶然性的，在这一点上，它们有时与感叹词很相近。特别是当插入语结构的语义比较丰富的时候，在功能上和语义上与语气词更接近。因此，插入语结构可以构成同义义群和反义义群，无论它们是在同一个语言层面还是在不同的语言层面上。试比较：

Вы, я думаю, помните вашего отца?

Вы, конечно, помните вашего отца?

Вы, вероятно, помните вашего отца?

Вы, надо надеяться, помните вашего отца?

四、带有插入语结构的句子的语义结构

如上所述，讲话人对所述内容的态度可以用不同语言层面的语言单位和不同结构的语言单位来表示。这些插入语结构可以与整个句子发生联系，也可以与句子的某一个部分发生联系。因此，带插入语结构的复杂句子在形式结构和语义结构上都显示出多样化的特点。

1. 带插入语结构复杂句式中述谓性范畴的数量不同

大多数的插入语结构都是述谓性的，这样的述谓性插入语结构同样可以表示主观情态意义。因此，在插入语结构中还可以加入表示插入语结构的词或词组，从而构成了更加复杂化的句子：

Воображение, как я уже, кажется（вероятно, очевидно），

говорил, не может жить без действительности.(Гамзатов)

2. 带插入语结构复杂句式中辅助述谓性的存在形式不同

大多数带有插入语结构的句子都是带有由动词人称形式表示的插入语结构，譬如：говорят, сказывают, надеюсь, полагаю, бывает, случается 等。因此，有时很难确定，插入语结构到底是什么，是句子还是一个词组，甚至就连大家公认的"最非动词化"的动词形式 кажется，有时也可以做简单的动词谓语，也就是说，可以认定为实义动词，而且，кажется 还常常可以构成名词性合成谓语。试比较：

Он, кажется, согласен.

Это, кажется, случилось в августе.

Нет — казалось мне в детстве, в ранней юности и кажется до сих пор, уже изрядно побродившему по разным краям, — нет на свете красоты, способной заменить в нашей памяти красоту, и величие, и волшебство могучей сибирской природы.(Нилин)

Мир кажется мне книгой бесконечной...(Гамзатов)

从上述例句中可以看出，кажется 表示相互对立的意义：实义动词和情态词。而连接两极的过渡性环节是以句子的形式出现的插入语结构。在这样的结构中，кажется 既有实义动词的意义，又有情态词的功能，因此，增加了对这类句子判断的难度。类似的情况在 может быть 的使用中也会遇到：

Быть может, он для блага мира

Иль хоть для славы был рожден;

Его умолкнувшая лира

Гремучиц непрерывный звон

В веках поднять могла. Поэта,

Быть может, на ступенях света

Ждала высокая ступень...

А может быть и то: поэта

Обыкновенный ждал удел.（Пушкин）

在这段诗歌中，может быть 既充当了谓语，也充当了插入语结构，但在句首时插入语结构的意义要弱一些，而在句子中间的时候，插入语意义最强。

3. 插入语结构的来源不同

由于插入语结构的词类来源不同，因此，有可能保留着与原来词类的联系。譬如，用作插入语的很大一部分情态词是来源于形容词的，这一点可以通过以 -о 结尾的词来证实：вероятно, возможно, известно, конечно, очевидно, видно, верно 等。因此，在现实的语言使用中仍然可以发现，这些词是从句子成分或复杂的句子的某一部分成分逐步过渡到插入语结构的，试比较：

1）Всем известно то, что дуб растет медленно.

2）Всем известно, что дуб растет медленно.

3）Известно, что дуб растет медленно.

4）Известно: дуб растет медленно.

5）Известно, дуб растет медленно.

6）Дуб, известно, растет медленно.

这些句子可以构成一个系列。其中可以分出三种情况：第一种包括 1）、2）、3）三个句子。在这些句子中，有 известно 这一成分的部分是说明主从复合句的主句部分，известно 是谓语副词，是主句中述谓性意义的载体，并根据单成分结构模式构成主句部分，从属连接词 что 将从属部分与其连接。第二种情况是 4）和 5）两个句子。在这些句子中，известно 这一成分在保留着述谓性意义的同时，所起的作用又像是插入语结构，因为它与句子的其余部分在语法形式上的联系表现得很弱：从属连接词 что 去掉了，而且在语调上也更接近插入语结构的语调。第三种情况是指最后一个句子

6)。在这个句子中，известно 这一成分完全失去了述谓性意义，它与句子其余部分的联系仅仅是逻辑意义上的联系。

这一系列的句子虽然形式结构不同，但都表示了相同的语义结构，这种语义结构表现为两个述谓性核心，这两个述语核心可以转换成语法结构上完全独立的两个句子：

Дуб растет медленно. Это всем известно.

4. 插入语结构在句子中的位置及其语义功能不同

插入语结构在句子中的位置，决定它们是与整个句子发生联系，还是与句子中的某一部分发生联系，从而决定它们的语义功能。试比较：

Может быть, именно белые ночи открыли северным мастерам тайну линии, силуэта?（Волынский）

Книга, может быть, наиболее сложное и великое чудо из всех чудес, сотворенных человечеством на пути его к счастью и могуществу будущего.（Горький）

Я думаю, это оттого, — отвечал сам себе Иван Петрович, — что у всех сидящих вместе у камина одно и то же настроение. Мирное такое, задумчивое, может быть...（Куприн）

一般来讲，插入语结构在句子中的位置是相对自由的，可以位于句首、句中和句尾，句中的位置是插入语结构的强语义位置。当插入语结构位于句首时，它保留了原来词汇形式的许多性能，所以，此种情形下很难区别复合句与被插入语结构复杂化了的句子。再看一组句子：

А тебе не кажется, что правда встречается чаще, чем истина?（Васильев）

Кажется, что небо все ниже наклоняется над морем...（Горький）

Мне кажется, можно смело предсказать мощную будущность тому народу, в среде которого выработалось уважение к ребенку.

（Куприн）

И кажется, дождь перестал.（Баруздин）

Я, кажется, хозяйке мил...（Пушкин）

在这一组句子中，第一个句子是典型的主从复合句，кажется 在主句中起谓语的功能；最后一个句子是带插入语 кажется 的复杂句子。在它们之间是一个中间过渡区域，在这其间的句子介于复合句和简单句之间，即兼有简单句和复合句的性能。在许多时候，这种句法结构在结构语义上的不可区分性只能靠标点符号来决定了。譬如：

Причиной тому было его неудержимое влечение к искусству и жестокий произвол власти. Известно: стихии эти враждебны и столкновенние их редко приводит к добру.（Таланов）

Как известно, далеко не все современники поэта（Пушкина）по достоинству оценили в нем сказочника.（Маршак）

现代俄语中，插入语结构是一个由各种不同语言单位构成的独特的结构，对这一典型的语言现象的深入研究充分揭示，虽然插入语结构本身在形式上并不进入句子结构，不充当句子成分，但在句子的整体语义上起很重要的作用，特别是其语义结构中隐藏的述谓性（情态评价意义）特征，在一定的条件下，使这种结构可以转换成独立的句子。这类句子在完成交际任务时，通常可以传达讲话人比较复杂的主观评价意义或不同的修辞色彩，既符合交际的礼貌原则，也符合语言交际的经济原则。

第 2 节 带有独立成分的复杂句式

一、独立成分的定义

句法结构学中,独立成分是指用意义和语调独立出来的句子次要成分,以便使其相对于其他句子成分具有更大的独立性。Н.С. 瓦尔金娜(Н. С.Валгина)认为"句子中独立成分的本质在于,它们承载着句子的附加信息,因此,与句子传递的信息紧密相关"(Валгина 2003:229)。独立成分是一种复杂的结构语义现象,是用来突出句子某一成分、更准确说明或使其更具体化的一种手段。带有独立成分的句子可以用较少的语言单位和形式手段传递更多的信息。借助于这些手段可以构成语义上相近但又不相同的句子。

1. 独立成分存在的原因

讲话人希望加强被独立出来的部分在整个句子语义中的意义分量,或需要针对句子的某一部分加以解释或补充说明。例如:

Зима, суровая и длинная, опасна для птиц.

在这个句子中,独立定语的意义在于,除了形容词所表示的特征外,它们添加了补充语义上的细微差别:原因、条件等。因此,独立成分"суровая и длинная"不只是简单地表明"什么样的冬天",而是要强调"在什么条件下对鸟类是危险的"——"寒冷和漫长的冬天对鸟类是危险的"。显然,形容词所承载的这种语义负荷,以及它所表达出的状态限定关系,把形容词变成了相对独立的一个成分。

2. 独立成分存在的条件

对独立成分而言,最重要的条件是语调、词序、被说明词及其特点。伴随独立成分的语调的特点是停顿、节奏和逻辑重音。在书面语体中,标点符号通常是判定独立成分形成的条件之一,是独立成分的显性标志。词序也是独立成分的一个重要条件。通常情况下，句子的独立成分是后置于被说明词的，但也有例外的情况：句子的独立成分出现在被说明词的前面。

二、被限定成分对独立语短语的影响与限制

在带有独立语成分的句子中，独立成分的形式和语义功能不仅取决于独立语成分本身的范畴性能，而且也取决于被限定词的范畴意义性能。

最常见的被限定词是名词和代词。这两种词类的词汇语法性能在本质上有很大的差别，特别是构成词组的能力很不相同。譬如，在没有上下文的条件下，代词具有最大限度的抽象意义，因此很少与一致关系的形容词构成词组，具体化的定语成分会降低代词的概括性意义。正是因为这一原因，无论限定代词的定语的词汇语法性能如何，无论用于限定成分的位置在哪儿，无论其本身的扩展能力怎样，这种用于限定代词的定语都一定是独立的。例如：

В свой завтрашний день мы, сильные, смотрим спокойно. (Сурков)

Дней пять, весь почерневший, он ворочался на постели, плотно закрыв глаза. (Горький)

Для меня, человека, который начал жить в тяжелое, темное время, великая радость знать, что на смену нам, старикам, работают вот такие разумные хорошие люди. (Горький)

代词 что-то, кто-то, все 等在与形容词定语搭配时，如果形容词承载着句子的主要信息，而且位于代词后面，则不能独立。试比较：

В шуме родной реки есть что-то схожее с колыбельной песнью. (Лермонтов)

Что-то гордое и независимое было в этой мужественной старухе. (Горбатов)

Все прекрасное на земле — от солнца, и все хорошее — от человека.（Пришвин）

定语在说明名词化的代词时，有时可以不独立。例如：

Мое я погаснет, точно лампа, у которой прикнутили фитиль.（Куприн）

Пустое вы сердечным ты Она, обмолвясь, заменила...（Пушкин）

在被说明词中，名词是比较容易与定语搭配的，但是，名词本身的词汇－语法类型对定语的要求程度有所不同。一般地说，大多数的具体实义名词借助于定语被具体化的程度较大，而专有名词的程度较小，因为这类词与代词相似，一般只在一定的上下文和情景中才可以被具体化。

被说明词的特点是影响句子独立成分存在的一个重要因素。譬如，几乎所有的、从属于代词的定语成分都要求独立出来；还有修饰代词性副词（там, здесь, туда, оттуда）的状语成分也是要独立出来的。例如：

Ему ли, карлику, тягаться с исполином?（Пушкин）

Первыми двери к планетам мы, русские люди, открыли.（Бауков）

Вот здесь, на самом этом месте, стояла сплошная стена лесов.（Салтыков-Щедрин）

三、独立成分的语法形式结构和语法语义结构

1. 语法形式结构

从句子结构的语法形式上看，有几种结构是必须要独立的：

1）对人称代词的限定成分

句子的独立成分有一个很重要的特性：可以与人称代词发生联系。换句话说，句子中可以与人称代词发生联系的句子成分，如果不是述谓成分，就是独立成分。这是由于独立

成分本身的性质所决定的。人称代词总是表示特指的物体（人物），因此，不需要同指验证成分，而与人称代词发生联系的句子成分实质上是构成展开的或半紧缩的命题，起着对人称代词进行命题性说明的功能，例如：

Ленивый от природы, он был ленив и по своему лакейскому воспитанию.（Гончаров）

Человек партии, я признаю суд только моей партии.（Горький）

Она, бледная, неподвижная, как статуя, стоит и ловит взглядом каждый его шаг.（Чехов）

2）后置形动词短语

位于被说明词后面作定语的形动词短语：

Мы теперь шли навстречу мощной туче, появившейся из-за горизонта.（Платонов）

Лампа, одетая в махровый розовый абажур, уютно озаряла центр комнаты, оставляя углы в тени.（Грин）

И облако зажглось, пронизанное светом непобедимого луча!（Бальмонт）

3）副动词短语

副动词短语永远是独立成分，无论是单独使用，还是带有从属成分，无论是位于被说明成分之前，还是在其后：

Он шел, улыбаясь.

Граня и чеканя слова, переливая в них свои мечты, поэт всегда связан с народом.（Бросов）

2. 语法语义结构

独立成分是一个十分特殊的句子结构成分，在确定它们的结构意义时需要考虑句子的称名意义。为了确定独立成分的结构意义，我们先来看下列句子：

Этот юноша был высокий и стройный.

Этот высокий стройный юноша стоит в очереди перед тобой.

Этот юноша, высокий и стройный, сразу понравился ей.

第一个句子中的形容词"высокий и стройный"是说明句中的述谓成分,是句子的主要成分;第二个句子中的形容词"высокий и стройный"是非独立定语,其目的是同指性验证:听话人可以从许多排队的人中找出一个具体的、用形容词"высокий и стройный"限定出有区别特征的年轻人;第三句中的形容词"высокий и стройный"既不是句子的谓语,也不是同指限定成分,而是完成一种特殊的说明功能,通过它的说明来为谓语 понравился 提供理据:Этот юноша сразу понравился ей, потому что был высокий и стройный. 由此可以看出,独立的句子成分所表示的说明关系与命题结构的联系更紧密,并可以推导出下列逻辑推理关系:

Юноша был высоким и стройным.（а）

Его высокий рост и стройность производили впечатление на женщин.（б）

Юноша, высокий и стройный, нравился девушкам.（в）

四、独立成分的称名功能和交际功能

显然,上文描述的这些条件实质上都是独立成分的语法形式和意义结构、建构手段。从交际功能和语义功能的角度看,独立成分要复杂很多。为了说明这一点,我们来看一组例子:

Чуткий и внимательный зритель оценил фильм по достоинству.

Зритель, чуткий и внимательный, оценил фильм по достоинству.

Зритель чуткий и внимательный. Он оценил фильм по достоинству.

在第一个句子中，句子的结构模式是 N_1V_f 形式。这一模式中的 N_1 的位置是由一个非具体化的复杂词组 чуткий и внимательный зритель 充填的。在这个词组中，形容词是名词一格主语的一致性定语，所以，形容词在这里只是一个展词性扩展成分，不进入句子的述谓核心部分。

第三个句子的形式结构模式是 N_1+Adj，模式中的形容词具有另一种功能——充当句子的谓语，与名词性主语构成述谓性关系，成了这个句子结构中的一个必须的成分。

第二个句子可以认为是第一和第三个句子之间的过渡状态，中间状态。形容词在这个句子中和在第三个句中一样位于被说明词的后面，但不是独立的谓语成分；和在第一句子中一样它们也没进入述谓核心，不同的是没有与名词构成一个统一的词组。这样的形容词定语就被称作独立定语。独立定语与名词的关系已不再是纯限定关系，但也不是述谓性关系，换个角度说，它们与名词的关系既有限定的成分，也有述谓性成分。再如：

Люблю до дыр зачитанные книги.

Люблю книги, зачитанные до дыр.

Люблю книги, которые зачитаны до дыр.

Книги зачитаны до дыр. Люблю такие книги.

这些句子的话语交际意义相近，不同的是它们的语法意义，即句子中限定部分承载的述谓性程度不同。述谓性上的差异表现在这些成分是前置还是后置，表现在形动词形式的变化上，表现在句子形动词短语的构建上。这一组句子的排序代表着述谓性由低到高的顺序。第一个句子中，形动词带着自己的扩展成分一起做一致定语；第二个句子中，形动词带着自己的扩展成分后置于名词，构成句子的独立成分；第三个句子中，形动词改变自己的形态，带着自己的扩展成分一起做从句的谓语，构成定语从句；第四个句子中形动词带着自己的扩展成分，扩展成一个独立的句子，形成语义上有联系的两个简单句。通过分析可以得出，句子独立成分与被限定词的联系是半述谓性关系，它们没有述谓的形式，但有辅助述谓的功能。因为句子中有自己的述谓核心，但如果把述谓成分去掉，独立成分就会承担起述谓的功能，这一点可以从句子的词序和语调中得到证实，例如第二个句子，词序是后置的，语调上使用相对独立的语调。

需要指出的是，并非所有的独立成分都可以用于辅助述谓性的功能，还有一些独立成分的功能是补充说明，确切说明或解释句子中的某一部分。

За лугами, в синеющей роще, куковала кукушка.(Бунин)

Однажды осенью, на возвратном пути с отъезжего поля, я простудился и занемог.(Тургенев)

五、独立成分与句子命题意义之间的关系

句子的命题通常是展开型命题，独立成分是半紧缩型命题。

（1）Юноша был высоким и стройным.

（2）Его высокий рост и стройность производили впечатление на женщин.

（3）Юноша, высокий и стройный, нравился девушкам.

在句子（1）中，"男孩身材曾经高挑匀称"是一个展开的命题结构，有主体和述体，在这一结构中还表示出了述体的时间范畴，构成了意义完整的句子；在句子（2）中，同样表达了句子（1）的命题，但这一命题不是以主体和述体的形式表现出来的，因为没有时间这一述谓性范畴，而是以紧缩的形式作为名词的一个修饰限定成分表示出来的；在句子（3）中，既有句子（1）的命题，也有句子（2）的命题，但与句子（1）不同，形容词 высокий и стройный 不承载时间这一述谓性范畴，与句子（2）的不同是形容词 высокий и стройный 与主体切分成两个成分，并由一定的语调表示。

综上所述，独立成分的语法意义是半紧缩命题。在俄语中，半紧缩命题是指用语调切分成两部分且不表示述谓性范畴概念的命题，或可以表示一定的述体性范畴概念，但不构成主要的独立的命题。它们之间通常有如下两种类型的关系。

1. 在展开型命题和半紧缩型命题之间没有关系

在这种情况下，带有独立成分的句子可以展开为两个独立的句子。试比较：

Туча, большая и черная, приближалась к городу.

Туча приближалась к городу. Туча была большая и черная.

2. 在展开型命题和半紧缩型命题之间有逻辑决定关系（原因、结果、让步、条件等）

在这种情形下，带有独立成分的句子可以展开为具有相应关系的主从复合句：

Я остановился, запыхавшись, на краю горы. (Лермонтов) —

Я остановился на краю горы, потому что запыхался.

Преследуемые подоспевшим ястребком, самолеты противника беспорядочно отходят.(Гайдар) —

Самолеты противника беспорядочно отходят, потому что преследуются подоспевшим ястребком.

Мне, человеку в костюме босяка, трудно было вызвать его, франта, на разговор. (Горький) —

Мне трудно было вызвать его на разговор, потому что я был в костюме босяка, а он был франтом.

六、带有独立成分的句子分类

综上可见，句子独立成分就其形态特征而言是不同的，也就是说独立成分的表达手段不同，而不同的表达手段构成不同的结构语义特性。根据带有独立成分的句子的语义特征，可以将带有独立成分的句子划分成两个组：带有半述谓性独立成分的句子和带有确切说明独立成分的句子。这两组句子各有自己独特的语义结构和形式结构。

1. 带有半述谓性独立成分的句子

半述谓性独立成分是位于句子扩展成分与从属句之间的一种过渡性句法结构。这种结构包括形动词短语、副动词短语、形容词短语等。这些短语都是句法层面的结构，因此，表示这些现象的术语都是句法体系的概念或术语。这些结构根据其各自的核心词的词类属性相互区分。这些结构在独立时与从属句比较相近，不独立时其结构语义组织与词组相近。这些短语与从属句不同，在从属句中没有代表整个从属句语义功能使命的核心词，而在短语中总是有一个起着纽带作用的核心词。试比较：

Зима, суровая и длинная, опасна для птиц.

Окна разинув, стоят магазины...（Маяковский）

句子中的这类述谓性独立成分具有一个显著特点，就是它们具有双重联系：

独立定语成分一方面与主语发生联系（суровая и длинная — зима）；另一方面与谓语发生联系（опасна, если суровая и длинная）。

独立状语成分一方面与谓语发生联系，说明谓语所述物体的状态（стоят, разинув окна）；同时它也和主语发生联系（магазины — разинув/шие окна）。

在带有半述谓性独立成分的句子中，可以独立的不仅仅是定语成分，用前置词名词词组、形动词和副动词短语表示的状语成分也可以独立：Я, обхватив его за шею, хохотала, болтала ногами, смеялась...（Айтматов）

尽管这两种半述谓性独立成分有很多的共同点，但它们在形式上和语义结构上还是有许多的独特性，完成各种不同的句法功能。形动词短语和形容词短语通常具有定语意义；副动词短语和比较短语具有状语意义。也就是说，就其结构性能而言，定语只能用形动词和形容词，而状语只能用副动词。根据这些特性可以把带有半述谓性独立成分的句子分成两部分：带有独立定语成分的句子和带有独立状语成分的句子。

1.1 带有独立定语成分的句子

在独立定语成分中，承载词汇－语法性能特征的是主导词。根据主导词的词汇－语法性能特征可以把独立定语成分划分为形动词短语独立成分、形容词独立定语成分和名词性短语独立定语成分

1.1.1 形动词短语充当独立定语

形动词短语是由形动词和从属于它的成分构成的独立成分。形动词是动词的一种形式，因为它保留了动词的某些特性，所以常常可以支配其他词汇，并可以由副词来说明，构成语义相对完整的短语。形动词短语可以完成各种功能，最常见的功能还是做定语。无论是单独使用，还是带有从属成分，做定语的形动词短语常常位于与其发生联系的名词后面并独立出来：

И они пошли вдаль по дороге, пролегающей во ржи. (Платонов)

Ноги беспрестанно путались и цеплялись в длинной траве, перенасыщенной горячим солнцем. (Тургенев)

作独立定语的形动词短语具有最大限度的述谓性，因此，这种形动词短语独立定语很容易替代定语从句。其主要功能是构成半紧缩命题。由形动词构成的半紧缩命题可以展开，根据动词人称形式模式和名词性模式构成独立的命题：

Выставка, работающая уже второй месяц, пользуется большой популярностью. — Выставка работает уже второй месяц и пользуется большой популярностью.

В домах, построенных на берегу реки, живут рабочие нашего завода. — Дома построены на берегу реки. В них живут рабочие нашего завода.

形动词短语可以位于被说明词的前面，此时，形动词短语通常不独立。但形动词短语只有在一种情况下可以在名词前的位置上独立，那就是在展开的命题和半紧缩命题之间有意义上的联系，如果形动词短语伴随有补充的原因、让步或其他意义时，位于被说明词的前面的形动词短语成分要独立出来。试比较：

И добавим мы к духовной пище весело заваренный чаек. (Винокуров)

На фарватере виднелась вся облитая светом белоснежная «Ракета». (Фогель)

Оглушенный тяжким гулом, Теркин никнет головой. (Твардовский)

Разморенные жарой, люди двигаются медленно, вяло. (Шукшин)

Отрезанные от всего мира, уральцы с честью выдержали казачью осаду. (Фурманов)

形动词短语中蕴涵的原因意义是一种附加的意义，这种意义没有专门的语法表现形式，但可以通过问题的形式或句型转换的形式使其显现出来。试比较：

Согретый солнцем, хом расцвел белыми крохотными цветами. (Белов)

Хом расцвел белыми крохотными цветами, потому что был согрет солнцем.

在短语的成分中，核心词 согретый 充当定语成分，本身还带有扩展成分构成短语，通过转换句型，可以使短语所表示的原因意义显现出来。再如：

Обозленные потерей, немцы сбросили несколько бомб на

позиции зенитной ботареи.(Симонов)

Немцы, которые были обозлены потерей, сбросили несколько бомб на позиции зенитной ботареи.

Так как немцы были обозлены потерей, сбросили несколько бомб на позиции зенитной ботареи.

1.1.2　形容词短语充当独立定语

形容词独立定语,也称形容词短语是由形容词与其从属词构成的。与形动词短语一样,形容词短语也可以充当各种不同的句子成分。但形容词短语最主要的功能还是做定语。形容词短语独立的条件与形动词短语基本相同:通常在被说明词的后面。例如:

Чистые звуки моцартовской музыки, похожие на голоса серебряных труб, привели его в восхищение.(Паустовский)

Я прожил жизнь, полную неожиданностей и предательства.(Паустовский)

Мартовская ночь, облачная и туманная, окутала землю. (Чехов)

前置的形容词短语在表示比较复杂的原因、让步等意义时,需要独立,譬如:

Скромные, похожие на большие желтоватые гроздья, цветы рябины малозаметны, не отличаются пышной красотою. (Соколов - Микитов)

Довольно быстрое для лесной речки, течение закручивало мелкие воронки.(Нагибин)

Почти незнакомые до этого, мы через полчаса беседы становились друзьями.(Степанов)

后置的形容词短语和形动词短语一样,也有不独立的情况:如果被说明词的语义不能支撑结构模式条件,即被说明词的语义不能自足以充当某一句子成分时,后置的短语可以不独立:

Рубин вернулся домой в состоянии духа смутном и странном.（Тургенев）

Мощь, мудрость и красота литературы открываются по всей своей широте только перед человеком просвещенным и знающим.（Паустовский）

1.1.3 名词性短语充当独立定语

名词性短语独立定语成分可以区分成非一致定语和同位语：

Изба лесника состояла из одной комнаты, закоптелой, низкой и пустой, без полатей и перегородок.

1）非一致定语

非一致定语的核心是名词，因此这类定语可以叫做名词性短语，通常是由前置词与名词构成的词组。与形动词短语和形容词短语不同，名词性短语既可以一个成分独立存在，也可以有扩展的名词性形式。非一致定语独立成分独立的客观结构条件是：名词性短语后置于句子中的被说明成分；有名词性并列成分；并列成分包括一致定语和其他类型定语。例如：

Денис Антонович, без пиджака, в шлепанцах на босу ногу, сидел у большого стола с газетой.（Коптяева）

Мальчик, стриженный, в серой блузе, подал Лаптеву стакан чаю без блюдечка.（Чехов）

Баржевик, в рваном, грязном полушубке, с заросшим клочкастой бородой лицом, сразу перескочил на бот.（Конецкий）

Больная, в белом капоте, вся обложенная подушками, сидела на постели ...（Толстой）

具有独立定语和同位语的半紧缩命题，可以按名词性模式展开为独立的命题：

Перед настежь раскрытою дверью конюшни стоял сам

<u>хозяин, человек немолодой, высокий и толстый, в заячьем тулупчике.</u>(Тургенев) —

Хозяин был человеком уже немолодой.

名词性短语在句子中可以独立也可以不独立。句子中处在不同位置的名词性短语充当的角色和发挥的作用是不同的。可以通过一组句子来比较名词性短语在句子中的不同功能：

（1）Елена вышла из своей комнаты в халате.

（2）Елена в халате вышла из своей комнаты.

（3）Елена, <u>в халате</u>, вышла из своей комнаты.

（4）Елена вышла из своей комнаты. Она была в халате.

在例句（1）中，由于其句法结构关系的不确定性（Елена в халате，вышла в халате），名词性短语 в халате 具有混合性特征。但在这个句子中比较强的意义是状语意义和补语意义，回答 как? В чем вышла? 的问题。这种混合性在其他这几个句子中都可以观察到，但语义成分的比重在发生变化，其特点也发生变化。在句（2）中定语的成分加强，同时状语和补语的成分减弱。在句（3）中，名词性短语，即独立的非一致定语获得了半述谓性特征，但在这种情况下还保留着上述的语义成分，虽然状语和补语的成分已经很弱。句（3）中存在的半述谓性恰好证明有可能把上述的一个句子变成两个句子——例句（4）的情况。

带有名词性短语独立定语成分的句子还可以构成定语从句：

Третий, <u>в новеньком полушубке</u>, ходит по комнате.

Тот, который был в полушубке, хотел опять сказать что-то и схватил себя за голову.

上述例句的比较分析表明，单个的名词短语做独立定语成分的情形有偶然性。如果讲话人想强调名词性短语的语义分量，即强调半述谓性、定语性成分，那么就把名词性短语独立出来；如果讲话人想强调名词性短语语义中的状语性成分和补语性成分，那么名词性短语就可以不独立。

2）同位语

同位语可以是单个成分，也可以带扩展成分。独立的同位语位于被修饰词后面：

Мы, артиллеристы, хлопотали около орудий.（Толстой）

Радищев, рабства враг, цензуры избежал.（Пушкин）

Могучий лев, гроза лесов, лишился силы.（Крылов）

Старший приказчик, высокий мужчина лет пятидесяти, с темною бородой, в очках и с карандашом за ухом, обыкновенно выражал свои мысли неясно.（Чехов）

同其他类型的独立定语一样，独立同位语在表示原因和让步等附加意义时也要前置：

Человек несуеверный, Максимыч готов был приписать матушке Волге любые сверхъестественные силы, утверждал, что все свои богатырские свойства русские люди черпают в ней, Волге.

带有连接词 как 的同位语可以独立出来，有表示原因的细微含义：

Пьер, как законный сын, получит все.（Толстой）

Вы, как инициатор, должны играть главную роль.（Панова）

带有连接词 как 的同位语不独立出来时，回答 в каком отношении? с какой стороны? 的问题。在这种情况下，连接词 как 可以用 в качестве 替换。在篇章中它们相当于同义词：

Бунина большинство знает главным образом в качестве прозаика.

1.2 带有独立状语成分的句子

独立状语成分比其他任何句子成分都容易充当限定成分，因为它们与其他句子成分之间的从属关系非常弱。独立状语限定成分通常与另一个状语限定成分有联系，即限定另一个状语限定成分：

Вдали, ближе к роще, глухо стучали топоры.（Тургенев）

Зато около самого дома, во дворе и в фруктовом саду, было весело и жизнерадостно даже в дурную погоду.（Чехов）

这类句子中的半紧缩主题可以按照有代词 это 的模式展开：

Коврин приехал к Песоцким вечером, в десятом часу.（Чехов）— Коврин приехал к Песоцким вечером. Это было в десятом часу.

独立状语成分表现出来的半述谓性的程度不完全相同，但几乎所有的独立状语成分都可以很容易转换成从属句。根据独立状语成分的结构形式可以分为：

1.2.1　副动词短语充当独立状语

副动词短语是由副动词、副动词和从属于它的成分构成的独立成分，其主要功能是构成半紧缩命题。副动词短语永远是独立成分，无论是单独使用，还是带有从属成分：

Увидев меня, он медленно двинулся ко мне навстречу.（Тургенев）.

Он побежал, не оглядываясь.

由副动词构成的半紧缩命题可以展开，构成动词人称形式模式的命题：

Устав от долгого пути, туристы быстро уснули. — Туристы устали от долгого пути и быстро уснули.

副动词短语的特色在于它把句子的主要成分——谓语和次要成分——状语的性能综合到一起。副动词短语语义上的这种混合决定了带副动词和副动词短语的句子在话语内涵容量、表现力、行为特征等方面都达到最大限度。

顾名思义，副动词短语的核心是副动词，但副动词的第二谓语的意义是辅助性的，副动词语义中的的主要成分是表示状语意义——行为方式方法、时间、原因、条件、让步等，在语言交际的实践中完成着不同的功能。例如：

1）表示行为方式方法，回答 Как? каким образом? 的问题：

Распустив хвоста калючий веер, на сосне красуется глухарь.(Кедрин)

Я иду по лугам, раздвигая зеленые травы.(Солоухин)

表示行为方式的副动词短语的使用频率非常高。这种短语在描述由谓语动词表示的主要行为时，还表示一种附加行为，由副动词短语复杂化了的语义结构与副动词语义中的动作性，使它们能够表达出隐含的述谓性：

Он, преодолев первую неловкость, рассказал ей подробно свою биографию.(Куприн)

Я ходила, волоча ногу.

Вот так сидела, ничего почти не сознавая.

2）表示时间，回答 Когда? 的问题：

Напившись чаю и отдохнув, она вышла погулять.(Чехов)

С механическим шумом покинув платформу, электричка пилою вонзается в ночь.(Проталин)

3）表示原因，回答 Почему? 的问题：

А ветер, устав от игры, валялся в гнезде зеленом. (Проталин)

Каждый, выходя из ярко освещенных сеней по лестнице на улицу, точно падал в яму.(Гончаров)

4）表示条件，回答 При каком условии? 的问题：

Не зная прошлого, невозможно понять подлинный смысл настоящего и цели будущего.(Горький)

Судя по теплу, погода в этих краях давно уже обогнала календарь.(Степанов)

5）表示让步，回答 Несмотря на что? 的问题：

Написав несколько страниц, он ни разу не поставил два раза «который».（Ганчаров）

Расстегнув ворот рубахи, Репинский тяжело дышал...（Мусатов）

6）表示结果

在副动词短语中，通常没有把表示结果的状语单列出来，但在语言实践中，这一种状语副动词短语还是很常见的。例如：

Снег с полей пошел за одну неделю, обнажив парящую влажную землю.（Мусатов）

Веселые ручьи бежали по все стороны, унося накопившийся за зиму мусор и открывая солнцу и свежему ветру чистую пахучую землю.（Проскурин）

在副动词短语中通常会有将两个或几个状语混合的情况，譬如，将时间与让步，将行为方式与结果，将原因与目的等混合在一起，使语义更加复杂。例如：

Ветер шуршал, переворачивая зеленые подсолнечные листья.（Шолохов）

Май цветами провожая, распускается сирень.（Маршак）

Восток незаметно яснел, отражая свой слабый свет на надернутом тонкими тучами своде неба.（Толстой）

为了在句子中表现更复杂的语义，除了使用副动词短语，还可以同时使用其他状语和谓语形式。当把副动词短语纳入由副词和名词性短语表示的状语结构链中时，无论是单个的副动词，还是副动词短语语义中的状语成分都会得到加强。譬如：

Пьер слушал ее с раскрытым ртом и не спуская с нее своих глаз, полных слезами.（Толстой）

Можно прожить и, не хвастая умом, без этих разговоров.（Горький）

这些表示时间、原因、条件、让步、结果的副动词短语都可以由从属句替代，与此同时，也可以与谓语交替使用：

Существовала некогда пословица,

Что дети не живут, а жить готовятся.

Но вряд ли в жизни пригодится тот,

Кто, жить готовясь, в детстве не живет.（Маршак）

副动词和副动词短语状语所隐含的述谓性各不相同。其中表示行为方式的副动词短语语义中的述谓性成分最少，因此，并非都能用从属句替换。试比较：

Лось стоял на дороге, гордо подняв свою красивую голову.（Попов）

Она шла, опустив голову, глядя под ноги, как-то зябко прижав руки к груди.（Николаев）

1.2.2 名词性短语充当独立状语

名词性短语的结构特点是由前置词和复合前置词与名词构成的前置词词组。常用的复合前置词有：несмотря на..., вследствие..., благодаря..., ввиду..., в силу..., согласно..., вопреки..., за неимением..., при наличии..., в случае..., во избежание... 等。表示时间、原因、条件、让步、结果、目的，通常可以独立。譬如：

Несмотря на морковный румянец, она было миловидной.（Леонов）

По случаю заносов, целых два часа я сидел и ждал на вокзале.（Бунин）

За исключением поездок по делам зимой, большую часть времени он проводил дома.（Толстой）

Ввиду недостатка времени, не станем отклоняться от предмета лекции.（Чехов）

在句子的中间位置上，状语意义的名词性短语通常要独立出来。但是，在句子的中间位置上，具有状语意义的复合前置词词组的独立却有偶然性。试比较：

Он, после своего освобождения из плена, приехал в Орел.

Я, после сытного ужина, простился и ушел.

Заметка в случае надобности подлежит сокращениям и стилистическим изменениям.（Чехов）

Нижние знаки по мере приближения к строке имеют тенденцию к упрощению рисунка ноты.（Андроников）

Я тоже делал все это в прямом и переносном смысле физически и духовно и только благодаря какой-то случайности не надорвался насмерть.（Горький）

2. 带有独立确切说明成分的句子

句子的确切说明成分是为了使句子中的其他成分具体化或起到进一步确切说明的作用。

2.1 确切说明独立成分与半述谓性独立成分的主要区别

带有确切说明独立成分的句子与带有半述谓性独立成分的句子的主要区别首先在语义上。这些语义上的差别必然体现在结构上，使各自在形式结构上有明显的区别特征：

1）所有的句子成分，包括主要成分，都可以做确切说明成分，也可以做被说明成分；而可以充当半述谓性独立成分的只能是句子的次要成分：

Народ, то есть их шахтерский отряд, и женщины, и дети, становились цепочкой от эшелона до озерца, чтобы наливать воду в паровоз.（Толстой）

У забора, у самой калитки, в ноябре расцвели маргаритки.（Мартьянова）

2）带有半述谓性独立成分的句子含有附加信息，即半述谓性。半述谓性独立成分与句子其他成分之间有转换成主从关系的潜能（一致、支配、依附）；而确切说明成分与被说明成分只有一种关系——解释说明，因此这种关系在整个语言关系体系中的转换功能和地位目前尚不能确定。

2.2 带有独立确切说明成分的句子的主要特征

独立的确切说明成分只对句子的某一部分进行确切的说明，对所通报的内容加以解释，使其更具体化。在句子的确切说明成分中还可以区分确切说明成分和解释说明成分。在语言实践中，有时很难准确划分这两种说明成分。一般来讲，局部与整体的关系是确切说明成分；等同关系是解释说明成分。试比较：

Внизу, в тени, шумел Дунай.(Тютчев)

Целый день, с утра до ночи, от зари и до зари, в частном ельнике хлопочут силачи-богатыри.(Тутнева)

Тоскливо, по-волчьи, выла пурга.(Санин)

Он дошел до конца улицы, обрывавшейся в поле, и глубоко, до боли в легких, вдохнул пахнуший весной воздух таянья.(Лидин)

Длинная, в несколько верст, тень ложилась от гор на степи.(Толстой)

一般来讲，由连词 то есть, или, иначе 等连接的通常是解释成分，例如：

Для Константина Левина деревня была местом жизни, то есть радостей, страданий, труда.(Толстой)

В этом отношении случилось даже одно важное для них событие, именно встреча Кити с Вронским.(Толстой)

下列词汇单位：особенно, даже, главным образом, в часности, в том числе, например 等，在表示确切说明的同时，还给句子添加一些"补充""加强""限定"等细微的语义差别。这些词汇单位连接的是确切说明成分，例如：

Искусство, в частности поэзия, есть акт познания.(Брюсов)

Пять мальчиков, в том числе и Юра, впервые поехали вместе с колхозными ребятами в ночное.(Леонтьева)

Немцы изрядно повредили садик Поповых, особенно

вишневые деревья...（Фадеев）

　　Отец Лены был убит на войне в последний год войны, даже в последние дни войны, при взятии рейхстага.（Леонтьева）

　　无论是被确切说明成分，还是被解释说明成分都常常可以由代词或副词充当。与其他实义词相比，这类词具有更抽象的范畴意义：

　　Все вокруг, даже пепельница их розовой раковины, говорило о мирной и долгой жизни.（Паустовский）

　　Когда-то, в школьные годы, он был по-мальчишески неравнодушен к своей однокласснице.（Симонов）

　　Вверху, на палубе, перекликались матросы.（Паустовский）

　　在确切说明独立成分中，有一些是由前置词和复合前置词构成的独立短语。这些词汇单位包括：

　　кроме кого-чего, помимо кого-чего, сверх, за исключением кого-чего, включая кого-что, наряду с кем-чем, в отличие от кого-чего, в противоположность кому-чему, по сравнению с кем-чем, независимо от кого-чего 等。例如：

　　В денежном ящике, кроме денег, хранится и деловая корреспонденция.（Салтыков-Щедрин）

　　Помимо лечебной помощи, в тайге требовалась культурно-бытовая, оздоровительная работа.（Коптяева）

　　Рассказ очень понравился мне, за исключением некоторых деталей.（Горький）

　　Все оперативные документы, исключая журналы боевых действий, уничтожались.（Первенцев）

　　确切说明成分可以构成确切说明链，即第一个确切说明短语中的说明成分可以成为第二个确切说明短语中的被说明成分，依此类推。譬如：

　　У самой двери, на гвозде, рядом с рукомойником, висело

белоснежное полотенце.（Симонов）

Сейчас, ночью, после выхода танков из боя, казалась невероятной попытка японцев прорваться на юг.（Симонов）

在这种确切说明链中，还可以连接从属句，有时还可以加入指示词：

А за воротами, на аллее между стеной и березами, где стоят скамьи, был уже совсем вечер.（Чехов）

需要指出的是，在俄语语言学文献中，对带有кроме, помимо的名词性确切说明独立短语没有公认的统一定义，因为它们在形式结构上和语义结构上的特点很特殊。传统的实践语法把这样的短语划归到独立补语中，认为它们与副动词 исключая, включая, считая 等作补语的情况很相似。因为上述副动词在许多独立短语中失去了动词的性能，进而获得了副词性前置词的性能，这样的独立短语本身与句子的述谓核心在意义上的联系很难分开。而在科学院的"70年语法"和"80年语法"中，类似的情况被看作是与插入语相近，但在意义上并非完全相同的结构（Диброва 2001：406-407）。事实上，大多数的这类结构都含有客体的意义，而插入语则表示讲话人对所述内容的态度。这种名词性结构成分的客体意义使我们可以就名词进行提问：

Кроме кого?

Кроме чего?

Помимо кого?

Помимо чего?

За исключением кого?

За исключением чего?

而 кроме, помимо 能够构成问题恰好证明它们并没有完全失去与句子实义部分的联系。因此，把由这两个词构成的词组称做前置词或复合前置词独立短语是相对的，有条件的，因为在有些情况下，它们会表现出半述谓性特征。

第 3 节 带有呼语的复杂句式

呼语也是构成复杂句式的手段和途径之一。呼语是指在话语过程中称呼谈话对方的那些词语。

一、呼语的定义及功能

呼语是指在句子中独立于句子内容而单独存在的、用于呼唤对方的特定词语。既然呼语是对接受方的称名，故呼语具有名词一格的形式和称呼性语调，但不充当句子成分。名词一格称呼的是讲话人的谈话对象，希望他（她）从事某种行为或倾听他的讲话。进入句子述谓核心的动词多用命令式形式，带有展词性扩展成分。

呼语的基本功能是直接呼唤对方，提醒对方倾听，吸引对方参与谈话或做某事。因此作为呼语的词汇常常是表示人的名词、姓名、家族称呼等。例如：

Петя, позвони мне вечером, ладно?

Резников, пойдете со мной.（Бондарев）

Хорче, друзья и подруги, мир на земле охраняйте!
（Сальников）

Я всю свою звонкую силу поэта тебе отдаю, атакующий класс!

Мам, я пойду? Пап, где тут мои перчатки лежали, не видел?

呼语也可以由词组来表示：

Милый папаша, к чему в обаянии умного Ваню держать?
（Некрасов）

在文学作品和诗歌中，呼语不仅可以指称人和动物，也可以指称非动物性名词：

О чем ты воешь, ветер ночной?（Тютчев）

Ветер, ветер, ты могуч!

Прощай, полдневное светило.（Пушкин）

Подруга дней моих суровых,

Голубка дряхлая моя,

Одна в глуши лесов сосновых

Давно, давно ты ждешь меня.（Пушкин）

带有呼语的句子的功能大致可以分为号召性句子和疑问性句子，因为在这些变体的句子中，呼语指称的人物或物体被召唤参与某种行为或回答某一问题：

Зови их, зови, Дуся!（Арбузов）

Анна Ивановна, — сказал Листопад, — вы хорошо знаете стенографию?（Панова）

从上述例句中可以看出，呼语可以位于句子的开头、中间或结尾，但不同的位置承载着不同的语义功能和述谓性特征。

二、呼语的潜在述谓性

和其他的复杂化简单句一样，带呼语的句子所表现出来的辅助述谓性的程度也不同。如果按述谓性这一特征进行区分的话，可以分出强、中、弱三个级别：

1. 述谓性最强的呼语

述谓性最强的呼语是呼格句（вокативные предложения）。对于呼格句，现代俄语中的界定是各不相同的，一些学者认为，呼格句是单成分句的一种特殊形式；另一些人把它纳入了称名句；第三种观点把它看做是不可切分句。这些不同观点的存在是由呼格句语法语义的模糊性造成的。呼格句实质上是一种复杂化的呼语，它表达的是思想、感情和意愿混合在一起的不可分割的一种意义。

呼格句的显著特点是它在结构和语义上的相对独立。呼格句包括名词或代词一格，使用的语调传递的是一种号召、激励去从事某一行为，不同意谈话人的意见，责备、非难、遗憾、愤怒等细微意义。常常可以使用感叹词和语气词来加强或区分呼格句的结构语义性能。表示呼格句复杂内容的语调的特点，在文学作品中是通过作者的旁白和情景说明来确定的。譬如：

Бабушка! — укоризненно, с расстановкой произнесла Олеся. （Куприн）

Лиза, — произнес Лаврецкий, — Лиза, — повторил он и склонился к ее ногам...（Тургенев）

根据呼格句的意义，可以将其分成两大类：一类是召唤，另一类是情感反应。使用召唤类的呼格句的目的，在于引起谈话对方对他的注意：

Часовой! — строго окликнул Новиков.（Бондарев）

Андрюша, — страдальчески улыбаясь, напомнила о чем-то своем Христина Афанасьевна.（Николаев）

在第二类呼格句中表现的是对谈话对方的话语或行为的情感反应：

Мама! — стонала Катя, не зная, куда спрятаться от стыда и похвал.（Чехов）

Строго говоря, положено так: вы нам работу, мы вам расчет, — сказал он не моргнув глазом. — Саша, — С мягким укором напомнила Христина Афанасьевна.（Николаев）

在典型条件下，呼语与呼格句是很容易区分的，试比较：

Спаси меня, Ваня, спаси меня...（Чехов）

Ваня! — позвала она. — Иван Андреич.（Чехов）

在第一个句子中的 Ваня 充当的是呼语，而在第二个句子中的 Ваня 则是呼格句，在这样的句子中，表示出讲话人想引起谈话对方注意的强烈愿望。

2. 述谓性较弱的呼语

位于句子中间位置的呼语是述谓性较弱的呼语：

Труд этот, Ваня, был страшно громаден...（Некрасов）

对于单纯的呼语而言,述谓性最弱的位置是在句首。从述谓性的角度看,这一位置上的呼语应划归为第三种类型,特别是在重复使用、与代词搭配使用和带有思考性语调时。试比较:

О Марков, Марков, сколько дикой и кровожадной гордости в твоих словах, — возразил старик. — И сколько неправды.(Куприн)(具有半述谓意义)

Да, мы с тобой встречались, Марков, но ты никогда не видел меня.(Куприн)(典型的呼语)

3. 中间状态

呼格句与呼语之间的界限是很灵活和动态的。它们之间的区域形成了具有中等程度述谓性的句子。进入这一类别的呼语不仅是称呼谈话对方,而且还给出了它的半述谓性特性:呼语可以用具有性质-评价意义的词、词组、成语来表示,甚至还可以有带同位语的呼语。譬如,伟大诗人普希金在许多诗歌中都对自己的奶娘 Арина Родионовна 使用过亲切的呼语:

Подруга дней моих суровых, голубка дряхлая моя! Одна в глуши лесов сосновых давно, давно ты ждешь меня...

Выпьем, добрая подружка бедной юности моей...

Или бури завываньем Ты, мой друг, утомлена?...

位于句子中间位置的、带有同位语的呼语的半述谓性意义更明显:

Тебе, кавказ, суровый царь земли, Я посвящаю снова стих небрежный.(Лермонтов)

三、呼语的模糊性问题

呼语是语言中的一种常见现象,同时又是一种复杂的语言现象,对许多情况很难有一致的分类,因为它把感叹句与呼语的性能结合在一起,把呼格句与感叹词,甚至与主格的概念混合在一起，从而造成了一定的模糊度。只有在一定的上下文和具体的语境中，某一种句子的特性才能表现出来。通常情况下，呼语的模糊性现象表现在以下两个方面：

1. 呼语与主语

在现代俄语中，呼语与主语不仅在形式上相同，而且在意义上也经常相同或相近。当主语指称人时，这个人应该是行为发出者或特征持有者的一个名称。区分呼语与主语的一个重要手段是看它们是否与句子其他成分有结构关系：主语与其他成分，特别是与谓语有句法结构联系，或者是匹配关系，或者是支配关系；而呼语与句子的其他成分既没有匹配关系，也没有支配关系，更不进入句子结构。试比较：

Провожающие должны покинуть судно.

Провожающие, прошу покинуть судно.

在俄语中，人称代词 ты 是使用频率非常高的一个词。但是，在标准俄语文字语言中，单个的人称代词 ты 或 вы 是不能单独做呼语的，只有在具有低俗色彩的表述中，才允许将单数第二人称 ты 用做呼语，而且，作为句子主语的 ты 与作为呼语的 ты 的语义功能有差别：

Ты, в кепке, иди-ко сюда!（非标准化话语，具有粗俗、不拘礼貌的修辞特点）

即便是使用了尊敬的礼貌形式 вы 做呼语，其粗俗的修辞色彩也仍然存在：

Вот Вы, подойдите ко мне!

如果人称代词 ты 不是单独使用，而是伴随着专有名词一起做呼语时，在修辞特点上不再具有粗俗的修辞色彩：

А теперь ты, Котик, сыграй что-нибудь, — сказал Иван Петрович дочери.（Чехов）

2. 句法结构特性

强化呼语句法结构特性的重要因素之一是呼语的扩展

性。呼语可以构成并列组合，可以扩展定语成分（一致定语、非一致定语、同位语）和从属句。呼语本身所带的定语成分越复杂，呼语结构中潜在的述谓性就越多，因为任何定语性组合都很容易转换成述谓性结构。试比较：

Мать-земля моя родная, Сторона моя лесная, Край недавних детских лет, отчий край, ты есть иль нет?（Твардовский）

Ты, пахни в лицо, ветер с палубня!（Кольцов）

Прощай, немытая Россия, страна рабов, страна господ...（Лермонтов）

在对同一个对象发出的并列组合的呼语中，呼语的主要功能常常不是要引起谈话对方（或读者）去注意呼语，而是给出其性质评价特性。在有些情况下，这种并列组合的呼语与带同位语的呼语很相似。试比较：

Нам с любой бедою справиться, дружба старая сильна, сероглазая красавица, мой товарищ и жена.（Белинский）

Язвительный поэт, остряк замысловатый, И блеском колких слов, и шутками богатый, Счастливый Вяземский, завидую тебе.（Пушкин）

在复杂句子结构分析中，对带有并列组合呼语的复杂句子的划分一直是一个有争议的问题，因为对许多一格形式很难准确划分和定位。一种可能是将名词一格形式的组合认定为并列的呼语：

Приветствую тебя, опустошенный дом, завядшие дубы, лежащие кругом, и море синее...（Толстой）

Пойте, люди, города, реки! Пойте, горы, степи и поля.（Сурков）

Легче лисенка скрыть под одеждой, чем утаить вас — ревность и нежность.（Цветаева）

名词一格形式组合的另一种可能是把呼语和限定它的后置同位语放在一起：

Приветствую тебя, пустынный уголок, приют спокойствия, трудов и вдохновенья...（Пушкин）

Мать-земля, моя родная, сторона моя лесная, край, страдающий в плену! Я приду — лишь дня не знаю, но приду, тебя верну.（Твардовский）

Подруга думы праздной, чернильница моя, мой век разнообразный тобой украсил я.（Пушкин）

对这两种情况的区分，主要依据的是名词一格形式的数量和这些词形的词汇语义。在第一种情况下，画线的词汇对应不同的所指：дом, дубы и море; люди, города и реки; степи и поля; ревность и нежность. 这些词属于实体的物质化词汇，或称作同指性词汇，在表层意义中不具有评价特征。在第二组句子中，名词一格的组合对应的是同一个所指，而词形的语义功能特性各有不同。由此可以看出，名词一格在句子中的功能划分主要是依据名词的词汇语义性能。具有同等化语义功能的名词可以划为呼语；而具有述谓性的、评价语义的名词被看做是同位语。

除了上述两种情况外，有时很难区分单个词形的句法结构功能，因为其中的每一个都有可能既是呼语又是同位语。在这样的情况下，只能依据位置：第一个词（主导词）被看作是带有表现力色彩的所指称名的呼语；第二个以后的词都被看作是同位语。试比较：

Подруга дней моих суровых, голубка дряхлая моя! Одна в глуши лесов сосновых давно, давно ты ждешь меня.（Пушкин）

О любимые сердцем обманы, заблужденья младенческих лет! В день, когда зеленеют поляны, мне от вас избавления нет.（Заболоцкий）

Прекрасных рук счастливый пленник на левом берегу Невы, мой знаменитый современник, случилось, как хотели вы.（Ахматова）

本章小结

综上所述，各类复杂化句子在结构上表现出不同的语法性能特征，在语义功能上亦表现出明显差异。此外，即便是同一类复杂化句子，其变体中的潜在述谓性也都各不相同。它们在简单句和复合句之间的过渡区域中占据着不同位置。

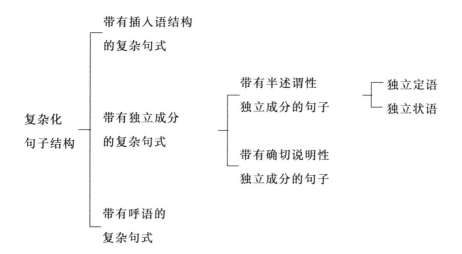

结束语

语言是人们认识世界、感知自我的中介和桥梁，是对世界语言概念化的手段，是人类社会交际的工具。而语法是语言中的神经中枢和指挥部，句法则是执行官。所有的语言规则都是通过句法的运用，在具体的句子中体现出来。

本书试图通过对俄语句法学的认真梳理和研究，借助当代语言学最新的理论和理念，重新解读和诠释俄语句法结构的形式和内容，挖掘句法学的本质特征和精华所在。

为此，本书抓住一条主线、两个模式、三个概念、四个层面，自下而上，由表及里，由简至繁，逐步展开研究和描写。

一条主线，是关系。 自结构主义语言学诞生以来，语言是一个符号系统，语言是一种关系，语言是一种结构，这一理论概念已深入人心。语言无时无刻不存在于关系之中。在句法学中，串起词汇线形组合的正是关系。任何一个句法单位，无论大小，只要可以称之为句法单位，其中必定有某种句法关系。所以，解析句子的首要环节就是从关系入手，**句法关系是全文的一条主线**。

两个模式，是指最小结构模式和最小称名模式。在 20 世纪语言学研究中，寻找有限的、最少的模式，以生成无限的句子，一直是语言形式化研究的不懈追求。从布拉格学派到乔姆斯基转换生成语言学，再到以什维多娃为代表的俄罗斯语法学理论研究，无不在这一领域进行了艰苦细致的持久耕耘。在俄语中，最小结构模式和最小称名模式是生成意义完整句子的两大最简方案，是两个基本的模式。基于这两大模式对俄语句子结构的分类研究，为俄语句子各层级的研究奠定了理论基础。

三个概念，分别是述谓性、结构、聚合体。这是当代俄语句法理论中非常重要的三个理论概念，是句子生成和扩展的理据。**述谓性**是句子深层结构语义的核心，其本身包含若干语法范畴，是构成句子的**核心要素**。述谓性是语言单位形式和意义的深度融合，是语言转变成为言语的实质所在。**结构**是句子的框架，按不同的模式围绕述谓核心生成而来。每一个句子都有表层结构和深层结构，构成其立体多维的结构框架。**聚合体**，在句法学领域特指**句子聚合体**，是指同一句子在不同语境和不同交际环境中的各种变体形式，是句法结构内部体系化和外部语义繁化的综合体现。

四个层面，是指句子由浅入深的四个层级，分别是：句子的**形式层面**、**意义层面**、**交际层面**、**逻辑语义层面**。**形式层面**是指句子的形式语法层面，研究的是句子的结构成分和表层句法关系的实际体现。**意义层面**是句子的内容层面，包括构成句子的所有意义信息：命题意义、结构意义和讲话人的情态信息。**交际层面**是句子的宏观研究层面，是将句子置于交际环境中，去研究句子承载的交际意图、交际任务和语用指向，并据此运用实义切分方法考量句子的结构布局和词序功能。**逻辑语义层面**是句子的深层结构，是对大量语句进行高度抽象和概括后，用抽象逻辑语义对句子结构进行的分类研究。在逻辑语义层面上，对句子进行的逻辑语义结构类型分类时，其标准和依据均以抽象逻辑语义为基础，而不是考量表层词汇语义内容。

希望上述这些关键词语，可以点睛出本书的基本研究目的和任务，勾勒出整个文本的框架和结构。

人名索引

(按文中出现顺序排列)

М.В. 莱蒙诺索夫	М.В. Ломоносов
А.Х. 沃斯托科夫	А.Х. Востоков
Ф.Ф. 福尔图纳托夫	Ф.Ф. Фортунатов
А.А. 沙赫马托夫	А.А. Шахматов
Ф.И. 布斯兰耶夫	Ф.И. Буслаев
А.А. 波捷布尼亚	А.А. Потебня
В.В. 维诺格拉多夫	В.В. Виноградов
Н.Ю. 什维多娃	Н.Ю. Шведова
А.М. 穆欣	А.М. Мухин
Л. 泰尼耶尔	Л. Теньер
П.А. 列坎特	П.А. Лекант
Е.И. 季勃罗娃	Е.И. Диброва
В.А. 别洛莎普科娃	В.А. Белошапкова
Д.Н. 什梅廖夫	Д.Н. Шмелёв
С.И. 别尔恩斯坦	С.И. Бернштейн
А. 卡尔迪奈	А. Гардинер
А.И. 斯米尔尼茨基	А.И. Смирницкий
Т.П. 洛姆捷夫	Т.П. Ломтев
П.С. 库兹涅佐夫	П.С. Кузнецов
А.М. 彼什科夫斯基	А.М. Пешковский
Р.О. 雅戈布森	Р.О. Якобсон
Ю.Д. 阿普列相	Ю.Д. Апресян

Н.Д. 阿鲁玖诺娃	Н.Д. Арутюнова
Ш. 巴利	Ш. Балли
А. 薛施蔼	Альбер Сеше
Г.А. 佐洛托娃	Г.А. Золотова
В.О. 马泰休斯	В.О. Матезиус
Г.Н. 阿基莫娃	Г.Н. Акимова
Н.С. 瓦尔金娜	Н.С. Валгина

参考文献

Адамец П. Порядок слов в современном русском языке[M]. Praha, Academia, 1966.

Адмони В. Г. Статус обобщенного грамматического значения в системе языка[J] // Вопр. языкознания. 1975, № 1.

Адмони В. Г. Структура грамматического значения и его статус в системе языка [A] // Структура предложения и словосочетания в индоевропейских языках[C]. Л., Наука, 1979, с. 6-36.

Адмони В. Г. Грамматический строй как система построения и общая теория грамматики[M]. Л., Наука, 1988.

Акимова Т.Г. Значение совершенного вида в отрицательных предложениях в русском языке [J] // Вопр. языкознания. 1993, № 1.

Апресян Ю. Д. Синтаксис и семантика в синтаксическом описании[A] // Единицы разных уровней грамматического строя языка и их взаимодействие [C]. М., Наука.1969.

Апресян Ю.Д. Лексическая семантика: Синонимические средства языка[M]. М., Языки русской культуры, 1995.

Апресян Ю.Д. Интегральное описание языка и системная лексикография[M]. М., Языки русской культуры, 1995.

Алефиренко Н.Ф. Спорные проблемы семантики[M]. М., Гнозис, 2005.

Арутюнов А. Р., Ожегова Н. С., Прохоров Ю. Е. Русский язык для специалистов[M]. М., Русский язык, 1982.

Арутюнова Н. Д. Глубинные структуры и неоднозначность предложения. Глубинные и поверхностные структуры[M]. М., МГПИИЯ, 1972.

Арутюнова Н.Д. Предложение и его смысл[M]. М., Наука, 1976.

Арутюнова Н.Д. Человеческий фактор в языке: Коммуникация, модальность, дейксис[M]. М., Наука, 1992.

Арутюнова Н. Д. Язык и мир человека[M]. М., Языки русской культуры, 1998.

Ахманова О. С. Словарь лингвистических терминов[Z]. М., СОВЕТСКАЯ ЭНЦИКЛОПЕДИЯ, 1969.

Балли Ш. Общая лингвистика и вопросы французского языка[M]. М., УРСС, 1955.

Баранов А. Н. Введение в пракладную лингвистику[M]. М., Эдиториал, УРСС, 2001.

Белоусов В. Н., Григорян Э. А., Познякова Т. Ю. Русский язык в межнациональном общении, проблемы исследования и функционирования[M]. М., Наука, 2001.

Белошапкова В. А. Сложное предложение в современном русском языке: Некоторые вопросы теории[M]. М., Изд-во МГУ, 1967.

Белошапкова В.А., Шмелева Т.В. Деривационная парадигма предложения[J] // Вестник МГУ, 1981, № 2.

Белошапкова В. А. О понятии синтаксической производности[J] // Русский язык за рубежом, 1983, № 6.

Богданова Л. И. Зависимость формы актантов от семантических свойств русских глаголов[M]. М., Наука, 1998.

Богданов В. В. Семантико-синтаксическая организация предложения[M]. Л., Издательство Ленинградского университета, 1977.

Богородицкий В. А. Общий курс русской грамматики[M]. М., Л., Государственное социально-экономическое изд-во,1935.

Богуславский И. М. Сфера действия лексических единиц[M]. М., Языки русской культуры, 1996.

Бодуэн де Куртенэ И. А. Избранные труды по общему языкознанию[M]. Т. I — II. М., изд-во АН СССР, 1963.

Болотова Г.А. Коммуникативные аспекты русского синтаксиса[M]. М., Наука, 1982.

Бондарко А. В. Принципы функциональной грамматики и вопросы аспектологии [M]. М., «УРСС», 2001.

Бондарко А. В. Основы функциональной грамматики[M]. С.-Петербург, изд-во С.-Петербургского университета, 2001.

Бондарко А. В. Теория значения в системе функциональной грамматики[M]. М.,

Языки славянской культуры, 2002.

Бондарко А. В. Теория морфологических категорий и аспектологические исследования[M]. М., Языки славянской культуры, 2005.

Бондарко А. В. Проблемы функциональной грамматики / Полевые структуры [M]. Санкт-Петербург, Наука, 2005.

Борботько В. Г. Принципы формирования дискурса[M]. М., URSS, 2007.

Булыгина Т. В. Грамматические оппозиции: (К постановке вопроса) // Исследования по общей теории грамматики[M]. М., Наука, 1968.

Булыгина Т.В., Шмелев А.Д. Пространственно-временная локализация как суперкатегория предложения[J] // Вопр. языкознания. М., 1989, №3.

Булыгина Т. В. Я, ты и другие в русской грамматике[A] // Res philologica. Филологические исследования. Сборник, посвященный памяти академика Г.В. Степанова[C]. М., Л., Наука, 1990.

Булыгина Т. В., Шмелев А.Д. Коммуникативная модальность: констатация возможности, гипотезы и квазисообщения // Категория сказуемого в славянских языках: модальность и актуализация[M]. München: Verlag Otto Sagner, 1993, [= Slavistische Beiträge; Bd. 305], c. 55-65.

Булыгина Т.В., Шмелев А.Д. Синтаксические нули и их референциальные свойства[A] // Типология и грамматика[C]. М., 1990, с. 109-117.

Булыгина Т. В., Шмелев А. Д. Языковая концептуализация мира[M]. М., Языки русской культуры, 1997.

Буслаев Ф. И. Опыт исторической грамматики русского языка[M]. М., Наука, 1858.

Буслаев Ф.И. Историческая грамматика русского языка[M]. М., Наука,1959.

Валгина Н. С. Синтаксис современного русского языка[M]. М., Агар, 2000.

Валгина Н. С. Теория текста[M]. М., Логос, 2003.

Валгина Н. С. Современный русский язык. Синтаксис[M]. М., Высшая школа, 2003.

Виноградов В. В. Современный русский язык[M]. М., Текст, 1938.

Виноградов В. В. Русский язык: грамматическое учение о слове[M]. 4-е изд. М., Русский язык, 2001.

Виноградов В. В. Из истории изучения русского синтаксиса[M]. М., Наука, 1975.

Виноградов В. В. Избранные труды: Исследование по русской грамматике[M]. М., Наука, 1975.

Воейкова М. Д. Бытийные ситуации[A] // Теория функциональной грамматики: Локативность. Бытийность. Посессивность. Обусловленность[C]. СПБ, Наука, 1996, с.53-79.

Вольф Е.М. Функциональная семантика оценки[M]. М., Наука, 1985.

Всеволодова М. В. Теория функционально-коммуникативного синтаксиса: фрагмент прикладной (педагогичекой) модели языка[M]. М., Изд-во МГУ, 2000.

Гак В.Г. К проблеме семантической синтагматики[A] // Проблемы структурной лингвистики[C]. М., Наука, 1972. с. 367-395.

Грамматика русского языка[M]. М., изд-во АН СССР, Т. 1. 1952; Т. 2. 1954.

Гухман М. М. Грамматическая категория и структура парадигм[A] // Исследования по общей теории грамматики[C]. М., Наука,1968.

Демьянков В.З. Предикаты и концепция семантической интерпретации[J] // изв. АН СССР. Сер. Лит. и яз., 1980, т. 39, №4.

Есперсен О. Философия грамматики[M]. М., Изд-во иностранной литературы, 1958.

Жизнь языка // Сборник к 80-летию Михаила Викторовича Панова[C]. М., Языки славянской культуры, 2001.

Жилин Д. М. Теория системы[M]. М., URSS, 2007.

Зализняк Анна А. Многозначность в языке и способы ее представления[M]. М., Языки славянской культуры, 2006.

Звегинцев В. А. Смысл и значение[A] // Теоретические и экспериментальные исследования в области структурной и прикладной лингвистики [C]. М., Изд-во МГУ, 1973.

Звегинцев В. А. Предложение и его отношение к языку и речи[M]. 2- изд., М., Эдиториал, УРСС, 2001.

Золотова Г. А. Очерк функционального синтаксиса русского языка[M]. М., Наука, 1973.

Золотова Г. А. Коммуникативные аспекты русского синтаксиса[M]. М., УРСС, 2003.

Золотова Г. А., Онипенко Н. К., Сидорова М. Ю. Коммуникативная грамматика русского языка[M]. М., Изд-во МГУ, 1998.

Ильина Н.Е., Воронцова В.Л., др. Грамматические исследования[A] // Функционально-стилистический аспект. Морфология. Словообразование.Синтаксис[C]. М., Наука, 1991.

Иоанесян Е.Р. Классификация ментальных предикатов по типу вводимых имисуждений[A] // Логический анализ языка. Ментальные действия[C]. М., Наука, 1993.

Исследования по теории грамматики(вып.1). Глагольные категории[M]. Под ред. В. А. Плунгян, М., Русские словари, 2001.

Исследования по теории грамматики(вып. 2). Грамматикализация пространственных значений[M]. Под ред. В. А. Плунгян, М., Русские словари, 2002.

Исследования по языкознанию. К 70-летию члена-корреспондента РАН А. В.Бондарко[C]. Л., Издательство петербургского университета, 2001.

Караулов Ю. Н. Ассоциативная грамматика русского языка[M]. М., Русский язык, 1993.

Кацнельсон С. Д. Теоретико-грамматическая концепция А. А. Потебни[A] // Грамматические концепции в языкознании XIX века[M]. Л., Наука, 1985.

Кибрик А. Е. Подлежащее и проблема универсальной модели языка[J] // Изв. АН СССР. Сер. лит. и яз., 1979. Т. 38. № 4.

Кибрик А.Е. Предикатно-аргументные отношения в семантически эргативных языках[J] // Изв. АН СССР. Сер. лит. и яз., 1980, т. 39, №4.

Кобозасов И.М., Лауфер Н.И. Семантика модальных предикатов долженствования[A] // Логический анализ языка. Культурные концепты[M]. М., Наука, 1991, с. 169-175.

Кобозева И. М. Лингвистичекая семантика[M]. М., УРСС, 2000.

Ковтунова И. И. Современный русский язык: Порядок слов и актуальное членение[M]. М., УРСС, 2002.

Князев Ю.П. Нейтрализация противопоставления по лицу и залогу // Проблемы теории грамматического залога[M]. ред. Храковский В. С., Л., Наука, 1978.

Коммуникативно-смысловые параметры грамматики и текста. К юбилею Галины

Александровны Золотовой[C]. М., УРСС, 2002.

Кормилицына М. А. Семантически осложненное (полипропозитивное) простое предложение в устной речи[M]. М., УРСС, 2003.

Коротков Н. П., Панфилов В. З. О типологии грамматических категорий[J] // Вопр. языкознания. 1965. № 1.

Косикова Г. К. От структурализма к постструктурализму. Французская семиотика[M]. М., Прогресс, 2000.

Крижанская Ю. С., Третьяков В. П. Грамматика общения: Психологическая культура[M]. М., Смысл, 1999.

Кронгауз М.А. Время как семантическая характеристика имени[A] // Вопросы кибернетики. Семиотические исследования[C]. Вып. 159, М., 1989.

Кронгауз М.А. Структура времени и значение слов[A] // Логический анализ языка. Противоречивость и аномальность текста[M]. М., Наука, 1990.

Кронгауз М. А. Приставки и глаголы в русском языке: семантическая грамматика[M]. М., Языки русской культуры, 1998.

Кручинина И.Н. Структура и функции сочинительной связи в русском языке[M]. М., УРСС, 2004.

Крылова О. А., Максимов Л. Ю., Ширяев В. Н. Современный русский язык: синтаксис, пунктуация[M]. М., изд. Российского ун-та дружбы народов, 1997.

Кузнецов В. Г. Женевна лингвистическая школа. От Соссюра к функционализму[M]. М., УРСС, 2003.

Кузьмина И. В., Немченко Е. В. Синтаксис причастных форм в русских говорах[M]. М., Наука, 1971.

Курилович Е. Очерки по лингвистике. Основные структуры языка: словосочетание и предложение[M]. М., Изд-во иностранной литературы, 1962.

Лангаккер Р. В. Модель, основанная на языковом употреблении[J] // Вестник Московского университета. Сер. 9, Филология. 1997. № 4.

Лаптева О.А. Теория современного русского литературного языка[M]. М., Высшая школа, 2003.

Левицкий Ю. А. Семантика русских сочинительных союзов[A] // Проблемы структурной лингвистики[M]. М., Наука,1981.

Левицкий Ю. А. Основы теории синтаксиса[M]. М., URSS, 2002.

Лекант П. А. Синтаксис простого предложения в современном русском языке[M]. М., Высшая школа, 2004.

Лингвистический энциклопедический словарь[M]. Глав. ред. В.Н.Ярцева, М., Советская энциклопедия, 1990.

Логический анализ языка // язык речевых действий[M]. Отв. ред. Арутюнова Н. Д., М., Наука, 1994.

Логический анализ языка // языки динамического мира[M]. Отв. ред. Арутюнова Н. Д., Дубна, Наука, 1999.

Логический анализ языка // языки пространства[M]. Отв. ред. Арутюнова Н. Д., М., Языки русской культуры, 2000.

Ломов А. М. Типология русского предложения[M]. Воронеж, Изд-во Воронежского университета, 1994.

Ломтев Т. П. Структура предложения в современном русском языке[M]. М., Изд-во МГУ 1979.

Ломтев Т. П. Предложение и его грамматические категории[M]. М., УРСС, 2004.

Лосев А. Ф. Введение в общую теорию языковых моделей[M]. М., УРСС, 1968.

Ляшевская О. Н. Семантика русского числа[M]. М., Языки славянской культуры, 2004.

Максимов Ю. М. Семантическая структура предложения в грамматике В. П. Сланского //Актуальные вопросы русской филологии[M]. М., Ун-т дружбы народов им. Патриса Лумумбы,1976.

Максимов Ю. М. О грамматической теории В. П. Сланского // Вопросы грамматики и семантики русского языка[M]. М., Ун-т дружбы народов им. Патриса Лумумбы,1977.

Матезиус В. Избранные труды по языкознанию[M]. М., УРСС, 2003.

Матезиус В. О так называемом актуальном членении предложения // Пражский лингвистический кружок[M]. М., Прогресс,1967.

Матезиус В. О системном грамматическом анализе // Пражский лингвистический кружок[M]. М., Прогресс,1967.

Матханова И. П. Высказывания с семантикой состояния в современном русском языке[M]. Новосибирск, 2000.

Межкатегориальные связи в грамматике[M]. отв. ред. А. В. Бондарко, С-петер., Дмитрий Буланин, 1996.

Мелиг Х. Семантика предложения и семантика вида в русском языке // Новое в зарубежной лингвистике[M]. Вып. XV. М., 1985.

Мельчук И. А. Опыт теории лингвистических моделей «смысл↔ текст» [M]. М., Языки славянской культуры, 1999.

Метафора в языке и тексте[M]. отв. ред. Телия В. И., М., Наука, 1988.

Миронова Н.Н. Дискурс-анализ оценочной семантики[M]. М., НВИ, ТЕЗАУРУС, 1997.

Москальская О. И. Проблемы системного описания синтаксиса[M]. М., Высшая школа, 1974.

Москальская О. И. Вопросы синтаксической семантики [J] // Вопр. языкознания, 1977. № 2.

Мухин А. М. Структура предложений и их модели[M]. Л., Наука, 1968.

Мухин А. М. Синтаксемный анализ и проблема уровней языка[M]. Л., Наука, 1980.

Мухин А. М. Системные отношения переходных глагольных лексем (на материале английского и русского языков)[M]. Л., Наука,1987.

Мухин А.М. Вариантность синтаксических единиц[M]. СПБ, Наука, 1995.

Николаева Т. М. От звука к тексту: Человек и язык. Язык: разгадки и загадки[M]. М., Языки русской культуры, 2000.

Олянич А. Презентационная теория дискурса[M]. М., Гнозис, 2007.

Оркина Л. Н. Выражение значений таксиса в высказываниях с формами настоящего и будущего времени в современном русском языке[D]. Автореф. дис. ... канд. филол. наук. Л., 1985.

Павлов В. М. Полевой подход и континуальность языковой системы[A] // Общее языкознание и теория грамматики: Материалы чтений, посвященных 90-летию со дня рождения Соломона Давидовича Кацнельсона[C]. СПб., Наука 1998.

Падучева Е.В. Референциальные аспекты семантики предложения[A] // Семиотические аспекты формализации интеллектуальной деятельности[C]. М., Наука 1983, с.

229-232.

Падучева Е.В. Высказывание и его соотнесенность с действительностью (референциальные аспекты семантики местоимений) [M]. М., УРСС, 1985.

Падучева Е.В. Предложения тождества: семантика и коммуникативная структура // Язык и логическая теория[M]. М., Прогресс, 1987.

Падучева Е.В. Семантисеские исследования: Семантика времени и вида в русском языке. Семантика нарратива[M]. М., Языки русской культуры, 1996.

Падучева Е. В. Высказывание и его соотнесенность с действительностью[M]. М., УРСС, 2001.

Падучева Е. В. О семантике синтаксиса[M]. М., URSS, 2007.

Панов М. В. Позиционная морфология русского языка[M]. М., Наука-Школа ЯРК, 1999.

Пеньковский А. Б. Очерки по русской семантике[M]. М., Языки славянской культуры, 2004.

Перцова Н. Н. Проблемы глубинной семантики: Материалы к библиографическому справочнику // Проблемная группа по экспериментальной и прикладной лингвистике.Предые публикации[M]. Вып. 87, М., Ин-т рус. яз. АН СССР. 1976.

Петров В. В. Философия, семантика, прагматика // Новое в зарубежной Лингвистике[M]. Вып. 16. М., Прогресс, 1985.

Петров Н.В. Об альтернативности в грамматическом описании[A]. // 40 лет Санкт-Петербургской типологической школе[M]. М., Знак, 2004, с.457-472.

Петрухина Е. В. Внутреннее время действия и его представление в русской и западнославянских картинах мира[A] // Категоризация мира: пространство и время: (Материалы научной конференции)[C]. М., Изд-во МГУ, 1997 .

Пешковский А. М. Русский синтаксис в научном освещении [M]. М., 7-е изд. Изд-во МГУ, 1956.

Плунгян В. А. Теория грамматики и грамматическая типология: о некоторых пересечениях // Исследования по языкознанию[M]. СПБ, 2001.

Поспелов Н. С. О двух рядах грамматических значений глагольных форм времени в русском языке[J] // Вопр. языкознания. 1966. № 2.

Потебня А.А. Из записок по русской грамматике[M]. М., Государственное учебно-педагогическое издательство, 1958.

Проблемы функциональной грамматики. Категоии морфологии и синтаксиса в высказывании[M]. СПБ, Наука, 2000.

Проблемы функциональной грамматики. Семантическая инвариантность/вариативность[M]. СПБ, Наука, 2003.

Проблемы функциональной грамматики. Полевые структуры[M]. СПБ, Наука, 2005.

Прокопович Е. Н. Глагол в предложении: Семантика и стилистика видо-временных форм[M]. М., Наука, 1982.

Распапов И. П. Строение простого предложения в современном русском языке[M]. М., Либроком,1970.

Ренате Ратмайр Прагматика извинения[M]. М., Языки славянской культуры, 2003.

Русская грамматика[M]. Глав. ред. Шведова Н. Ю., М., Наука, 1970.

Русская грамматика[M]. Глав. ред. Шведова Н. Ю., М., Наука, 1980.

Русская грамматика[M]. под ред. Шведовой. Н. Ю., М., Русский язык, 1990.

Русский язык[M]. под ред. Касаткина Л.Л., М., ACADEMA, 2004.

Русский язык в его функционировании // уровни языка[M]. Отв. Ред. Д. Н. Шмелев, М., Наука, 1996.

Русский язык конца XX столетия (1985-1995) [M]. отв.ред. Е.А.Земская, М., Языки русской культуры, 1996.

Русский язык сегодня // Сборник докладов Ш-х Шмелевских чтений[C]. М., Азбуковник, 2000.

Сальников Н. Безличные предложения типа «Крышу сорвало ветром» // Russian Linguistics, 1975. Vo1. 3.

Селиверстова О. Н. Семантический анализ предикативных притяжательных конструкций с глаголом быть[J] // Вопр. языкознания. 1973. № 5.

Селиверстова О. Н. Второй вариант классификационной сетки и описание некоторых предикатных типов русского языка[A] // Семантические типы предикатов[C]. М., 1982. c.86-157.

Семиотика и информатика[M]. вып.35, М., Языки русской культуры, 1997.

Семиотика и информатика[M]. вып.36, М., Языки русской культуры, 1998.

Серебренников Б. А. К проблеме типов лексической и грамматической абстракции: (О роли принципа избирательности в процессе создания отдельных слов, грамматических форм и выбора способов грамматического выражения) // Вопросы грамматического строя[M]. М., АН СССР, 1955.

Сеше Альбер Очерк логической структуры предложения [M]. М., УРСС, 2003.

Сеше Альбер Программа и методы теоретической лингвистики[M]. М., УРСС, 2003.

Силъницкий Г. Г. Семантические типы ситуаций и семантические классы глаголов // Проблемы структурной лингвистики[M]. М., Наука, 1973.

Скобликова Е. С. Согласование и управление в русском языке[M]. М., DjVu, RUS 1971.

Сланский В. Грамматика как она есть и как должна бы быть: Пять научных бесед, предложенных в С.-Петербургском Педагогическом музее[M]. СПБ., 1886.

Слово в тексте и в словаре // Сборник статей к семидесятилетию академика Ю.Д.Апресяна[C]. отв. ред. Л.Л.Иомдин, Л.Н.Крысин, М., Языки русской культуры, 2000.

Словарь. Грамматика. Текст[C]. М., Институт русского языка РАН, 1996.

Словарь и культура русской речи. К100-летию со дня рождения С.И. Ожегова[C]. М., Индрик, 2001.

Смирнов И. Н. Типы временной нелокализованности действия в русском языке (на материале высказываний с формами настоящего и простого будущего времени)[D]. Автореф. дис. … канд. филол. наук. Л., 1987.

Смирнов И. Н. Семантика субъекта/объекта и временная локализованность // Теория функциональной грамматики: Субъектность. Объектность. Коммуникативная перспектива высказывания, Определенность/ Неопределенность[M]. СПБ., Наука,1992.

Современный русский язык[M]. Под ред. Белошапковой В.А. М., Высшая школа, 1989.

Современный русский язык[M]. Под ред. Дибровой Е.И., М., ACADEMA, 2001.

Современный русский литературный язык[M]. Е.И.Диброва, Л.Л.Касаткин, И.И. Щеболева, П.А.Леканта, М., Наука, 1995.

Современный русский язык[M]. Под ред. Леканта П.А., М., Дрофа, 2000.

Современный русский язык[M]. Под ред. Новикова Л.А., СПБ, Лань, 2001.

Солнцев В.М. Язык как системно-структурное образование[M]. М., Наука, 1977.

Степанов Ю. С. Основы общего языкознания[M]. М., Наука, 1975.

Степанов Ю.С. К универсальной классификации предикатов[J] // Изв. АН СССР. Сер. лит. и яз., 1980, т. 39, № 4.

Степанов Ю. С. В поисках прагматики: (Проблема субъекта)[J] // Изв. АН СССР. Сер. лит. и яз, 1981 а. № 4.

Сухотин В. П. Проблема словосочетания в современном русском языке[A] // Вопросы синтаксиса современного русского языка[C]. М., Государственное учебно-педагогическое издательство, 1950.

Тарланов З. К. Методы и принципы лингвистического анализа[M]. Петрозаводск, Петрозаводский Государственный университет, 1995.

Телин Н. Познание, перспектива и метафора времени[A] // Типология вида:Проблемы, поиски, решения[C]. М., Языки славянских культур, 1998.

Теоретические проблемы речевого общения[C]. М., АН СССР. Ин-т языкознания 1977.

Теньер Л. Основы структурного синтаксиса[M]. М., Прогресс, 1988.

Теория функциональной грамматики: Введение. Аспектуальность. Временная Локализованность. Таксис[M]. Л., Наука, 1987.

Теория функциональной грамматики: Темпоральность. Модальность[M]. ред. А.В.Бондарко, Л., Наука, 1990.

Теория функциональной грамматики: Локативность. Бытийность. Посессивность. Обусловленность[M]. ред. А.В.Бондарко, СПБ, Наука, 1996.

Теория функциональной грамматики: качественность, количественность[M]. ред. А.В.Бондарко, СПБ, Наука, 1996.

Тестелец Я. Г. Введение в общий синтаксис[M]. М., Открытое общество, 2001.

Типологические обоснования в грамматике. К 70-летию профессора В.С. Храковского[M]. М., Знак, 2004.

Типология уступительных конструкций[M]. Отв. ред. Храковский В.С., СПБ, Наука, 2004.

Традиционное и новое в русской грамматике / Сборник статей памяти Веры Арсеньевны Белошапковой[C]. М., ИНДРИК, 2001.

Фердинанд де Соссюр Курс общей лингвистики[M]. М. Прогресс.1977.

Фердинанд де Соссюр Заметки по общей лингвистике[M]. М., Прогресс, 1990.

Филипенко М. В. Семантика наречии и адвербиальных выражений[M]. М., Азбуковник, 2003.

Формановская Н.И. Коммуникативно-прагматические аспекты единиц общения[M]. М., Ин-т рус. яз. им. А. С. Пушкина,1998.

Фортунатов Ф.Ф. Разбор сочинения А. В. Попова «Синтаксические исследования», 1. Отчет о 26-м присуждении наград гр. Уварова // Записки ими. Академии наук. 1884. Т. XLIX.

Фортунатов Ф.Ф. Избранные труды[M]. Т. 2. М., Государственное учебно-педагогическое издательство, 1975.

Фосслер Г. Грамматика и история языка[M]. М., Logos, 1910.

Холодович А. А. Проблемы грамматической теории[M]. Л., Наука, 1979.

Храковский В. С. Диатеза и референтность (к вопросу о соотношении активных, пассивных, рефлексивных и реципрокных конструкций) [A] // Залоговые конструкции в разноструктурных языках[C]. Л., Наука, 1981.

Храковский В. С. Грамматические категории глагола (опыт теории взаимодействия) [A] // Межкатегориальные связи в грамматике[C]. СПб., Дмитрий Буланин, 1996.

Цейтлин С. Н. Категория предикативности в ее отношении к высказыванию и предложению // Теоретические проблемы синтаксиса современных индо-европейских языков[M]. Л., Наука, 1975.

Чейф У. Значение и структура языка[M]. М., Прогресс, 1975.

Человеческий фактор в языке: Коммуникация, модальность, дейксис[M]. М., школа, Языки русской культуры,1992.

Черткова М. Ю. Грамматическая категория вида в современном русском языке[M]. М., изд-во МГУ, 1996.

Чупашева О. М. Русский язык / Трудности синтаксического анализа[M]. М., Русский язык медиа, 2004.

Шатуновский И.Б. Эпистемические предикаты в русском языке (семантика, коммуникативная перспектива, прагматика)[A] // Прагматика и проблемы интенсиональности[C]. М., АН СССР, Ин-т языкознания, 1988.

Шатуновкий И.Б. Семантика предложения и нереферентные слова[M]. М., Языки русской культуры, 1996.

Шахматов А.А. Синтаксис русского языка[M]. М., Флинта, Наука, 2014.

Шведова Н.Ю. Построение раздела «Синтаксис словосочетания и простого предложения» // Основы построения описательной грамматики современного русского литературного языка[M]. М., Наука,1966.

Шведова Н. Ю. Существуют ли все-таки детерминанты как самостоятельные распространители предложения?[J] // Вопр. языкознания. 1968. № 2.

Шведова Н. Ю. Входит ли лицо в круг синтаксических категорий, формирующих предикативность? [J] // Русский язык за рубежом. 1971. № 4.

Шведова Н. Ю. О соотношении грамматической и семантической структуры предложения[A] // Славянское языкознание: VII Международный съезд славистов. Варшава, август 1973 г.: Доклады советской делегации[C]. М., 1973.

Шведова Н. Ю. Вопросы описания структурных схем простого предложения[J] // Вопр. языкознания, 1973. № 4.

Шведова Н. Ю. Место семантики в описательной грамматике (синтаксис) [A] // Грамматическое описание славянских языков. Концепции и методы : сб. статей [C] , М., Наука, 1974, с. 105-121.

Шведова Н. Ю. Местоимение и смысл[M]. М., Азбуковник,1998.

Шведова Н.Ю. Очерки по синтаксису русской разговорной речи[M]. М., Азбуковник, 2003.

Шведова Н. Ю. Русский язык. Избранные работы[M]. М., Языки славянской культуры, 2005.

Шмелев А. Д. Определенность – неопределенность в названиях лиц в русском языке[D]. Канд. дисс. М., 1984а.

Шмелев А.Д. Модальные слова в математическом тексте // Новейшие направления лингвистики[M]. М., Прогресс, 1989б.

Шмелев Д.Н. Проблемы семантического анализа лексики[M]. М., Наука, 1973.

Шмелев Д.Н. Синтаксическая членимость высказывания в современном русском языке[M]. М., Наука, 1976.

Шмелева Т. В. Смысл предложения и семантика минимальной структурной схемы[J] // Русский язык за рубежом, 1978. № 5.

Щерба Л.В. Языковая система и речевая деятельность[M]. Л., Наука, 1974.

Якобсон Р. О. Шифтеры, глагольные категории и русский глагол // Принципы типологического анализа языков различного строя[M]. М., Прогресс, 1972.

Якобсон Р.О. К общему учению о падеже: Общее значение русского падежа // Избранные работы[M]. М., Прогресс, 1985.

Якобсон Р. О. Избранные труды по лингвистике[M]. Благовещенск, Прогресс,1998.

Якобсон Р. О. Тексты, документы, исследования[M]. М., Изд. центр РГКУ, 1999.

Яковлева Е.С. Согласование модусных характеристик в высказывании // Прагматика и проблемы интенсиональности[M]. М., Наука, 1988.

Яковлева Е.С. О семантике экспрессивных модификаторов утверждения[A] // Логический анализ языка. Истина и истинность в культуре и языке [M]. М., Наука, 1995.

Янко Т. Е. Коммуникативные стратегии русской речи[M]. М., Языки славянской культуры, 2001.

Ярцева В. Н. Иерархия грамматических категорий и типологическая характеристика языков // Типология грамматических категорий[M]. М., Прогресс, 1975.

Sapir E. *Language: An Introduction to the Study of Speech*[M]. New York: Harcourt Brace Jovanovich, Inc.1921.

阿普列相,"莫斯科语义学派",杜桂枝译 //《中国俄语教学》2006 年第 2 期,1—6 页;2006 年第 3 期,4—10 页;2006 年第 4 期,13—18 页。

阿普列相,《语言整合性描写与体系性词典学》[M],杜桂枝译,北京,北京大学出版社,2011 年。

邦达尔科,《功能语法体系中的意义理论》[M],杜桂枝译,北京,北京大学出版社,2012 年。

陈国亭等,《俄语言语学探索》[M],北京,外语教学与研究出版社,2008 年。

杜桂枝,《二十世纪后期的俄语学研究及发展趋势》[M](1975—1995),北京,首都师范大学出版社，2000年。

杜桂枝，"简述 А.В.Бондарко 的功能语义场理论"[J],《外语学刊》，2000年第2期，65—70页。

杜桂枝，"В.А.Белошапкова 的句法学理论"[J],《外语与外语教学》，2000年第10期，29—32页。

杜桂枝，"假设性不确定判断句浅析"[J],《中国俄语教学》，2002年第3期，7—11页。

杜桂枝，"俄罗斯语言学中的语用学研究"[J],《外语学刊》，2002年第3期，37—43页。

杜桂枝，"句子主观判断语义的比较研究——汉俄语中表示不确定判断意义词汇的分类比较"[A],《外国语言学及应用语言学研究》[C]，2003年第1辑，20—28页。

杜桂枝，"现代俄语中的主语、主体与主位"[A],《外国语言学及应用语言学研究》[C]，2004年第2辑，62—75页。

杜桂枝，"句法关系的类型特征及其表现形式差异"[A],《首都外语论坛》[C]，2007年第2辑，77—82页。

华劭,《华劭论文选》[M]，哈尔滨，黑龙江人民出版社，1991年。

华邵,《语言经纬》[M]，北京，商务印书馆，2005年。

李福印,《语义学概论》[M]，北京，北京大学出版社，2006年。

温宾利,《当代句法学导论》[M]，北京，外语教学与研究出版社，2002年。

王福祥,《俄语话语结构分析》[M]，北京，外语教学与研究出版社，1981年。

王福祥,《现代俄语辞格学》[M]，北京，外语教学与研究出版社，2002年。

王福祥、吴汉樱,《语言学/历史—理论—方法》[M]，北京，外语教学与研究出版社，2008年。

吴贻翼等,《现代俄语语篇语法学》[M]，北京，商务印书馆，2003年。

徐烈炯,《生成语法理论》[M]，上海，上海外语教育出版社，1988年。

于鑫,《俄语生成句法学》[M]，哈尔滨，黑龙江人民出版社，2006年。

信德麟、张会森、华劭,《俄语语法》[M]，北京，外语教学与研究出版社，1990年。

后 记

交出这部书稿,感觉自己仿佛是个拙笨却又苛刻的工匠,终于交出了耗费十多年光阴打磨的一件作品,心中的那种释然和忐忑是不言自明的……

同时,又仿佛放下了压在头上、更在心上的一块巨石,心中那份久违了的轻松和愉悦也是不言而喻的……

写这部书的初念萌生于2003年,并为此申报了2004—2005年度教育部的高访项目。初稿成形于2005年在莫斯科普希金俄语学院高访期间。最深层的动因则源于对俄罗斯著名句法学家В.А.别洛莎普科娃(В.А.Белошапкова)的敬仰、喜爱、怀念和追忆……

1991—1996年,我在俄罗斯莫斯科国立大学语文系学习期间,别洛莎普科娃是我最喜爱和敬重的导师之一。别洛莎普科娃当时是现代俄语教研室主管研究生教学工作的负责人,统管研究生的课程设置、学习考查、论文选题和答辩等全面工作,虽然她年事已高,但同时仍然承担着现代俄语课程中句法学部分的授课。她思想睿智深邃,学术精湛博深,她对学生既有师长的严厉,又充满慈母般的关爱,她独到的教学理念和授课方式,她在课堂上那种化深奥为浅显的讲解——所有这一切都深深地吸引着我,使得我特别喜欢听她的课。俄语句法学也因此成了语言学中我最钟爱的一个学科。每每上她的课,我总是暗想,假如有一天我回国能当老师的话,我一定要像她那样做学问,像她那样在课堂上答疑解惑……

遗憾的是,在我临近研究生毕业时,她生病了,没能出席我的论文答辩会；后来，在她去世时，我那段时间又偏偏不在俄罗斯，没能参加她老人家的葬礼。这些成为一直留在我心中的两大遗憾……

后来我回国读了博士后，留在了大学做一名教师。教学中，我努力学习和仿效别洛莎普科娃的教学理念，希望深入浅出地把俄语句法学理论教授给自己的学生，于是便萌生了写一本"现代俄语句法学"的愿望。写一部书，不仅是为了追思和纪念我崇敬的这位学者，更是希望以此传承她的句法学理论和思想……

2005年至今，已十三年之久，书稿迟迟不能脱手，说起来实感汗颜，尤其在事事都讲速度、讲效益的时代。究其原因，主要有二。其一，也是我所能找到的"客观理由"：自2003年起担任了中国俄语教学研究会秘书长一职，屈指一算已近十五年的光阴。这期间组织、筹备、召开过多少国内国际的学术会议，出席参加多少国际会议，我没有计算过，但希望做好每一件事的我为此花费了大量的精力和时间。加之《中国俄语教学》编辑部的主编工作，大量的阅稿、审稿、修改、编辑等工作，我总是被大量事务纠缠着，被各种日程驱赶着：组织、筹备在中国召开的"庆祝中国俄语教学研究会成立25周年国际学术研讨会""第12届世界俄语大会"等大型国际会议，组织"当代俄罗斯语言学理论译库"翻译工程，主编该译库全套12部译著，其中自己还翻译了Ю.Д.阿普列相和А.В.邦达尔科两位著名语言学家的论著达一百万字之多。这些粗略回望的背后是繁忙劳顿的日子和事无巨细的工作，不禁令我有感而叹，十五年的光阴，时间原来都去哪儿了……

这部书稿一再拖延的另一个原因，也是最主要的原因，是我在这十多年的教学实践中，总是在不断地推翻它，补充它，总是想把课堂上学生感兴趣的问题，提出的疑难问题，把自己在教学中领悟到的东西，统统写进去。为此，我几易其稿，不断地打乱原有的思路，调整文本的结构布局，致使写出来的东西丢失了体系性，在不断的添加和调整中模糊了主线……

我不敢也不愿意拿自己不满意的东西出来示人，生怕误读了别洛莎普科娃及其他前辈们的俄语句法学理论，怕玷污了他们学术上的卓越，更怕误导了自己的学生。终于，2017年的后半年，在辞去研究会和编辑部的所有工作之后，初心未改的我，终于有可能静下心来，从容地整理思绪；有时间沉浸在书稿中，调整篇章建构的思路。感谢我先生，在我迷茫和不知所措的时候，及时提醒我，"不要希冀把所有的东西都塞进一本书中"。这句话如同醍醐灌顶，使我明白了我需要写什么，应该怎么写。懂得了放弃和取舍，也就获得了轻装前行的自由。于是，有了书稿现在的面貌……

虽然我努力按照整体的构思和布局结构来完成设定的任务，尽管我放弃了冗余赘述，但我知道书中还有许多不尽如人意，甚至谬误之处，见仁见智的评说尽在情理之中，我期待着……

2018 年 6 月